马云
我的世界永不言败

——对于马云来说，人生就是永远向前、永不言败的历程……——

张燕◎编著

企业管理出版社
ENTERPRISE MANAGEMENT PUBLISHING HOUSE

图书在版编目（CIP）数据

马云：我的世界永不言败 / 张燕编著. — 北京：企业管理出版社，2014.5

ISBN 978-7-5164-0793-6

Ⅰ. ①马…　Ⅱ. ①张…　Ⅲ. ①马云 – 传记　Ⅳ. ①K825.38

中国版本图书馆CIP数据核字（2014）第078353号

书　　名： 马云：我的世界永不言败
作　　者： 张　燕
责任编辑： 张　羿
书　　号： ISBN 978-7-5164-0793-6
出版发行： 企业管理出版社
地　　址： 北京市海淀区紫竹院南路17号　邮编:100048
网　　址： http://www.emph.cn
电　　话： 编辑部（010）68453201　发行部（010）68701638
电子信箱： 80147@sina.cn　zhs@emph.cn
印　　刷： 北京鹏润伟业印刷有限公司
经　　销： 新华书店
规　　格： 170毫米×240毫米　16开本　18.5印张　234千字
版　　次： 2014年5月第1版　2016年3月第10次印刷
定　　价： 39.80元

如发现图书质量问题，可联系调换。质量投诉电话：010-82069336

目录
Contents

第三章

第四章

第八章

第九章

序1　天才在左，疯子在右

他，其貌不扬，被《福布斯》杂志描述为“深凹的颧骨，扭曲的头发，淘气的露齿笑，5英尺高，100磅重的顽童模样”。

他，个头不高，却被媒体称为中国互联网界的“拿破仑”。

他，成绩不佳，三次高考，也只是和本科线打了一个擦边球，数学成绩偏低，令他的大学梦几欲破灭。

他，英语很棒，口若悬河地与外国人沟通不在话下。

他，是中国最早接触互联网的人，曾亲自为吴仪、李岚清等领导人演示互联网，但他却很长一段时间被人称为“骗子”“疯子”“狂人”。

他，是全球瞩目的商人，他是互联网的灵魂人物。在众多的企业家中，他是一个异数。他被称为创业教父、草根英雄。

他就是马云。

关于马云，人们除了通过各种媒体报道和马云在各种场合的演讲发言中能够窥得一二外，对马云的了解其实很少。马云到底是一个怎样的人，他的性格是什么样子的，他做的事情又是什么样子的，就像谜一样吸引着人们。所以，关于马云的图书，总是受到众多读者的追捧，读者希望通过书中的描述，能够详细、准确地了解马云传奇背后真正的人生。

作为一名互联网时代的代表人物，马云被冠上了很多标签：大胆、特立独行、充满梦想、激情、勇于创新、挑战世俗观念，等等。

马云的人生经历非常丰富，就像一部精彩的电视剧，极具传奇色彩，虽然早期马云历经坎坷，但他从不言弃，追求无止境。在他的词典中，从来没有放弃这个词。在2011年，阿里巴巴发生了几件大事，陷入诚信危机的那段时间，在别人看来这可能是伤筋动骨的“坎儿”，而马云却能够临危不乱地一一将其摆平。

在还没有成功之前，马云所做的事情，不被人们所理解，马云被看作是“不务正业”“疯狂”的人。但在马云的坚持下，他终于做成了自己想做的事情，而他做的事情也被大众所接受时，马云成为了互联网企业的先知者，他被高高推崇。马云并没有膨胀，他接着又做了很多事情。

马云的逻辑是帮助中小企业成功，自己才能算成功。一路走来，马云不断创造社会财富，实现自己的梦想，同时也不断实现他人的梦想。马云严格遵循自己的原则创办企业，他虽然做事乖张，不按常理出牌，但他从不逾矩，守着做生意的底线。马云始终不忘的，是一直坚持的价值观。

在时代的巨变中，很多企业家迅速崛起，也迅速陨落，马云虽然一路起起伏伏，但始终站在时代的浪尖上。时间是最好的试金石，那些骂过马云是疯子的人，现在也不得不承认马云是个天才。不过，马云可从不认为自己是天才，他认为自己的成绩不过是源于自己的坚持，对梦想的坚持。

马云的成功让很多普普通通的人看到了成功的希望，他们重拾自己当年的梦想，因为马云说过：“如果马云能够成功，那么80%的人都能成功。”

序2　名人点评马云

马云是一个传递创业价值观的人。做此类事情的人往往是一个有理想的、有激情在驱使的人，是一个对社会有极强的责任感的人，是一个不只是看眼前或自身的一己之利的人，是一个有一定的精神世界空间的人，是一个释放着人道和人文关怀的人，也是我们这个转型时期里旧的价值观过时而新的价值观又未建立时所需要的人。

在马云身上，还有一点是一般人做不到的地方，那就是他没有一点虚荣心，他不怕没面子，能十分坦然地面对自己不太成功的过去，连自己的长相也在他自嘲之列。这一点对一个人来说真的不容易，而且有许多人因为做不到这一点而将自己放大或架了起来，之后要不断地为这个放大的或架起来的自我费许多的精力去演戏。而马云不用，他台上台下都是一个人，真实地表达自己的不足，也真实地表达自己的才华。我很难想象什么人能将马云忽悠起来，也很难想象什么人能把马云的自信打下去让他自卑。作为人，他始终处在一种极为清醒的状态，基本不失去自我。作为记者，我亲眼看过不知多少人在他们不熟悉的状态下变得不是他们自己，然后他们又要为这种无法控制的变化付出代价。这种状态如果量出一个温度的话是零摄氏度，零摄氏度就是永远知道自己是谁，当然也知道怎么做。

——北京优视米网络科技有限公司创始人王利芬

创造电子商务新模式，用电子商务整合传统产业，推动商业信用的建立。

——北大光华管理学院副院长张维迎

在激烈的国际竞争中，在业内得到承认，为大量的中小企业创造机会。

——亚洲开发银行驻华代表处副代表汤敏

就像比尔·盖茨已经成为人类创造互联网的杰出代表一样，马云必将成为人类利用互联网的杰出代表。而且，阿里巴巴是中国唯一可能与微软、GE、沃尔玛匹敌的企业。

——《中国企业家》杂志社社长兼经济日报出版社社长刘东华

第一章

成长：男人的胸怀是委屈撑大的

马云创造了许多奇迹，他成为了青年人效仿的楷模，他的一言一行都成为了成功的点金石。2007年，比尔·盖茨来中国参加博鳌亚洲论坛，接受采访时被问到谁会是下一个比尔·盖茨，他说可能是阿里巴巴的马云。顶着无数光环的马云却说：“如果马云能够成功，那么80%的人都能成功。”成功的马云毫不避讳自己在追求成功道路上所遭遇的挫败，他坦承男人的胸怀是委屈撑大的。

英雄不问出身，该出手时就出手

1964年10月15日，在杭州美丽的西子湖畔，一个普通的家庭迎来了新的成员——马云呱呱坠地了。为一个男孩子取名为“云”，马云的父母大概是希望马云能够听话懂事、乖巧可爱，但马云一天天长大，性格也越来越调皮，静不下来的他隔三岔五就会闯祸，让父母很是头疼。

马云的父亲是一家戏剧协会的负责人，马云的母亲是唱苏州评弹的演员，还弹得一手好琵琶。小时候的马云经常是一包瓜子、一块方糕，在茶馆里听着杭州大书、苏州评弹度过一天。得益于此，马云自小练就童子功：能用最直白易懂的方式表达自己的看法。成年之后，马云自己也对此引以为豪：“现在我讲故事的水平比很多人好，有茶馆的功劳。”时隔二十多年之后，震惊中国互联网界的“西湖论剑”，其创意就是诞生于一家茶馆里。

自由自在，野蛮生长的马云虽然在这样一个文艺气息浓厚的家庭氛围中长大，却并未养成“文雅”的习性，反倒是喜爱“行侠仗义”，四处为朋友“两肋插刀”，经常因为打架的事情被老师批评、被父母教训，但马云并不在乎，只要需要他出手的时候，他绝不会犹豫和手软。

其实，马云并不是惹是生非、以打架为乐的坏孩子，他之所以总打架，是因为不想忍受社会对自己的不公正。马云的爷爷是国民党的保长，在马云小时候的那个年代，人们对家庭出身还是抱有很大成见的，身为“黑五类子女”，马云从小就在同伴的欺负和旁人的白眼中成长。

有一次，马云和同学在家里玩儿，忽然有几个人冲到家里要打马云的爷爷，小马云冲上去想要保护爷爷，却被其中一个人推到一边，还凶神恶煞地指着马云说：“只许你老老实实，不许你乱说乱动。”

这句话在语文课本中也有，在上语文课时，当老师念到这一句时，当时目睹了马云被欺负的一个同学扭脸冲马云做了个鬼脸。这让马云很伤自尊心，他将一本书朝那个同学丢了过去，那位同学也不甘示弱，将自己的书包朝马云脑袋上砸去，书包里的铁文具盒将马云砸得血流如注。

外界环境的影响，令马云十分酷爱阅读武侠小说，在那个武侠世界中，马云幻想自己就是仗剑走天涯、惩恶除奸的大侠。受到小说的影响，马云希望自己在现实生活中也能够成为一名“大侠”，路见不平，挺身而出。

虽然马云生得很瘦弱，但打起架来，从不胆怯，即使面对的是人高马大的对手，他也会毫不犹豫地和对方“单练”，即便最后会被打得鼻青脸肿，但他在气势上一点不会削弱。“我从小很瘦小，但是很会打架。”成年后的马云，回想起儿时的往事时，如此总结道。人最可恨的就是胆小窝囊地过一辈子，马云自小就不肯这样走完自己的一生，他的勇气是与生俱来，并且在生活的磨砺下愈来愈强大的。

因为打架，马云受过很多次处分，最严重的一次打架，让马云缝了13针，也因为打架，马云的父母将他转学，希望他能够在新环境中安生一点。但马云依旧“恶习不改”，时常会有家长来马云家告状。

当时，无论是家人还是老师，都对马云不报以希望，他们认为这个孩子顽劣叛逆，将来一定没什么出息。只有马云自己清楚，自己并不是爱打架，也不是喜欢用拳头欺负别人，他只是用拳头来捍卫自己的尊严，捍卫朋友的尊严，如果谁欺负他、欺负他的朋友，那他一定不会就这样算了。

武侠小说中的侠义精神在马云身上得到了很好的体现，俗话说“三岁看大，七岁看老”，马云不服输、仗义勇敢的性格从小就具备，人们只看到了马云顽皮不听话的缺点，却没有看到马云坚韧不服输的优点。在马云之后的创业过程中，他总是能化不可能为可能，做到别人所不能及的事情，就是因为他年幼时就已经形成的品质。这种品质在日后的磨砺中，愈加珍贵。

怀疑自己但不要怀疑信念

在战斗中成长起来的马云是邻里间闻名的“小魔头”，大人们都以马云为反面教材来教育自己的孩子，千万不要跟马云学坏。虽然马云是人们眼中的“坏孩子”，从小到大，功课也一直不好，但他并不是真的自甘堕落，当他遇到自己感兴趣的事情时，所迸发出的热情让所有人都大吃一惊。

13岁那年，马云还在读初中时，他的班上来了一位教地理的女老师，这位女老师年轻漂亮，教学风格很活泼，常常会在课堂上给同学们讲一些好玩的故事和她自己的亲身经历，马云很喜欢这位老师。

有一天，这位老师无意中的一个故事，彻底改变了马云的一生，开启了马云人生的另一扇门。这位老师说她有一次在西湖边游玩时，遇到几个外国人问路，周围的人都不会英语，没人能作答，但是这位老师的英语很好，她一一解答了外国人的问题，那些外国人很高兴地连声称赞她。最后，这位老师总结道：“同学们，你们不但要学好地理，更要学好英语，不然当有外国人问你的时候，你回答不上来，会给中国人丢脸的。”

这本是课堂上的一个小插曲，却令马云心里久久不能平静，老师的话让马云如醍醐灌顶，从那天之后，马云便开始奋发图强，努力学习英语。他可不想在外国人面前丢中国人的脸！回到家后，马云从自己的“小金库”里拿出6角钱，买了个小喇叭，天天苦练英语，立志成为“杭州英语第一人”！

马云的变化引起了父母的注意，在刚刚改革开放的年代，英语的学习还没有普及，马云每天听着收音机，念着ABC，起初让父母担忧了一阵，但看到他专心学习，不会再出去闯祸，也就任由他去了。没有什么基础的马云，在学习英语的过程中遇到了很多困难，但他从没想过放弃，咬着牙坚持了下去。

当他能够掌握一些基础的口语后，便骑着自行车跑到西湖边上，找游西湖的外国人“切磋”，很多英语学习者怕丢脸，不敢大声说，可是马云不怕，他不怕被人嘲笑，也不怕丢脸，凭着想要学好英语的信念，凑到那些外国人身边讲英语。为了和外国人练口语，马云也会为他们充当导游，在美丽的杭州一边游览，一边练英语。

就这样，马云的口语一天天流利起来，这个昔日被老师看不起的差学生，竟然能够操着一口地道的英语和外国人对话，实在是让人大跌眼镜。有时候，和马云交谈的外国人都以为他是从欧美回国的“小华侨”。经常出去做导游，和外国人练口语，既锻炼了马云的英语水平，更增长了他的见识，积累了人脉基础。

有一次，马云在杭州香格里拉大酒店的门口偶然邂逅了一对来杭州旅游的澳大利亚夫妇。马云毛遂自荐，要为他们当导游。这对夫妇欣然接受了马云的帮助，在几天的快乐时光中，马云和这对夫妇成了朋友。之后的很多年，他们一直保持着通信往来，像笔友一样，分享着彼此身边的趣事。据马云后来回忆：“在和这些外国人互动的过程中，我发现外国人的想法和我受到的教育有很大的不同，让我了解到外面还有另一个完全不同的世界。”

建立在兴趣之上的能力，令马云很有成就感。他并不是不求上进的孩子，但凡有了目标，他会付出比常人多十倍、百倍的努力去达成，他说人生的成功就是一次次失败的积累，只要不把他打死，还会再来过。只要不放弃，就是成功的开始。

在英语上的努力执著可以看到马云拼命的劲头，这也就可以理解为什么马云能够在日后成为互联网界的引领者，成为财富的创造者。在2004年12月28日，CCTV年度十大经济人物的颁奖典礼上，马云榜上有名，为他颁奖的是海尔集团CEO张瑞敏，张瑞敏风趣的颁奖词准确地囊括了马云的性格："他热心做媒，撮合百万意中人；他牵线搭桥，链接二百多个国家和地区。你在他那里登记个名字，他让你挑选整个世界。"

马云的致辞却是很谦逊，他认为自己的成就不过是因为没有放弃自己，没有放弃信念，一步一个脚印走过来而已。

"感谢CCTV，也感谢所有的评委，我的客户，还有我的同事，是大家把我的梦想变成一个现实。五年以前，也是这个时候，在长城上，我跟我的同事们想创办一个全世界最伟大的公司，我们希望全世界只要是商人一定要用我们的网络，当时这个想法，很多人认为是疯子，这五年里很多人认为我是疯子，不管别人怎么说，我从来没有放弃过一个中国人想创办全世界最伟大公司的梦想。1999年的时候，我们提出要做80年，在互联网最痛苦的时候——2001年和2002年，我们在公司里面讲得最多的词就是'活着'。如果全部的互联网公司都死了，但我们只要还跪着，只要我们还活着，我们就赢了。我永远相信只要永不放弃，我们还是有机会的。最后，我们还是坚信一点，这世界上只要有梦想，只要不断努力，只要不断学习，不管你长得如何，不管是这样还是那样，男人的长相往往和他的才华成反比。今天很残酷，明天更残酷，后天很美好，但绝对大部分人是死在明天晚上，所以每个人都不要放弃今天。谢谢大家！”

这就是马云，一个信念至上，即使被全世界反对也不会退缩的人。

对冬天要预先准备和坚持

英语的优秀并不能为马云加分多少，马云的求学之路一直不平坦，调皮好动的他虽然也希望考上理想的大学，但因为成绩落后，尤其在数学方面的劣势，令他上大学的愿望很难实现。马云很有自知之明，他说自己：“我大愚若智，其实笨得很，脑子这么小，只能一个一个想问题，你连提三个问题，我就消化不了了。”

马云在第一次参加高考时，数学只得了1分，“光荣”落榜。觉得考学无望的马云不想在家里白吃白喝，就和表弟一起外出打工，想要赚钱养活自己。但是，在马云初涉社会时，现实又一次打击了他。马云和表弟一起去一家宾馆应聘服务生，结果宾馆录用了马云的表弟，却把马云拒之门外。宾馆给出的理由很简单，那就是马云的表弟长得又高又帅，而马云又矮又丑。

因为相貌遭到拒绝，令马云暗自嗟叹。不过马云并没有灰心，他四处找工作，只要能够赚钱，他什么都肯干，他当过秘书，做过搬运工，后来通过父亲的关系，他到《山海经》《东海》《江南》等杂志社蹬三轮车送书，他帮杂志社的人将书刊扎在一起，25本扎成一包扔到三轮车上，然后送到火车站或者其他的发货地点。

18岁的马云不管刮风下雨还是烈日炎炎，他都用力蹬着那辆笨重的三轮车，努力完成工作，这样每天就可以赚到一元钱。好像老舍笔下的“骆驼祥子”，马云除了埋头蹬三轮车，卖苦力，似乎看不到未来的出路在哪里。如果他一辈子就这样别无所求，只求温饱的话，我们也就见不到日后叱咤网络界的大亨马云了。马云虽然做着低贱的工作，但他从没有放弃过自己。

就像他自己说的："眼下的困境不是最重要的，关键是心存理想，把握自己的未来，看到事物积极的一面，改变自己。"不论身处逆境还是顺境，主动地完成自己的人生，而不是被动地等待救赎。马云在一次偶然的机会，来到了浙江舞蹈家协会，他为协会主席抄写文件的时候，读到了一本令他震惊的书——路遥的代表作《人生》。

这本小说的主人公——农村知识青年高加林曲折坎坷的生活道路令马云感同身受，高加林很有才华，他对理想有执著的追求，虽然每一次在他即将靠近理想时，总会有一种阻力横在他面前，令他失去机会，甚至不得不跌回原点，重新开始，可是，高加林始终不屈服命运……

一部伟大的文学作品，是可以影响整整一代人的思想的。《人生》感染了20世纪60年代很多人，也包括马云。《人生》就像一盏指路明灯，在马云人生中那段最失意、最无助、最迷茫的时候，为马云点燃了希望之光。马云一遍又一遍翻看这本书，他被书中的情节深深吸引，更被主人公百折不挠的精神深深打动。

这个经历了人生第一次"滑铁卢"的少年从书中明白了一个道理：人生不会是一帆风顺的，总要经历坎坷和苦难，才能成就一番事业。孟子说："故天将降大任于斯人也，必先苦其心志，劳其筋骨，饿其体肤……"

马云想这就是上天对他的考验，他不能因为这一次考验的失败就从此认命，他合上书，经过一番激烈的思想斗争之后，决定再次走入学校，备战高考。马云的这个决定虽然得到了父母的支持，但他们也隐隐为马云担忧，毕竟以马云的成绩，就算复读一年，考上大学的可能性也不大。

没有尝试过，就没有认输的权利。马云努力学习，开始了艰苦的复读生活，他的生活基本就是两点一线，复读班和家里。经过一年的拼搏后，在19岁那一年，他再次走进高考考场，不过幸运之神还是没有眷顾马云，第二次高考，马云的数学考了19分，总成绩离大学录取分数线差140多分，马云再次落榜。

拿到成绩单之后，父母也对马云读大学这件事不抱任何希望了，他们觉得当务之急应该让马云学一门手艺，好能够养活自己。“你就死了这条心吧，你不是学习这块料，还是去做个临时工，或者学点本事吧。”

父母的话令再度失败的马云心里很憋屈，他不想就这样认输，也不想自己从此碌碌无为地度过一生。他将自己当做《人生》中的高加林，即使面对再多的阻力，也不停下对理想追寻的脚步。于是，不顾父母的反对，马云开始准备第三次高考。

死扛下去总会有成功的机会

马云无法说服父母让他继续复读，便只好一边打工赚钱，一边抽时间复习。他白天打工，晚上就去夜校读书，连轴转的高负荷令马云感到身体有些吃不消了，他每天骑着破旧的自行车穿梭在杭州的大街小巷，胸中怀着对明天的希望，同时也充满了对眼下难挨时光的失落之感。

那时候，一部从日本引进的电视剧《排球女将》正在电视台热播，《排球女将》这部电视剧深入人心，其中的主演小鹿纯子更成为了那个时代的偶像，不论是五六岁的小孩，还是六七十岁的爷爷奶奶，都对小鹿纯子的笑容着迷，马云也很喜欢小鹿纯子，他尤其欣赏小鹿纯子永不言败的精神。

正是在这种精神的支持和鼓励下，马云第三次高考的复读之路才能得以坚持下去，他为了能够找到一个好的学习环境，一到礼拜天，就早早起床，骑车到离家有一个多小时路程的浙江大学图书馆去复习功课。浙江大学图书馆里学习的人很多，座位根本不够用，如果去晚了就没地方坐了。为了能安心学习，马云便和其他想在图书馆学习的人展开了一场“占座竞赛”。

但马云也不是每一次都能占到座位，有的时候，稍微去晚一些，座位就全被占光了，这个时候，马云就会和其他同样没有占到座位的人去“抢占”提前离开图书馆的人的座位，俗话说得好，“不打不相识”，在占座的过程中，马云意外地结识了五个死党，他们六个人在熟识之后，便常常在学习之余，躺在浙江大学的草坪上，畅想考上大学之后，出人头地的美好生活。那时的他们，谁也想不到十几岁结下的情谊，会延续几十年，在马云日后创业的道路上，这五个人一直是他的左膀右臂。

少年不识愁滋味，几个少年那时还想不了那么长远，只想考上大学，开始新生活。马云虽然努力，成绩也都有所提高，但他的数学依旧是他的“短板”，这会为他的总成绩拖分不少。在马云准备第三次高考的前三天，教他数学的余老师不知是用激将法刺激他，还是真的对他的成绩失望，对马云说出了这样一番话：“马云，你的数学真是一塌糊涂，如果你能考及格，我的‘余’字倒着写。”

余老师的话令马云的自尊心受到伤害，他憋着劲走进考场。从考场出来后，马云和学习好的同学对了答案，他自信地说这一次他的数学肯定能及格了。后来，成绩下来，他的数学成绩是79分（那时的数学满分是120分）。

虽然不是个高分数，但对于数学成绩一向不好的马云来说，绝对是高分。能考到这样的分数，得益于马云的“急智”，在考数学那天早上，马云将10个基本的数学公式背得滚瓜烂熟，考试的时候，他就用这10个公式一个一个套，还真让他考及格了。

大家对马云能考出这样的成绩表示惊讶时，马云自己说这是因为他运用了独门武功才过关的。马云的独门武功除了背诵公式外，他还将每种题型都背了一遍，把数学题当做文科来做，恐怕也只有马云能够想得到。

不过，即便数学考出了79分，马云的成绩离大学本科分数线还是差5分，他只能上专科，马云自己倒是知足，觉得能够上大学就很不错了，比起之前打工做苦力的日子，能够进高校读书让马云觉得很幸福。此时，一直不肯眷顾马云的幸运之神又掉了一个大馅饼砸到了马云头上，就在他准备到杭州师范学院读专科时，因为一个“特殊原因”被调剂到了本科专业。

由于杭州师范学院的英语专业刚刚专升本不久，英语本科专业出现了报考人数少于计划招生人数的难堪情况，为了完成招生计划，外语系的领导们就破例做出让部分英语成绩优秀的专科学生“直接升本”的特殊决定。就这样歪打正着，考上专科的马云由于他出色的英语成绩，被调剂到了本科的英语系。

生活终于对马云展露出晴朗的一面，马云在经历了几番磨砺之后，终于圆了自己的大学梦。带着兴奋和好奇，马云走入四年的大学生活。这来之不易的结果并非平白无故砸到马云头上，如果马云在第一次高考失败就放弃理想，如果马云因为旁人的不赞同就放弃复读，如果马云不能忍受学习的枯燥，那么，大学校门也就不会为马云打开，也就没有了现在的阿里巴巴。

“我觉得影响我的人挺多的，在不同阶段有不同的人影响我：路遥的《人生》影响过我，金庸的《笑傲江湖》影响过我，《阿甘正传》里面简单的阿甘影响过我，《排球女将》中的小鹿纯子影响过我，还有我的父母、我的老师、我的朋友，他们都影响过我。但是，我认为在这个世界上，没有一个人能完全影响你，重要的是你能从每一个影响过你的人身上找到各种机会，然后不断学习，从而反过来影响别人。”马云对他不断成功做出了这样的分析，在马云看来，自己的成功是不断坚持的结果。

英雄不问出身，只问自身的努力和志向，马云凭着自己的执著追求和不懈坚持，一步一步走到了现在的镁光灯下，令人瞩目。

做事情，先学会做人

1984年，20岁的马云进入大学学习，英语系的课程对马云来说是小菜一碟，从小打下的英语基础令马云在英语系如鱼得水，轻轻松松就能稳坐英语系的前五名。从小成绩不好的马云，在大学打了一个漂亮的“翻身仗”，因为不用花很多时间在学习上，马云就将更多心思放在了课外活动上，他参加了各种各样的学生社团。

马云将机敏灵活的劲头放在学生会的工作上，令他在学生会混得非常有名，很多人都知道了马云这么个人物。马云不仅当选了学校学生会主席，还当上了杭州市学联主席，一个普通的二流学校的学生能够当上市学联主席，在当时看来很不可思议。马云不但为自己争了光，还为学校争了光。

大学四年的生活是马云青春时期度过的最美好的一段时光，在1985年，马云读大二的时候，曾经在香格里拉大酒店结识的那对澳大利亚夫妇邀请马云去他们那里玩儿。那是马云第一次出国，他在国外的那段时间，认识到了外面的世界有多精彩、多辽阔。正是那一次的出国经历，改变了马云的观念，令马云有了一个开阔的世界观，为马云日后的创业打下了基础。

不过，还是大学生的马云还不知道自己日后会怎样，他只是将每一天都过得充实快乐。上了大学的马云虽然不再打架，但他“路见不平拔刀相助”的侠义气概一点也没丢，当同学们有困难，需要他帮忙时，他总是义不容辞地出手相助。

有一次，班上有一个同学因为犯了一点小错误被取消了原本属于他的研究生考试资格，这位同学不知道该怎么办，便去找马云帮忙。虽然马云和这位同学的关系很一般，但马云觉得失去考研究生的资格，会对这位同学的前途造成很大的影响，因为这位同学的成绩很不错，如果不能考研，毕业后他就会被分配到老家工作，才华无法得到充分施展。

惜才的马云拍拍胸脯，答应帮忙。马云开始四处找人替这位同学求情，他找到班主任、系领导、院领导，把嘴皮子都快磨破了，花了两天半的时间，才说服了他们，同意恢复那位同学的考研资格。

那位同学考上了研究生之后，便和马云失去了联系，很多人都说那个同学“忘恩负义”，马云帮了他这么大的忙，他却“杳无音信”了。马云自己倒是觉得无所谓，他帮人也不是为了得到别人的感谢的。之后的几年，马云忙于工作，很快就把这件事忘记了，但他没想到，在隔了近十年之后，一次马云在深圳出差，忽然跑来一个人，激动地拉住马云的手说：“我听老同学说你到了深圳，所以专门从广州赶来看你。”

马云定睛一看，眼前这个人正是当初在自己帮忙下，走进考研考场的那个同学。研究生毕业后，这位同学的事业发展得越来越好，与马云见面时，他已经是一家著名的外资企业广州分公司的总经理了。

当时马云正处于创业的低潮期，这位同学听说马云的情况后，主动帮马云联系业务，介绍人脉，让马云感到很温暖。每当想起这些无心交上的朋友，马云便觉得宽容与善良之心的可贵，他说：“虽然也有被出卖的伤痛，但一颗善良宽容的心，总能交上一大把真诚的朋友。现在不定什么时间，会突然有个朋友打来电话：‘马云，最近怎么样，有事需要帮忙一定要告诉我。’”

如果不是马云为人宽厚，自然也不会有这些好友围绕在身边。上天虽然给了马云很多坎坷，但也给了他很多阳光，最让马云欣慰和感到幸福的应当是在大学时，他便找到了可以相守一生的伴侣张瑛。

张瑛是马云在大学一年级便认识的，他们相识相知，相爱相守，一路走来虽然有坎坷，但更多的是坚持和信任。毕业之后，他们便领了结婚证，张瑛一直在背后默默支持马云，是马云生活和事业的得力伙伴。张瑛后来曾这样说："马云不是个帅气的男人，但我看重的是他的为人……"

提到做人，很多人会不屑一顾，认为做人有什么难的，先把事业做大了，把钱赚够了，就算为人再差，也没什么关系。但马云始终认为"做人"比"做事"重要得多。只有做人成功了，做事才能成功。

注重自己的名声，遵守诺言

光阴似箭，日月如梭，大学四年的时光匆匆而过，转眼到了1988年，24岁的马云大学毕业了。马云以优秀毕业生的身份，顺利进入电子工业学院（现在改名为杭州电子科技大学）当英语老师。这个机会可是很难得的，在当年杭州师范学院500名毕业生中，马云是唯一一个能进入高校任教的，这是让很多人眼红的职位。

不过，当时改革开放已经有十个年头，人们的思想越来越活跃，要么出国深造，要么下海经商，马云这么活跃的一个人，自然也不会甘心一辈子留在校园里过平淡的生活。估计到马云可能会有别的想法，在马云的派遣证发到手之后，学院的老领导亲自找他谈话："马云啊，你这个机会来之不易，你可要好好珍惜，你肩上扛的可是我们杭州师范学院的牌子，你可不能搞砸了，我们来打个赌，看你能不能做5年的英语老师。”

老领导和马云定了一个5年之约，马云为了不辜负老领导的期望，便痛快地答应了。收拾好行李，马云便去了单位报到。马云任教的电子工业学院是一所以理工科为主的大学，理科专业有很多优秀教师，但在商务、外贸、外语等专业上，师资比较贫乏。擅长英语的马云，对国际贸易等方面也有着深入的研究，所以，马云很快就成为了英语专业和国际贸易专业的讲师。

任教不久后，马云就到杭州一家夜校兼职教英语，那个时候，很多老板都想将生意做到国外去，可是因为不懂英语，常常会吃亏，所以，就在英语学习班报名，学一些简单的英语。这期间，马云结识了一大批做外贸生意的老板，不但丰富了外贸知识，还为日后的人脉拓展打下了基础。

因为和不同阶层的人接触，马云的肚子里攒了很多故事，他会在课堂上适时地讲出来，令同学们听得津津有味。马云上课很有一套，不光生动有趣，他的课还很有感染力，一些从来不敢开口讲英语的同学，在他的课上也敢大声开口。每次当马云上课的时候，很多学生都会去听，教室里常常是人满为患，马云对此还是很自豪的，他说：“我研究过李阳的疯狂英语，要是我加入进来，风头会盖过他，我的秘籍是真能叫人脱口讲外语。”

马云不喜欢一言堂的死板教学，他认为考试考得好，并不能说明问题，他希望学生们能够在欢声笑语中主动掌握一门语言。所以，马云在课堂上尽量采用全英文式的教学，一开始很多学生不习惯，会有抱怨，但时间久了，他们渐渐喜欢上了这种全新的教学方式。马云在课堂上总会想尽办法令学生们在轻松愉悦的环境中学习英语，让他们像自己一样，真正爱上学英语。

虽然当大学老师，马云一个月的工资不过八九十元，以马云的能力出去闯荡，一个月挣的只会多，不会少。但马云因为当初答应了老领导起码要在大学干满5年，便一直潜心在高校“修炼”。

马云日后表现出的口才能力，可以说正是那几年在高校任教打下的基础，他在课堂上的妙语连珠，因材施教，对他在之后的创业经商之路上，有很大的帮助。所以，从这个细节上看，马云后来能够创业成功，与他在高校的“潜心修炼”有一定的关系，正是有了这样一个平台，才让马云的下一步能够走得更稳妥。

也正是因为马云守住了和老领导的那个诺言，他才能够留在学校里，那段教书育人的日子，是马云厚积薄发的基础。不但累积了人脉，沉淀了心性，还结下了日后创业的好伙伴。

阿里巴巴最初跟马云创业的18个元老，有几个就是他的学生和同事，诸如周宝宝、韩敏、周悦红、戴珊、彭蕾等人。在杭州电子科技大学做老师的那几年，奠定了阿里巴巴日后最核心、最忠诚的创业团队。

附演讲原文《文化是企业的DNA》①：

前两天我刚从美国回来，在美国参加会议的时候有人问我，我的英语是哪里学的，我说中国杭州师范学院！——在我们公司，尽管有来自北大、清华，也有来自哈佛、耶鲁等名校的学生，但是如果你在我公司问哪所学校最好，员工都会说：杭州师范学院！没办法，因为在阿里巴巴，他们只能这么说。（全场笑，掌声响起）

我是杭师院的本科文凭，很多学校想要聘我这个那个的，他们认为我是阿里巴巴的CEO，至少也应该搞个博士头衔，可是我觉得杭师院挺好的。

创业是为了教书

很多人认为创业就是为了赚钱，因为对于我创立阿里巴巴，大家也都是这么以为的。可是我创业不是为了赚钱，而是为了让自己以后有更多的经验教给学生。在教书的过程中我得到了很多东西，我爱教书。但是我想到中国经济的高速发展，在20年以后，我马云是否还能继续站在讲台上教书？——我也会思考，什么样的学习是将来的社会所需要的。不光是书本的知识，还有社会实践。我想出来创业，不管成功与否，将来我再回到讲台的时候，至少我会比大学里其他老师多一些经验。

我们需要什么样的人才

在招聘时，我们曾发现很多大学生在回答问题时答案是一样的，为什么？因为学校指导学生就业的套路是一模一样的，这其实挺可怕的。因为我们需要的不是听话的学生，而是能干的学生、学习能力强的学生、个性强的学生！

在招聘的过程中，我们也发现需要从一、二年级就开始让大学生了解我们需要什么样的人！不能等到大四的时候再告诉他们，这个时候已经迟了。大学里要学习的是一种文化，一种能力，而不仅仅是知识！

文化是企业的DNA

1.使命感——企业发展的驱动力

我们的目标：第一个是做102年的公司；第二个是成为世界十大网站之一；第三个是只要是商人，一定要用阿里巴巴。

当一个企业确立了目标之后，就需要进入下一个思考。什么是那些伟大企业走下去的重要原因？

2003年，我们阿里巴巴在B2B领域已经是发展很好了。怎么走下去，我很迷茫。当你站在第一的位置上，往往不知道该往哪里走。因为第二、第三可以跟着第一走，但是第一没有参照。那时我凭什么做出一系列决定，就是凭着使命感。

爱迪生企业的使命是什么？Light to world（让全世界亮起来），从企业CEO到门卫，大家都知道要将自己的灯泡做亮、做好，结果现在“打遍天下无敌手”。

我们再看另外一家公司——迪士尼。迪士尼公司的使命是Make world happy（让世界快乐起来），所以迪斯尼所有东西都是令人开开心心的，拍的戏也都是喜剧，招的人也全是快乐的人。

还有一家公司TOYOTA（丰田），它的服务让全世界都懂得尊重。有一个故事，在芝加哥的一个大雨天，路上一辆TOYOTA车子的雨刮器突然坏了，司机傻在那里，不知道该怎么办。突然从雨中冲出一个老人，趴到车上去修雨刮器。司机问他是谁，他说他是丰田公司的退休工人，看见他们公司的产品坏在这边，他觉得有义务把它修好！这就是强大的使命感和企业文化，才使得每个职员将公司的事当做自己的事情。只有在这样的使命感的驱动下，才会诞生今天的迪士尼、今天的丰田。

我们阿里巴巴的使命是：“让天下没有难做的生意”。我们做任何事情都是围绕这个目标，任何违背这个使命感的事情我们都不做。所以有人会很奇怪地问我们：“你们凭什么做出这样一个决定啊？”我说：“我们凭我们的使命感。”我们推出一个产品，首先要考虑的是这个产品是否有利于生意。我们推出“支付宝”也是这个原因。

2. 价值观——企业生存的“六脉神剑”

我们思考：什么样的工作环境是我们最需要的？于是，阿里巴巴就约法三章，提出我们的六大价值观，我们称之为“六脉神剑”。

a. 客户第一

说员工第一，这太假，有可能变成大锅饭；说股东第一，则有可能重复安然（美国大公司，后破产）的旧例。我们坚持的客户第一，就是要为社会创造价值，服务客户。

b. 重视诚信

阿里巴巴讨厌那些不讲诚信的人。在阿里巴巴最困难的时候，我们发现“回扣”的事很暧昧：给回扣我们公司能够活下来，不给回扣则有可能倒闭。于是，我们公司在刘庄专门开了个会议，我们后来称之为阿里巴巴的“遵义会议”。当时我们做出了一个艰难的决定：从今天开始，公司永远不给任何人一点回扣，如果谁给了回扣，就请离开公司。这个决定很痛苦，我们发现伟大的决定都是痛苦的，但痛苦的决定却不一定伟大。

现在，我们的合作伙伴知道跟我们阿里巴巴合作是不会给回扣的，我们宁可把这笔钱用在提高服务质量上。

在公司的采购上，我们在合同上也同样写明了合作公司不准给回扣，哪怕只是一颗糖，你也得给我拿回去。如果发现哪个公司这么做了，那么我们永远不会和它合作。我们相信，我们不需要进行桌下交易，这样的伙伴也不会好的。

c. 使命感驱动

阿里巴巴是使命感驱动的公司，是有着明确目标的公司。

d. 敬业

有些年轻人经常是一上班就一个劲地抱怨：真没意思，待在这里工作真没意思。我就奇怪了，既然没意思，为什么不辞职呢？这就是没有敬业精神。

我不喜欢职业经理人。因为职业经理人看人往往是这个人还不错，这个人马马虎虎啦之类。而领导者则往往能看到人的潜力，同时他又有承担责任的勇气。比如军队里的参谋，他提供了25个方案，而参谋长就是从这25个方案中找出3个，而师长的任务就是从这3个中挑出一个来做，其他的交给别人。这就是领导者应该有的魄力以及担当。

我现在发现很多人一离开一个公司就开始骂这个公司，这样那样不好。我建议学弟学妹们，如果发生什么事情离开一个公司时，不要抱怨，抱怨只会让你更不受人尊重，这是没有职业道德修养的一种体现。

美国有个GE公司（通用电气）和西门子公司竞争很激烈。两者竞争激烈到GE出来的员工认为“我再烂，我也不去西门子”；同样，西门子出来的人也是如此。这是因为一个GE出来的人如果进了西门子，当西门子这边的人问起你在GE那边是怎么做的时候，你说了，对不起GE那些曾经和你一起拼搏的兄弟和老板；你不说，又对不起现在的新同事。所以这些员工才坚决不去竞争对手那里。我们一直强调的职业道德，就是这个。

我作为阿里巴巴的CEO，感觉是so far，not so good，so ok!（感觉还可以）但十几二十年后，我不可能一直把CEO当下去，因为后面的年轻人会超越我。我只是一个4×100米接力赛的第一棒选手，当我跑完第一棒时，是第一名；但你不能保证第二棒还是第一名，如果逞强，就把团队给害了。所以，我在跑第一棒时就尽力把自己的工作做好。

员工也是一样，“铁打的营盘流水的兵”。员工必须坚持理想、使命感、价值观，一代代地传承下去，像DNA一样。这个公司的人可以老去，但是这个企业的文化必须继承下来，一代代传下去，才能有不断地创新。

e.激情

激情来得快，去得更快。你可以失败，可以失去一个项目，但是你不能放弃。一个员工第一天晚上很晚下班，疲惫地离去；第二天一早，他又笑着回来了，这就是激情。激情是可以传递的。这样一来，整个公司的氛围就变好了。

f.同一目标

3年前阿里巴巴遇到“非典”，这是价值观和企业文化之间的冲击和碰撞的一次具体体现。我想说的是：在灾难来临时，文化产生的反弹力是很大的。正是因为阿里巴巴有同一目标，才能产生极大的凝聚力，共同渡过难关。

黑暗中手拉着手走路是快乐的

马云的课堂魅力和人格魅力影响了他周围的人，当马云在课堂上像表演脱口秀节目一样侃侃而谈时，课堂下的学生就被马老师的风采迷倒了。马云后来的创业伙伴，“十八罗汉”之一的韩敏回忆道：“当时马老师讲课从来不按照书本内容讲，从来都是海阔天空地跟大家侃一些海外奇闻。那时候很多同学大一就报考了英语四级，大家完全就是为了马老师而去考的，大家觉得如果考不过，就没有脸再见马老师了……”

马云能够在学生们之间有这么好的人缘基础，除了他过硬的英语专业水平和风趣、别具一格的讲课方式之外，更重要的是马云对所有同学都一视同仁，他不会偏爱成绩好的同学，也不会歧视成绩差的同学。在马云眼中，同学们都是一群可爱的孩子，只要方法得当，他们都能够有所长进，果然，那些成绩不好的学生，在马云的一番调教之下，居然也能够满口英语，流利大胆地讲出来。

马云常说的一句话就是：“没有弱智的学生，只有无能的教师！”马云自己小时候因为成绩差，被老师轻视，他知道那种被忽视的无奈和痛苦，所以，在他当了老师之后，他绝不会让自己的学生重蹈自己的覆辙。

学生们爱上马云的课，经常会有学生逃课去听马云讲课，这让当时很多同事感到“丢脸”，他们纷纷在私下调课，尽量避开和马云同一时间上课，免得自己的课堂上没几个学生，马云那里的课堂熙熙攘攘。也有同事向马云抱怨，说：“你上课的时候是人满为患，我们上课的时候是形影相吊。”

马云虽然无意中有些“伤害”同事的自尊，但同事们也都很喜欢马云，马云的豁达宽容与乐观不仅为他赢得了学生基础，也为他赢得了同事间的情谊。

阿基米德说过：“给我一个支点，我就能撬动整个地球。”马云凭着英语这个支点，撬动了他整个人生。凭借着优秀的英语能力，马云一步一步踏进了自己精彩人生的大门，也赢得了一大批好朋友、好伙伴。

在电子科技学院的那几年，马云买房的趣事是值得说一说的。那个时候，房价虽然不算高，但像马云这样的穷教师，还是攒不够买房钱的，那时候，大多数老师都会选择住学校分的宿舍。但马云却偏偏迎难而上，他向亲戚朋友都借了点钱，东拼西凑了一笔买房款，在离学校不远的地方买了一套还算比较大的房子。

那套房子在当时看来价值不菲，在那个时候的人们看来，可以算是一笔巨大的财富了。可是，过了几年，在周围的人都能够住进这样的房子里时，马云又把那套房子卖了，在西湖区文化路买了一套接近200平方米的房子，这也就是日后的阿里巴巴创业基地——湖畔花园。稻盛和夫说：“人生不是一场物质的盛宴，而是一次灵魂的修炼，使它在谢幕之时比开幕之初要高尚一点。”

在这个充满诱惑的时代，人人都渴望成功，希望能够一觉醒来就成为富翁，能够不用为金钱发愁。当物质的提升成为一个人的主要动力时，灵魂便往往会跟不上前行的脚步，而马云却是能够在浮躁的社会中，沉住气做好每一天的工作，不但做好，而且快乐，在枯燥的工作中发现乐趣。

精明的马云在认真生活的同时，也凭着敏锐的商业嗅觉，率先投资起了房产。若干年后，谈起当时的想法，马云说：“如果要我投资房产，我不会投资那些流行的房型。比如说一室一厅、两室一厅。相反，如果我要投资，我会选择一些比现在流行面积大一点的房子，比如当时的湖畔花园，那是比三室一厅要大一点的别墅，这样我就永远站在时代前面。如果有机会，我还会把现在的这套抛掉，去买个更好的。”

这个思路同样适用于阿里巴巴，马云总是站在时代的前面来想问题，所以阿里巴巴才能一直走到今天。在大学当老师的6年里，马云最大的收获莫过于结交了一群日后可以风雨同舟、同甘共苦的好朋友。

这些朋友，有的是他的学生，有的是他的同事，还有的是他在兼职夜校认识的老板。这些人跟随马云，无论北上还是南下，总是不离不弃。像昔日的同事，后来阿里巴巴副总裁的彭蕾，昔日的学生周悦虹、韩敏、蒋芳等。在阿里巴巴创业元老“十八罗汉”中，有一大半就是马云的学生，这在创业案例中是很少见的。

从一无所有到风光无限，从事业高峰荡到事业低谷，这些人始终与马云站在一起，荣辱与共。所以，马云能够在很多年后，站在中央电视台的演播大厅里，自豪地对全国亿万观众说：“天下没人能挖走我的团队！”

敢说出这样的狂言，马云是有足够底气的。这底气便来源于在大学任教那6年积累下的情谊，这些伙伴应该是马云一生宝贵的积累和财富。只要有这些伙伴在，黑暗之中、低谷之中也能够快乐，只要大家在一起，就能够创造出美好的未来。

第二章

梦想：像坚持初恋一样坚持梦想

马云一直是一个理想主义者，他渴望与追求的从来都不是成功，而是梦想的实现。马云说：“每个人都有梦想，只有那些为实现梦想不断追求、永不言弃的人才可能登上成功的舞台。创业的过程会经历挫折，坚持对梦想的追求，成功便指日可待。”

奋斗的动力并非财富，而是梦想

在担任大学老师的那几年里，马云凭借出色的工作能力，在1995年的时候，被评为杭州十大杰出青年教师。如果马云继续按照这样的道路走下去，他一定会在高校的天地大有作为的。但就在马云的事业稳步上升的关键时期，他却向校长提出了辞职，要出去创业，成立一个翻译社。

其实，创业这个想法，早就浮现在马云脑海中了，只不过马云要遵守和杭州师范学院老领导的“5年之约”，才一直留在大学里当老师，没有付诸什么大的行动。那个时候，英语人才是很稀缺的，马云有一天联系自身，突发奇想，决定推广“全民学英语”的活动，他发起了在西湖边上的第一个英语角，让越来越多的人加入，大家一起说英语，提高英语水平，马云还常常带学生去那里练习口语。

另一方面，全国经济飞速发展，当时的杭州乃至整个国内，很欠缺既懂得英语，又懂得贸易的全能型人才，所以，很多老板找到马云做他们的翻译，马云一个人根本应付不过来，更何况，他只能兼职做翻译，他答应老领导的“5年之期”还没到，不能全职去做这些事情。这时，他就想到了身边的同事，尤其是一些退休在家的老教师，马云将这些老教师组织起来，做起了翻译工作。

1994年，马云便和朋友一起在杭州注册了一家专业的翻译机构——海博翻译社，这也是杭州第一家专业的翻译社。海博取自英文hope的谐音，意为希望。这一年，马云刚好30岁，也是而立之年，充满希望的一年。他所在的电子科技学院的校长对他许诺，日后会让他当学校驻外办事处主任。

生活在一步一步迈入正轨，马云的人生如果不出意外，将会桃李满天下，在高校成为受人尊敬的老师。但马云却放弃了这个机会，放弃了后半生安稳的日子，选择了试水商海，创业打拼的日子。

成立了翻译社，马云就在上课之余，开始了“穷折腾”，他四处活动，尽可能地多接点业务。然而，这个新成立的翻译社并没有迅速地被市场接受，虽然很多场合都需要翻译人才，可精明的商人是不愿轻易为一个不了解的新公司买单的，所以，刚成立的海博翻译社并没有为马云带来多少财富积累，反而是举步维艰。翻译社成立一个月后，全部收入为700元，而当时的房租一个月就要2000多元。

刚开张就赔本，这样的买卖让海博翻译社的其他成员有些胆怯，周围的人也劝马云及早放弃这个事业，安安心心当老师算了。马云就偏不信这个邪，他认为创办这个翻译社不是为了赚钱，而是为了实现理想，所以他不能放弃，一定要坚持下去，熬过去，光明就一定会到来的。

为了弥补翻译社的入不敷出，马云一个人背着大麻袋跑到义乌、广州，四处批发小礼品，再运回杭州来卖，赚来的钱全部用来补贴翻译社的支出。翻译社的运营就一直是在马云这样的努力下进行的，除了卖小商品，马云还做过医药和医疗器械的销售，四处推销产品，很是辛苦。就这样，在马云的带领下，翻译社逐渐走出了困境，开始有了起色，渐渐达到了收支平衡。

到了1995年，海博翻译社已经开始盈利了。也就是在这一年，马云向学校提出了辞职，他要彻底离开学校这个安逸的“象牙塔”，选择去社会的大风大浪中打拼了。当很多人劝他再想想的时候，马云是这样解释的：“我在学校里接触的都是书本上的知识，所以很想到实践中去辨明是非真假，所以我打算花10年工夫创办一家公司，再回到学校教书，把全面的东西再传授给我的学生们。”

辞职后的马云正儿八经开始经营翻译社，翻译社在实现了盈利之后，业务也逐渐走上了正轨，这之后，马云就放手给翻译社里的其他工作人员打理了，他就不再具体管翻译社的事情了。海博翻译社也一直延续至今，成为了一家不错的企业，如马云当年所愿，已经是杭州最大的翻译机构。“我当时认为一定会有需求，应该能成功。”多年之后，马云轻描淡写地将当年这段创业经历总结出来。

马云在中央电视台举办的“中国青年人创业”大会上讲过这样几句话：“作为一个创业者，首先要给自己一个理想。1995年，我偶然有一次机会到了美国，然后我看见了、发现了互联网。发现互联网以后，我不是一个技术人才，我对技术几乎是不懂，到目前为止，我对电脑的认识还是部分停留在收发邮件和浏览页面上，我今天早上还在说，到现在为止我还搞不清楚该怎么样在电脑上用U盘。但是这并不重要，重要的是你到底想干什么。”

马云很清楚自己放弃的是什么，也清楚自己得到的会是什么，在马云看来，只有先给自己一个理想，才能成就更完美、无遗憾的人生。

激情是不能受到伤害的

在网上打开海博翻译社的网页，会看到马云手写的一句话：“永不放弃！”在这句话的旁边还有一张马云用食指轻靠嘴唇的照片。

现任的海博翻译社社长张红回顾马云创业当初的情景，感慨万千：“当大家都还没想到这个行业的时候，当大家都还没有看到这个商机的时候，马云首先想到了，他的想法都是具有前瞻性的。那时我们杭州没有翻译社，我们是第一家独立存在的这样一个公司，大家都不看好，而且一开始也不赚钱，但马云坚持下来了，没有放弃。所以，我很佩服马云，他说的话会让你振奋，没有希望的东西在他看来也是充满生机的，他能带给他身边的人生活的激情。”

海博翻译社锻炼了马云的经商能力，也让马云的理想变得更高，眼光放得更远，一个翻译社远远不能满足马云心中的理想了。就在马云还没打算好下一步做什么的时候，一次意外却让马云确立了目标。

在1995年年初的时候，杭州市政府正在修杭州通往安徽阜阳的高速公路。这是政府招商引资的一个项目，当时一家美国的投资公司参与了这个项目，虽然双方很快达成了一致，杭州方面也开始动工，但工程进行了一年多之后，美国这家投资公司却迟迟没有按期支付合同金。

于是，杭州方面决定派人再去和美国这家公司沟通一下，为了能够确保沟通顺畅，让美国这家公司尽早支付合同金，有人提议，让海博翻译社的老板马云出面完成这次任务。当时的马云刚刚开始创业，虽然业务开展得并不很多，但名声在外，很多政界、商界的人物都听说过他，要知道那时候马云号称“可能是杭州英语最好的一个人”。

就这样，马云带着数千民工的期待和政府的委托，担任起了这次前往美国翻译和协调的工作，可令他没想到的是，本以为一次简单的工作之旅，却差点成了“有去无回”的惊悚历险。马云后来提起这事儿，“简直就是一部典型的美国式风格的好莱坞大片，特别是后来我到了美国被黑社会追杀，我的箱子现在还在好莱坞呢”。

到了洛杉矶之后，对方绝口不提合同金的事情，反倒是给马云安排了别开生面的“欢迎仪式”，他们派人带着马云四处吃喝玩乐，马云被安排在一家富丽堂皇的别墅里住着，美国公司派了专门的人负责照顾马云的起居饮食，但马云是肩负着杭州市政府派给他的任务来的，所以对这些诱惑并没表现出多大的兴趣。

负责接待马云的人看到马云对这些都不感兴趣，便提议马云去一个更刺激的地方玩儿，得到马云同意后，那个人便带马云去了拉斯韦加斯。马云站在沙漠环绕、热闹非凡的拉斯韦加斯，一点玩儿的兴致都没有，他是来谈合作的，可是却每天游手好闲，吃喝玩乐，一点正事也没做。

马云对赌博没兴趣，他只是玩了玩“电子游戏”老虎机就跟接待他的人出去了，接着他们去看了表演，就在观看表演时，马云发现一直和他在一起的这个人腰间竟然别着一把手枪，敏锐的马云意识到恐怕要出事了。

果然，从赌城回来后不久，美国公司就向马云摊牌了，他们要马云和他们一起合作，欺骗中国方面来诈取钱财。原来是一家骗子公司。等马云恍然大悟的时候，为时已晚。身处异地的马云被软禁了起来，如果不答应合作，就会被干掉。

杭州方面也发现了这是个骗局，但鞭长莫及，可怜的马云，势单力薄落在“虎穴”里，只能靠自己的智慧来逃脱了。被看管了几天后，马云意识到自己根本逃不掉，便假装答应要和对方合作，这才换取了自由。为了能够回国，马云借口要回国考察一些其他的项目。那时的中国，互联网还是个陌生的名词，但马云在美国的这些日子，多多少少对这个高科技名词有了些了解，所以，他对那个美国公司的老板谈起了要在中国发展互联网行业，就这样，马云被“放行”了。

在机场，马云没钱买机票，正一筹莫展的时候，他看到了候机厅里的老虎机，他把全部身家——25美分都投了进去，终于在最后一次机会的时候，赢得了600美元。抱着这600美元，马云看到了回国的希望。

但就在他排队买票的时候，心里渐渐感到不是滋味，带着杭州人民的希望来到美国，却这样狼狈地回去，实在太不甘心了。马云越想越窝火，他干脆走出买票队伍，重新思考起下一步的计划来。

梦想总会在现实中遭受挫败，但不论如何，实现梦想的激情是不能受到伤害的，马云虽然在美国经历了这样大的一个惊险，他实现梦想的心依旧执著，凭着对梦想的激情，马云迈出了下一步。

向梦想前进一步，再前进一步

在去还是留的痛苦抉择中，忽然之间，马云脑海中闪现出他为了脱身，对那个美国公司老板找的借口。互联网这个新奇的事物，马云知晓的甚少，但他在国内的时候，曾听一个外教同事提过自己的女婿在西雅图和人合伙搞互联网。既然来了，就不能轻易回去。马云扛起行李，踏上了前往西雅图的路程，虽然互联网是一个陌生的概念，但马云凭着天生敏锐的嗅觉，知道这一定是能够带来改变与转机的事物。

成功之路总是艰难的，一路上总会遇到这样或者那样的挫折与坎坷，只有排除万难走下去才有成功的机会，而因为害怕挫折，早早放弃的人，注定看不到成功的影子。牛顿说过："胜利者往往是从坚持最后5分钟的时间中得来的成功。"

到了西雅图之后，按照同事给他的地址，马云找到了那个外教女婿所在的公司，那家公司非常小，大概只有5个员工。在小小的办公室里，马云看到几个年轻人在电脑前做着他完全不懂的事情，仿佛进入了另一个世界。

那个外教的女婿叫Sam，Sam待马云很热情，马云简单给他讲了自己之前在洛杉矶的遭遇，Sam听完后，冲马云竖起大拇指，称赞马云绝顶聪明。随后，Sam带马云参观了自己的公司，他对马云简单介绍了一下电脑的使用，还让马云在搜索栏里输入想搜索的关键词，就可以出现他想看到的内容，马云尝试着输入了“beer”，结果真的出现了美国啤酒、日本啤酒和德国啤酒等内容，但唯独没有中国的。马云又尝试着输入了“Chinese”，结果屏幕上显示出：no data（没有数据）。

互联网在中国市场还是一片空白，这让马云兴奋起来，他觉得已经找到了自己下一步要做的是什么了。马云对Sam说自己想做中国的互联网，想要将自己的翻译社放到互联网上时，Sam立刻表示了赞同。

按照马云描述的要求，Sam和他公司的几位同事通过几个小时的努力，做出了海博翻译社的一个网页。那个网页在现在看来十分简陋，上面只是简单介绍了一下海博翻译社的情况，写了价钱和联系电话。但在当时的马云看来，简直是大开眼界。

这个网页挂到网上后，马云并没有太在意，当时的他还没有完全意识到互联网的魔力。网页是上午9点半做好的，马云在网页做好后，就在西雅图四处闲逛起来，等他晚上回来的时候，等待他的是5封E-mail。

Sam拍着马云的肩膀，恭喜马云生意这么快就来了。看着短短几个小时就来的业务，马云内心翻江倒海，他看着那些来自美国、日本甚至欧洲的邮件，脸上笑开了花，其中还有一封邮件这样写道：“这是我发现的第一家中国公司的网站，你们在哪里？我想和你们做生意。”

认识到了互联网魔力的马云更加确信了自己今后要做的就是这个，他脑海中闪出一个念头，回国创业，做互联网产业，把国内企业资料搜集起来放到网上，向全世界发布，将生意做向全世界。他对Sam说：“我们合作吧，你们在这边负责技术开发，我回国做企业，开拓资源。”

Sam答应了和马云合作，当时西雅图那个小公司里的人看着眼前这个瘦瘦小小的中国人，谁也想不到没过几年，这个人会成为中国互联网界的领军人物。

回国的当晚，马云就找来了24个朋友聊这事儿，这24个人都是马云在夜校教书时的学生，他们都是做外贸出身，马云觉得他们能够了解这其中的商机，但没想到，马云费了一番口舌之后，24个人里只有一个人说可以试一试。

冷静了一夜之后，马云还是决定做互联网，去实现自己的梦想。马云当时做的那个网站，也就是后来的中国黄页。

之后马云说起当初孤注一掷做中国黄页的理由：“其实最大的决心并不是我对互联网有很大的信心，而是我觉得做一件事，经历就是一种成功，你去闯一闯，不行你还可以掉头，但是如果你不做，总是走老路子，就永远不可能有新的发展。”

马云认为当初并不是自己眼光好，而是因为自己够勇敢，能够排除万难，朝梦想不断前进。

总走老路，就不可能有新发展

当时大多数中国人都没有听过互联网这个名词，那时候的杭州，甚至还没有开通拨号上网的业务，在这种情况下搞互联网怎么能赚到钱呢？朋友们不支持马云也是情有可原的，不过，巴顿将军说过：“要无畏、无畏、无畏。记住，从现在起直至胜利或牺牲，我们要永远无畏。”在理想面前，马云抱着无畏的精神，创办了中国黄页，虽然当时无人支持，他还是四处借债，加上压箱底的积蓄，用两万多元钱，创办起了这个网站。

那个时候，马云每天都出门去四处推销他的黄页，想说服别人掏钱把企业资料放到他的网站上去，可大部分的人根本就不知道马云所讲的互联网是什么东西，所以，马云张嘴推销自己的网站时，人们都用异样的目光看着他，马云的一言一行就像天方夜谭，大家觉得这个矮个子的人太不靠谱了，满嘴跑火车。

回忆起当年的岁月，马云不无感慨地说道：“那时候真可以说是惨不忍睹啊，就跟骗子似的。我们当时跟所有人都说，有这么一个东西，然后如何如何做。我后来觉得‘兔子先吃窝边草’，最初是给朋友做，他们知道我这么多年的信用还是不错的，然后就同意做了，最初做的是望湖宾馆，杭州的一个四星级宾馆，然后是钱江律师事务所，最后是杭州第二电机厂。”

那时，一个杭州人曾在大排档见过马云，据他形容，马云喝得醉醺醺，和一帮人侃天侃地，就像个醉汉一样，一点也不像老板的样子。但马云认为自己有一副好口才，不一定非要到企业里去给老板们展示，在大街上同样能拉业务。

做望湖宾馆的业务时，马云将要到的望湖宾馆的资料，用快件寄到美国，由美国那边的技术人员将信息登入网页。当时做的网页都比较简单，就是一张照片配上几千字的文字说明，美国公司将东西做好后，再将网页的实际图片寄回国内，马云拿着图片给老板看，老板不相信的话，马云就让老板打美国公司的电话，问清楚问明白后再付费。

将望湖宾馆的资料放到网上之后，正好赶上1995年世界妇女大会在北京召开，外国代表们来中国之前，先在网上查看了中国宾馆的情况，但就只看到了望湖宾馆的资料，所以，代表们到了北京后，专门从北京飞到杭州，在望湖宾馆住了两晚。

就这样，马云一步步将业务做了起来，到了1995年7月，上海开通了互联网专线，马云为了证明自己不是骗子，中国黄页是可以挣钱的，他找来一台486电脑，从杭州拨打长途电话到上海接通互联网，再通过网络将美国网站上的照片传到电脑上，因为网速的关系，这个过程一共花费了三个半小时。但是当照片终于出现在电脑上时，马云热泪盈眶，他终于能证明自己不是骗子。

经历了最初的坎坷，马云的中国黄页越做越好，在1995年8月，中国电信在上海开始做起了业务，马云也紧随其后，注册了账号。黄页在全国一个城市一个城市地拓展业务。马云顶着“骗子”的称号四处奔波，到处跟人聊网络，谈客户。

他那时候认为：“互联网是影响人类未来生活30年的3000米长跑，你必须跑得像兔子一样快，又要像乌龟一样耐跑。”

终于，在成功发布了北京国安足球俱乐部等中国第一批互联网主页后，中国黄页开始被越来越多的人知晓和关注，到了1997年年底的时候，中国黄页的营业额做到了700万元。马云的这一次互联网之旅已经越行越畅通了。

马云如果不敢在人们还不认识互联网的时候，就去做这件事，那他只怕现在还在经营翻译社，中国互联网界会少了马云这个名字。走老路或许会没那么多风险，走得更加平坦一些，但也会让生活变得毫无新意，没有创意。马云不能忍受自己的梦想被现实的残酷压迫，他宁愿被现实打击，也要捍卫梦想被实现的权利。

马云成功了，他在实现自己梦想的道路上迈出了勇敢的一步，但是好景不长，随着大环境的不断变化，人们对互联网越来越了解，开始出现了很多和马云抢生意的人。从美国麻省理工学院博士毕业的张朝阳回国后，在导师的资助下创办了一家“爱特信”公司；随后，有“中国互联网先驱”的瀛海威出场了，紧接着还有中国万网也开通了。

你可以失败，但你不能放弃

面对竞争愈来愈激烈的市场，马云开始考虑新的出路。马云的黄页虽然有了起色，但因为技术方面的不成熟，他还无法摆脱对美国公司的依赖。在不久之后，马云收到一份简历，他叫这个投简历的人来面试，面试结果还比较满意，马云让他试着研究网页设计，本来马云只是抱着试一试的心态，但没想到一个星期之后，这个人真的做出了一个网页，这个人就是李琪，后来在阿里巴巴担任过COO。

看到这个网页，虽然挺简陋，也不美观，但马云还是高兴坏了，毕竟能够自己做网页，这样就不用和美国公司合作了，过了一段时间，马云便解除了与美国公司的合作。之所以这样做，主要是出于费用上的考虑，那时候每做成一个网页，美国公司就要收60%的钱，如果自己能够做网页，这么大的一笔钱就能省下来。

虽然能将赚来的钱都放进自己的腰包，可越来越严峻的市场环境，让马云决定北上去寻找更大的发展机遇。马云豪言：“我们打不死他们，不过他们也打不死我们。”

1995年，马云带着营销总监何一兵来到北京，在北京他们见到了当时的互联网先锋张树新，和张树新见了一面，进行深谈之后，马云觉得张树新的理念并不适合当时互联网的发展，果然，没过两年，张树新便淡出了互联网界。

马云有慧眼，对互联网的发展有自己独到的见解，他考虑如果想要在竞争这么激烈的互联网环境中站住脚，只有展开媒体宣传攻势，赢得市场的认可才能行。很快，马云和何一兵带了一些文章又去了北京，找北京媒体的一些朋友发表，为中国黄页造势。

可那时的媒体并不是很活跃，对于新闻的灵敏度也不高，马云找了很多人，但带去的文章没发表几篇。后来，马云的一位朋友给他介绍了《北京青年报》的一个司机，马云将文章交给那位司机，说不管这些文章发表在什么媒体上都可以。没过多久，《中国贸易报》的头版便刊登出了其中一篇文章。

没想到那位司机能够有这样的活动能力，更没想到《中国贸易报》的主编能有这么超前的眼光。马云带着忐忑的心情去找到那位主编，和他谈了互联网，那位主编虽然不懂，但他觉得互联网非常神奇，他帮马云联络了一批媒体朋友，让马云在媒体记者面前做一个小型的演讲。

那年冬天，马云在北京外经贸部的隔壁俱乐部租了块地方，将记者请到那里，马云对他们讲了什么是互联网，这些记者听了之后说马上开始宣传互联网，宣传中国黄页。就在马云松了一口气，认为媒体造势成功的时候，第二天，一位记者告诉他，有文件发下来，说不让宣传互联网，因为有一些工程院院士认为互联网太先进了，不适合当下的中国国情。

马云一下子从云间跌到了谷底，那位记者安慰他说只要能够让《人民日报》上网的话，他们就可以报道了。让《人民日报》上网，在当时看起来是个不可能完成的任务，但马云偏要迎难而上，接受挑战。

1996年年初，他带着李琪再次来到北京，通过朋友引荐，认识了《人民日报》的一位行政人员，再次靠着“出神入化”的口才能力，马云得到了在

《人民日报》做演讲的机会，听过马云的演讲，报社的领导认为马云讲得很好，他们决定打报告给中央，让《人民日报》上网。

果然，在《人民日报》上网之后，引起了巨大的反响，马云还接受了中央电视台的采访，不过，这一切尘埃落定时，互联网便开始热了起来，网络公司如雨后春笋，一夜之间散布在大街小巷，还有很多外资企业开始进入北京，面对那么多财力雄厚的大公司，马云知道自己在北京没有机会了。

相当于起了个大早，赶了个晚集，马云只好先撤回杭州，开始思考下一步的发展计划。不论是有进展，还是受挫败，马云向来处变不惊，他深知实现梦想不是嘴上说的那么简单，既然选择了这条路，就要勇敢地走下去，不要抱怨。

就好像在一次演讲中，马云慷慨激昂地说道："有了一个理想之后，我觉得，最重要的是给自己一个承诺，承诺自己要把这件事情做出来。很多创业者都想想这个条件不够，那个条件没有，这个条件也不具备。该怎么办？我觉得创业者最重要的是去创造条件，如果机会都成熟的话，一定轮不到我们。所以呢，一般大家都觉得这是个好机会，一般大家都觉得机会成熟的时候，我认为往往不是你的机会，你坚信事情能够起来的时候给自己一个承诺说，我准备干5年，我准备干10年，干20年，把它干出来，我相信你就会走得很久。"

实现梦想是自己的事情，不是做给别人看的，只要自己能扛得住，坚持下去，就能够在逆境中转危为安。

附演讲原文《作为一个创业者，首先要给自己一个梦想》②

作为一个创业者，首先要给自己一个梦想。1995年，我偶然有一次机会到了美国，然后我发现了互联网。所以回来以后我叫了24个朋友到我家里，大家坐在一起，我说我准备从大学里辞职，要做一个互联网。两个小时以后大家投票表决，23个人反对，一个人支持，大家觉得这个东西肯定不靠谱。别去做那个，你电脑也不懂，而且根本不存在这么个网络。但是经过一个晚上的思考，第二天早上我决定，我还是辞职，去做，去实现我自己的梦想。那为什么是这样呢？

我发现，今天我回过头来想，我看见很多优秀的年轻人，是晚上想想千条路，早上起来走原路。晚上充满激情地说，明天我将干这个事，第二天早上仍然走自己原来的路线。如果你不去采取行动，不给自己梦想一个实践的机会，你永远没有机会，所以呢，我稀里糊涂地走上了创业之路，我把自己称作是一个盲人骑在一只瞎的老虎上面，所以根本不明白将来会怎么样。但是我坚信，我相信互联网将会对人类社会有很大的贡献，当时1995年不太有人相信互联网，也不觉得有这么个互联网会对人类有这么大的贡献。

所以我用了比尔·盖茨的名字，说互联网将改变人类生活的方方面面。但如果马云说互联网将改变人类生活的方方面面，将没有人相信我，所以我就说，比尔·盖茨说互联网将改变人类生活的方方面面，结果很多媒体就把这个东西登了出来。但这句话是我说的。1995年比尔·盖茨还反对互联网。

有了一个理想之后，我觉得，最重要的是给自己一个承诺，承诺自己要把这件事情做出来。很多创业者都想想这个条件不够，那个条件没有，这个条件也不具备。该怎么办？我觉得创业者最重要的是去创造条件，如果机会都成熟的话，一定轮不到我们。所以呢，一般大家都觉得这是个好机会，一般大家都觉得机会成熟的时候，我认为往往不是你的机会，你坚信事情能够起来的时候给自己一个承诺说，我准备干5年，我准备干10年、干20年，把它干出来，我相信你就会走得很久。

因为七八年前阿里巴巴没有名气，我们没有品牌，没有现金。人们也不一定相信电子商务。那个时候非常难招聘员工，同时非常难招聘进来。我们开玩笑说，街上只要会走路的人，只要不是太残疾，我们都招回来了。但是经过了五六年，我们这些人居然都很有钱，大家都有成就感。为什么？我觉得就是因为我们相信我们是平凡的人，我们相信我们一起在做一些事情，所以我觉得，创业者给自己一个梦想，给自己一个承诺，给自己一份坚持是极其关键的。

另外一个呢，我想创业者一定要想清楚三个问题：第一，你想干什么？不是你父母让你干什么，不是你同事让你干什么，也不是别人在干什么你需要干什么，而是你自己到底想干什么？想清楚干什么的时候，你要想清楚我该干什么，而不是我能干什么。创业之前，很多人问，我有这个，我能干这个，所以我一定干得比别人好。我一直坚信，这个世界上比你能干、比你有条件干的人很多，但比你更想干好这个事情的人全世界应该只有你一个。这样你就有机会赢。

所以想清楚干什么，然后就要清楚该干什么，该干什么要明白自己不该干什么，在创业的过程中，四五年以内，我相信任何一家创业公司，都会面临很多抉择和机会。在每个抉择和机会过程中，你是不是还是和第一天，像自己初恋那样，记住自己的第一天的梦想，至关紧要。在原则面前，你能不能坚持，在诱惑面前，你能不能坚持原则。在压力面前你能不能坚持原则，最后想干什么，该干什么以后，再跟自己说，我能干多久，我想干多久，这件事情该干多久就干多久。

所以呢，9年的经历告诉我，没有条件的时候创造条件，只要你有梦想，只要你有良好的团队，坚定地执行，你是能够走到大洋的那一岸的。现在外面有很多写阿里巴巴如何成功、如何不错的书，说实在的，没有一本书我看过的，也没有一本书是我自己写的，或者接受过采访的。我觉得将来我想写一本《阿里巴巴的一千零一个错误》，我们犯的错误非常多，所以呢，最后我想跟所有的创业者和准备创业的人共勉，还是我自己每天跟自己讲的那句话，今天很美好，明天更残酷，但后天很美好。绝大部分人死在明天晚上。所以我们必须每天努力面对今天。

成功不在于做了多少，而在于做了什么

马云从北京回到杭州，中国黄页也陷入了危机之中。自从互联网行业不再神秘，越来越多进入公众视野之后，中国黄页便有了越来越多的竞争对手，其中与马云竞争最激烈的当属杭州电信，当时的杭州电信发展得很快，大有与中国黄页一争高下的态势。杭州电信的注册资本有3个亿之多，而马云的中国黄页注册资本仅仅两万元钱。

杭州电信资金雄厚，还有政府资源，相比之下，马云的中国黄页就显得势单力薄，不堪一击了。杭州电信为了分割中国黄页的市场，还做了一个与中国黄页名字很相近的网页，叫chinesepage，这样让马云更加被动了。为了拯救中国黄页走出当时的困境，马云选择拉靠山，来增强中国黄页的生存力。

在种种思虑之后，马云和杭州电信合作，杭州电信占70%的股份，中国黄页仅有30%的股份。合作没多久后，双方就闹出了意见，马云和杭州电信方面的很多意见达不成一致，但杭州电信占的股份多，马云没有什么话语权。久而久之，马云觉得很压抑，他不得不和杭州电信分道扬镳，提出了辞职。

马云要离开自己辛辛苦苦创建起来的中国黄页，和他一起创业的员工都舍不得，大家都要跟着马云一起离开，马云虽然很感动，但他知道自己不

能那么自私，留在中国黄页才是这些员工好的选择。马云将自己21%的中国黄页股份全数分给了那些跟随他一起创业的员工，让他们好好在中国黄页工作，为中国黄页而努力。

但还是有几个好兄弟一定要跟随马云出走，拗不过他们的马云只好带着他们再次创业，当时外经贸部对马云伸出了橄榄枝，马云接受了外经贸部的邀请，再次北上北京，带着跟随他辞职的员工加入了外经贸部，那时候马云任外经贸部所属中国国际电子商务中心（EDI）的信息部总经理，他受邀进京就是为EDI这个政府机构做网站。但是在事情的进程中，马云却和政府部门的理念发生了冲突。

EDI需要马云创建一个内网，可是马云却认为在这个时代内网已经非常不合时宜，他强烈要求将网站建立在互联网上。然而最终的方案并不是由马云来决定的，马云也不得不听从政府官员的安排，建立了一个内网。不过这个内网最终的运营效益与马云所预想到的几乎一模一样，萧条得很。

马云不怕辛苦，但处处受到束缚让他感到很不自在，在外经贸部的日子让他觉得和在杭州电信的日子没什么两样，不够自由，不能够完全施展拳脚，在政府的编制里，很多想法是他无法实现的。更重要的是，马云意识到中国的网络形式正在发生变化，如果继续耗在这个地方，那很可能会错过很重要的机会。在一番挣扎与犹豫后，马云决定再度离开北京，回到杭州。

在马云做出决定的那个晚上，他把团队里的人叫到了自己的房间开会，这些人对马云忠心耿耿，跟随马云南下北上，从来没有怨言，当他们听完了马云的话，都惊呆了，房间里一时变得静悄悄的。

马云打破沉默，他对团队的人说："我给你们三个选择：第一，我推荐你们去雅虎，待遇福利都不错；第二，我推荐你们去新浪、搜狐，待遇福利也都很好；第三，你们跟我回杭州创业，一开始工资每个月800元，住的地方离公司还不能超过5分钟车程，你们自己想想，看决定怎么做吧。”

团队的人想了一会儿，都告诉马云，要跟马云回杭州创业，他们对马云说：“马云，我们一起回家吧。”那一刻，马云的心被暖流包围，他感到自己这一辈子能够结下这么一帮好兄弟，就算没白活。

马云虽然离开了中国黄页，又离开了外经贸部，一无所有要回到杭州从头再来，三十多岁的年纪，说大不大，可说小也不小了，还这样不能安定下来，在很多人看来，马云的人生真是太失败了，但马云不这样认为，他觉得成功不在于获得多少财富，获得多高地位，而在于自己做了什么，在做这些事情的过程中，拥有了什么，经历过的才是最珍贵的人生财富，他的人生经验和好兄弟，就是他成功的标签。

从别人的成功里反思自己

离开北京前，马云带着团队的人去长城玩儿了一次，来北京一年多，他们每天忙着工作，都没时间出去玩儿。然而，虽说是出来玩儿，但走在长城上，每个人的心里都很沉重，他们每个人都付出了很多，为公司盈利了那么多，可最后的结局却是要这样落寞地离开北京，回到原点……

终于他们其中有一个人突然号啕大哭，对着长城大喊：“为什么，为什么……”这种悲愤的情绪感染了所有的人。大家站在万里长城上，遥望远方的景色，心情复杂，充满迷茫和不知所措。

当晚，马云和这些人在北京一个小酒馆吃饭，大家吃着肉，喝着酒，窗外飘着雪花。大家抱头痛哭了一场后，唱起了《真心英雄》。在歌声中，大家的情绪得到了宣泄，彼此都说了很多话。

马云看着眼前这一张张面孔，眼前浮现出的全是这一年多在北京奋斗的场景，这一次进京创业，马云的团队总共有12个人，他们分工合作，通常都是一个人包揽几个领域。楼文胜管理策划文案，谢世煌管财务，孙彤宇管网站的建设和推广业务，彭蕾和张瑛管行政工作，技术方面则由吴咏铭和周越红负责。

那时候的他们住在潘家园外经贸部的集体宿舍里，条件比较艰苦，尤其是在江南生活惯了的才子佳人们，更是不适应北京的生活。每天上下班挤着公交车，早出晚归，生活中似乎连阳光都见不着。

然而，就是这样艰苦的工作和生活环境，团队的成员们还是能够自寻其乐，几乎干什么都在一起，像一大家子人似的。周末的时候他们一行人就到一家常去的东北饺子馆吃饭，每次都点小鸡炖蘑菇，有说有笑，无不欢乐。楼文胜来兴致的时候还会给大家弹上一曲吉他。

马云对员工的自身素质要求很高，他经常告诫他们："你们必须提高自己，否则就会被这个社会所淘汰。"为了给员工们充电，他还在晚上下班以后办起了"英语班"，帮助大家一起学英语。

虽然苦，但是有希望就是快乐的，现在，希望没有了、破灭了。但马云并没有后悔自己的选择，马云和他的团队参与开发了外经贸部的官方网站以及后来的网上中国商品交易市场，马云先后为外经贸部建立了一系列的国家级站点。

马云说："在这之前，我只是个杭州的小商人，这次为国家工作，我知道了国家未来的发展方向，学会了从宏观上思考问题，我不再是井底之蛙。"

不是每个人都会成功的，但是有人会成功。谁会成功？马云认为勤奋、执著、完善自己、去完善社会的人会成功。马云说："我不是一个成功学的人，我不喜欢看成功学，我只看别人怎么失败，从别人失败里反思什么事情我不该做，从别人成功里也会反思，他为什么成功？我要学他的成功还是学他的精神？所以没有什么抱怨的，坦荡地看自己。”

这一年多的北京经历，让马云学会了判断国家宏观经济的发展方向，更重要的是，让马云更加清晰地认识到在中国互联网的大浪潮中，自己的方向在哪里。他坚信自己所要做的互联网的方向是正确的，他决定收拾心情，再次起航！

第三章

创业：拒绝晚上想走千条路，早上起来走原路

“我就特别喜欢又傻又天真地坚持自己的想法，然后又猛又持久地走自己的路。”这是马云关于创业说过的一句话。大部分成功的企业家，他们都是厉害的学习者。他们善于倾听，善于借鉴，更善于坚持自己的想法，马云就是如此，他虽然经历了创业失败，但他并不因此怀疑自己想做的事情，他的坚持、他的执著，成就了他的事业。

一定要坚信自己在做什么

一个人如果没有了人生的方向，就很容易被别人牵着鼻子走，不但会走错路，偏离自己原本要去的方向，更有可能失去了翻身的机会，所以想要创业，成就一番事业，就一定要先想清楚自己想做的是什么，然后不论外界的打击还是内心的挣扎，都无法打消做这件事的决心才行。

马云在创业前期的失败，虽然让马云承受了难以言说的压力，但马云经历了大风大浪，可一点也没有退却，反倒越发沉稳和坚强。1999年1月，马云和他的团队离开北京，悄然回到杭州。虽然他由老板一下子变成了“无业游民”，但马云不会就此沉沦，他的心里早已为下一步如何走做好了打算，他的梦想没有因为他创业初期的坎坷就离他远去，反倒是在现实挫折的磨难之中离他越来越近了。

马云的理想是做互联网，从一开始对互联网的毫不了解到后来的深入研究，马云进一步确认自己要做的是亚洲的互联网。这个想法的雏形来自当日马云带团队成员爬长城时的一个发现，那天，马云在长城上看到了许多游客的涂鸦，“某某某到此一游”的话到处可见，但马云却从中看到了BBS的影子。

他回忆说：“我们在长城上发现一件很有意思的事情，每块砖头上都写着‘张三王五到此一游，李四到此留念’，这是中国最早的BBS。中国人很喜欢BBS，我们不懂技术的人，用起来最方便、最能接受的方式就是BBS，所以从BBS开始入手。阿里巴巴实际上最早就是一个BBS，把每个人想买想卖的东西放在上面。做BBS又要创新。我当时跟我们的技术人员讲每一条贴上去之前都要检查、分类，他们认为这个好像违背了互联网精神。互联网精神就是你应该是彻底的自由，爱贴什么贴什么。我觉得不应该爱贴什么贴什么，你必须创新，每一条贴上去之前都要检查，分列上去。”那时候，马云就觉得在互联网的汪洋中，做电子商务是个不错的选择。

1992年2月，新加坡召开的亚洲电子商务大会邀请马云前去参加，抱着学习的态度，马云前往新加坡。到了会场，马云发现一个问题，虽说这场会议称为亚洲大会，但亚洲人很少，大部分都是欧美人。那些欧美人在台上大讲欧美模式的电子商务，讲eBay，讲亚马逊，听着他们滔滔不绝，口若悬河的演讲，台下的马云陷入了沉思。

当轮到马云上台发言时，他严肃地用流利的英语对参加会议的人发表了一个“惊人言论”：“现在的亚洲电子商务已经迈入了一个误区，亚洲是亚洲，美国是美国，现在的电子商务全部采用的是美国的模式，我觉得亚洲应该拥有自己的电子商务模式。”

马云虽然提出亚洲应该拥有自己的电子商务模式，但他在大会上并没有具体讲出亚洲的电子商务模式是什么样子的。回到杭州后，马云就开始着手去做这件事，他要再次创业，做出亚洲的电子商务。

1999年2月，重整旗鼓的马云在杭州的湖畔花园，当年他当大学老师时购买的小区住宅里，马云和他的18位创业成员召开了第一次全体会议。马云对那一次的会议过程做了录像，录像中，马云手舞足蹈地对大家讲演他内心的想法，而那18位成员，有的站着，有的坐着，都在侧耳认真地倾听。

马云对成员们说："黑暗之中一起摸索，一起喊，我喊叫着往前冲的时候，你们都不会慌了，你们拿着大刀，一直往前冲，十几个人往前冲，这有什么好慌的？"

在这一次誓师大会上，马云对成员们讲了今后大家要做的事情，马云也不断让成员们相信这件事情是必须要做、一定要做的，无论将来遇到什么困难，都不能半途而废。马云和成员们确定了创业的目标，接下来，他们就要面临最实际的问题——启动资金。

现在有一句网络流行语很火："理想是丰满的，现实是骨感的。"马云拥有远大的理想，但他那时却"囊中羞涩"，"腰包不鼓"。马云和创业伙伴们把口袋里的钱都拿了出来，也只是凑了50万元。虽然钱不多，但马云还是规定，不让大家向家人朋友借钱，因为他觉得失败的可能性还是很大的，不能让亲戚朋友的钱打了水漂。

在开誓师大会的时候，还有一个小插曲，马云家的墙壁突然开始渗水，房间里变得湿答答的，马云对大家说他出去想想办法，没过一会儿，马云就抱了一堆旧报纸回来，大家和他一起动手将报纸贴到墙壁上，就这样开始了创业的第一天。

虽然钱不多，办公室环境也不是很好，但马云和他的创业团队还是信心满满地开始了创业之旅，马云认为自己做的电子商务是要领导穷人起来闹革命的电子商务，他不做15%的大企业的生意，只做85%的中小企业的生意。道理很简单，因为大企业有自己专门的信息渠道，有巨额广告费，小企业什么都没有，它们才是最需要互联网的人。

一定要坚信自己在做什么，追求的是什么。爱默生说过："我们的力量来自我们的软弱，直到我们被戳、被刺，甚至被伤害到疼痛的程度时，才会唤醒包藏着神秘力量的愤怒。伟大的人物总是愿意被当成小人物看待，当他坐在占有优势的椅子中时会昏昏睡去，当他被摇醒、被折磨、被击败时，便有机会可以学习一些东西了。此时他必须运用自己的智慧，发挥他的刚毅精神，才会了解事实真相，从他的无知中学习经验，治疗好他的自负精神病。最后，他会调整自己并且学到真正的技巧。”

事实证明，无论做什么事情，要取得成功就不能游移不定，犹犹豫豫，只有坚定地走下去才能成功。只要不放弃，并且清晰明了自己想要做的事情是什么，一定会获得最后的成功的。

闭门造车，出门合辙

刚成立的阿里巴巴远离北上广这些大都市，在杭州偏安一隅，谁也不知道阿里巴巴到底想做什么。阿里巴巴的这种状态与当时的其他互联网公司格格不入，在那个时候，互联网的造势是非常重要的，只有造起强大的声势，才能吸引眼球，引来投资，如果太过低调，没有什么曝光度，那从哪里拉来投资呢？

对于外界这样那样的疑问，马云是这样回答的：“我们在闭门造车，1999年回到杭州之后，我们自己商量决定，6个月之内不主动对外宣传，一心一意把网站做好。”马云和他的创业团队员工每天窝在那个小屋子里，熬十七八个小时，设计网页，讨论创意，修改方案。邻居们常常用好奇的眼光打量着这群不知道在忙碌着什么的人，他们不知道，就是这群人，将在不久后的将来，改变中国的互联网世界。

马云不但发现了商机，还知道如何为这个商机打广告。与其说马云是一位眼光卓绝的商人，不如说马云是一位头脑灵活的心理学家。在之前为中国黄页做宣传时，马云积累了一套和媒体打交道的经验，他知道怎样能激发起媒体的好奇心和报道欲望。

1999年5月，杭州一家媒体刊登了一篇名为《想做全球贸易，阿里巴巴拒访》的文章，这篇文章虽然占的篇幅不大，但在当时还是被很多人关注，阿里巴巴这个名字也开始被人们认识。阿里巴巴欲拒还羞的态度令大家感到奇怪，在别的公司争相出现在公众视野中时，阿里巴巴为什么要如此低调。

越来越多的媒体开始关注阿里巴巴，从他们只言片语的报道中，阿里巴巴的形象居然也被海外媒体开始关注，海外媒体对阿里巴巴表现出了极大的热情，第一个来到杭州的海外媒体是美国的国际媒体《商业周刊》，这一次，马云不再三缄其口，保持沉默，他接受了《商业周刊》的采访，通过《商业周刊》的报道，人们才了解到了一个真实的阿里巴巴。

在《商业周刊》记者的笔下，阿里巴巴的工作环境被形容得有些“寒酸”：“面积不大的住宅里挤着二十多个员工，地上到处都是铺开的床铺，空气里还有鞋子的味道。”虽然阿里巴巴是以这样一个并不太“光鲜”的形象登场，但名声还是大震，很快，阿里巴巴在海外“火”了起来，点击率呈现出暴增之势。

就这样，马云看似没什么动作的举动，引来了无数媒体，甚至是国际媒体的关注和争相报道，大大提高了阿里巴巴的知名度。在信息化越来越重要的时代，人们认为闭门造车是无法与时代接轨的，但马云就偏偏要反其道而行之，越是在大家拼命露脸的时候，他越是躲到角落里，不以真面目示人。

创业不是一件简单的事情，在经历了两次创业挫折之后的马云，更加珍惜这第三次的创业机会，他明白激进不是唯一取胜的办法，在阿里巴巴刚创业的时候，网站刚启动，收集到的信息和吸收到的会员基本为零。如何能够增加会员，为会员带来财富，成为马云首要考虑的问题。

这一次，他要考虑的不光是自己和手下那些员工，还要为注册了阿里巴巴网站的那些会员用户们考虑，所以，马云认为这一次创业应当先防守，打稳基础再做下一步的打算。

非专注无以作为

马云从小为了练习口语，与很多外国人有过交流，这让他从小的眼界就很开阔，所以，在创办阿里巴巴后，他的目标就是要改变全球生意人做生意的方式，要将全球的网民带入网商时代。

为了能够更好地走入国际市场，更快地被国际市场所接纳，马云可是煞费了一番苦心，“当时甚至不敢说自己是中国的公司，因此还取了‘阿里巴巴’这样非中非西的名字，因为当时大家都认为，中国不可能有好的互联网公司。”马云在决定创建阿里巴巴时，就明白这个网站一定是要双头并进的：一头是海外买家，一头是中国供应商。

但是，那个时候中国的工厂还不像现在这样先进发达，电子商务想要成功，主要还得依赖海外的资源。互联网的核心技术和核心企业在海外，能向互联网投资的主流资金也在海外，如果想要让阿里巴巴更加顺利地走下去，马云便需要搞定海外的资源和人脉。

阿里巴巴只有做成全球性的网站，做全球的生意，才能走出阿里巴巴自己的道路。马云为了实现这个目标，只有全身心投入，没有退路。1999年，马云将阿里巴巴的总部设在了中国香港，做出这样的决定，主要是因为香港是一个国际化色彩很浓的中国都市，既有利于阿里巴巴向海外发展，也能证明阿里巴巴是中国的企业。

为了吸引全球的人才来阿里巴巴工作，马云从1999年到2000年，开始满地球地奔波，四处去经济发达的国家做商业演讲，用他超级棒的口才去宣传阿里巴巴，宣传他关于B2B的理念。

马云就像一台促销机器，不断重复他的理论，在不同的人面前演示自己网站的优势。曾经最疯狂的时候，他一个月去了三趟欧洲，一个礼拜跑了七个不同的国家，每到一个地方，他所做的事情就只有一件，那便是不停地演讲。马云在BBC做过现场直播的演讲，也在麻省理工学院、哈佛大学等高等学府做过演讲，还在“世界经济论坛”演讲，在亚洲商业协会演讲。

在这些演讲现场，马云激情无限地说：“电子商务是一个新的领域，我们最重要的是永远为你所激情的事情激情下去，做电子商务不容易，今天有这么多人在，我非常高兴。从事网络的人，尤其是这几年活下来的人，经历的事情太多……”

很快，功夫不负苦心人，马云的努力得到了回报。马云和阿里巴巴的名声在欧美地区火爆起来，大家都知道东方有个小个子的男人，常常挥舞着拳头，神情激动地喊：“B2B模式最终将改变全球几千万商人的生意模式。”马云开始被一些世界重量级的杂志和报纸所关注。

看到这些小成就，马云愈发坚定自己的营销方式，他把到欧美一些名校里去演讲当成了他营销的一部分，他说：“沃顿、哈佛的MBA5年后就是大公司的高层，在他们脑子里播下阿里巴巴的种子，5年后就发芽长大了。”

马云的演讲很受欢迎，每场都是人满为患。也许是当年做过老师的缘故，马云在这些学校演讲时，学生们对“马老师”的演讲很是肯定。马云在哈佛演讲时，发生过一件有趣的事情，哈佛的一位教授问了马云一个问题：“马云先生，在你开始演讲之前，能否先谈谈在你简历里面没有提到过的事情呢？”马云风趣地回答：“10年前我申请过三次哈佛，被你们拒绝了，你们看都不看就拒绝掉了我的申请。”学生们被逗得哈哈大笑。

不卑不亢、急中生智、风趣幽默就是“马氏演讲”的特色，马云在哈佛做完演讲，之后有35个哈佛MBA的毕业生陆续投入到阿里巴巴企业工作。

非专注无以作为，很多人有着很好的创业条件，最终却无法成功，正是因为他们缺乏马云这样一种近乎“疯狂”的执著。马云时时刻刻都在坚持着自己的梦想，他相信总有一天阿里巴巴会成为全球人都用的网站，为了这个梦想，他投注很大的精力来专注做这件事。

在中国的传统文化中，专注的精神一直是被推崇的。荀子在《劝学》中讲道：“故不积跬步，无以至千里；不积小流，无以成江海。骐骥一跃，不能十步；驽马十驾，功在不舍。锲而舍之，朽木不折；锲而不舍，金石可镂。”

有一个专注的心态很重要，现实生活中，很多人创业或者做事之所以失败，在于他们朝三暮四，无法一心一意地做自己想做的事情。人要有专注的东西，人一辈子走下去挑战只会越来越多，如果目标天天更换，那到最后只会是竹篮打水一场空。

创业者不要低下高贵的头

通用前CEO杰克·韦尔奇有一句经典的口头禅：“竞争就像一场运作战，输赢取决于对未来市场的把握和对资本需求的迅速反应。”互联网是一个烧钱的行业，不管马云如何能耐大，他都要面对找资金、拉投资这个问题，到了1999年7月，钱已经成为阿里巴巴必须要解决的一个大难题，因为那个时候，马云已经到了要向别人借钱来发团队员工工资的窘迫境地了。

就在马云为钱发愁的时候，发生了一件事情。有人称在阿里巴巴网站上看到了消息，可以买到AK-47步枪。这条消息将阿里巴巴推到了风口浪尖，马云虽然查遍了整个网站，也没有找到这条消息，但他却因为这个消息因祸得福，阿里巴巴因为这个负面消息吸引来了很多国外的投资者。

面对纷至沓来的投资者，马云可没有被冲昏头脑，一天，马云在公司接了个电话，就带着彭蕾出去了。他们要去见的是一家投资公司的负责人，在那几个负责人住的酒店里，马云和彭蕾与几位投资负责人进行了深谈。

在投资人住的房间里，彭蕾坐在一个单人沙发上，马云坐在一张床上，投资人坐在写字桌前的椅子上。几个人就这样对投资进行了谈判。投资人出了一个价，他们说投资的金额是有权限限定的，他们提出了要占阿里巴巴股份的一个数额，让马云考虑考虑。还说如果马云同意，这笔钱可以马上打到阿里巴巴的账户上。

这听起来似乎很有诱惑力，但马云并没有急于下决定，他再次对投资人阐释了阿里巴巴的价值，他认为阿里巴巴是一个很有发展潜力、很有价值的网站，投资者给的钱占不到那个股份的比例。双方各执一词，谈判陷入僵局。

虽然当时马云已经发不出工资，公司随时都有可能陷入破产的危机，但面对这唾手可得的投资，马云还是拒绝了。他婉转地对投资人说自己需要时间考虑一下，然后就带着彭蕾离开了。在路上，马云询问了彭蕾的意见，彭蕾虽然知道马云是一个很有主意、思路很清晰的老板，她也知道马云并不满意这一次投资者给出的建议，但她很清楚当时的阿里巴巴账上已经没有钱了，她对马云说："马云，工资账上没有钱了。"

彭蕾的言下之意是不如退让一步拿到投资再说。马云听后没有说什么，低头思考了一阵，又带着彭蕾回到了投资人住的饭店，他对投资人说："对不起，我们认为阿里巴巴的总价值就是我刚才认为的那个，你们的看法和我的认识差距太大，我们达不成共识，所以，我认为我们是无法合作的。”

投资人将马云和彭蕾送到酒店外面，他不无遗憾地对马云说：“你们错过了一个机会。”虽然拒绝了这次投资，但马云并不觉得遗憾，他认为创业是创造价值，实现梦想，而不是单纯地为了挣钱。他不会为了钱让自己的梦想受到一丝一毫的伤害，马云对阿里巴巴的每一步发展要求都十分严格，对风险投资的要求也同样严格，他认为将风险投资引进公司，不仅仅是简单地给公司账户上添一笔钱，还会带来更多非资金要素，例如进一步的风险投资和其他的海外资源。

马云前前后后一共拒绝了38家投资公司，马云认为在创业初期凡事苛刻地去追求完美并非是一件坏事，反倒是有助于形成一种正确的公司文化、公司价值观。正是凭着这种价值观，在之后与孙正义的谈判中，马云仅用了6分钟，便让孙正义给他投了2000万美元。

如果仅仅是为了拉投资，为了让投资商投钱，那马云也许现在还在四处找投资。马云的成功恰恰是因为他不肯低下他高贵的头，与其说他是用能力与创意征服了投资者，不如说他是用高傲征服了所有人。

发现一部分人的需求，将一群人推起来

马云在互联网的迅速“蹿红”令很多人敬佩叹服，很多人认为马云的成功不过是投机取巧，撞了大运罢了。马云自己也谦虚地说自己是“骑在盲虎背上的盲人”，因为他对互联网的高科技是一窍不通。但马云真的只是靠运气就将阿里巴巴做成了大企业吗？马云能够成功绝不仅仅是靠运气，而是靠

实力。

在阿里巴巴早期起步的发展阶段，马云就神神秘秘地要求自己的团队研发一个项目，这个项目被蒙上了一层神秘的面纱，很多人以为这个项目是2002年推出的“诚信通”，其实不然，这个项目是“中国供应商”。

“中国供应商”是阿里巴巴低调运作的一个项目，是阿里巴巴的一个当家产品，这个产品的目的就是要让所有使用和相信这个产品的中国中小企业成为国际供应商，能够为全球各地的人提供商品买卖。

马云之所以会产生这样一个念头，得益于他独到的眼光和深刻的见解。他很早就发现了中国的许多产品虽然物美价廉，拿到国际上一点也不逊色于那些进口产品，但因为许多的因素导致了中国的产品一直无法被推到国际市场的平台上去。马云认为自己如果能够搭建这样一个平台，那么，中国的产品也会远销海外，成为知名商品。

以前，中国的这些中小企业没有什么展示在外商面前的机会，但是现在马云出手了，他启动了这个“中国供应商”的项目，将中小企业化零为整进而化整为零，解决了中小企业的信息困境。以前，因为信息不对等的缘故，外国人无法了解到中国中小企业的资料，中国的中小企业也因为资金和技术的问题，无法将自己的产品呈现在海外。现在，马云的阿里巴巴成为了中国中小企业的平台，依托阿里巴巴的网上贸易社区，向国际上通过电子商务进行采购的客商推荐中国的供应商，这样就可以帮助这些中小企业的供应商们获得国际订单，能够走向世界。

“中国供应商”主要服务的是出口型的企业，服务包括独立的中国供应商账号和密码，建立英文网站，让全球220个国家里将近1000万的专业买家可以在线浏览这些中国中小企业的信息。

简单来讲，“中国供应商”的功能分为这样三个方面：第一，帮助没有什么平台的客户在互联网上展示他们的产品还有他们的企业；第二，搜集客户的产品，由阿里巴巴统一带到各种国际展会参展；第三，对于没有经验的中小企业进行应对外商的礼仪和相关的知识进行协助辅导。

从这几方面来看，马云在发现了中国中小企业的需求后，竭心尽力地在帮助中国中小企业尽快走入国际市场，被国际买家所看中。不难看出，阿里巴巴对中国的中小企业有多么大的帮助，光算参展的费用，马云就帮那些中小企业省了不少的钱。马云不仅仅是在做生意，而是在做一项伟大的事业。

马云带动了一批中小企业发展起来，这批中小企业每年向阿里巴巴缴纳几万元到十几万元不等的会费，就能获得比付出多好几倍甚至好几十倍的回报。马云想做的就是这样的互联网，这样的电子商务，他认为："中小企业好比沙滩上的一颗颗小石子，通过互联网可以把这些石子全部黏起来，用混凝土黏起来的石子们威力无穷，可以和大石头抗衡。"

互联网的平台就是给了中小企业这样一个以小博大、以慢博快的机会。用马云自己的话来说，那就是："只抓虾米。"

小聪明不如傻坚持

"我想告诉大家，创业、做企业，其实很简单，一个强烈的欲望就是说，我想做什么事情，我想改变什么事情，你想清楚之后，你永远坚持这一点。我一直认为人一辈子都在创业，以前深圳有一个口号叫'二次创业'，我不太同意这个，同一批领导是没有办法二次创业的，因为从第一天创业起你就一直在创业。"

马云认为创业者既然选择了创业这条道路，就必须一直坚持下去。马云之前就有过预测，他说中国电子商务的产业格局将会产生巨变，一个新的互联网应用人群——“网商”将会成为互联网的中坚力量，中国互联网将会从“网民”和“网友”的时代转为“网商”的时代。而阿里巴巴的责任便是尽快将中国互联网带入到“网商”时代。

一个人树立目标容易，坚持这个目标不变是很难的。马云恰是那不多的迎难而上的人中的一个。马云很早就认为中国加入WTO是早晚的事情，中国的企业不应该只在国内发展业务，而更应该将目光放眼国际，走向全世界。马云希望阿里巴巴能够成为链接国内外企业的一个平台，帮助中国企业出口，帮助国外企业进入中国。

但中国企业那么多，应该帮助哪些国内企业走出国门？马云认为中小企业和民营企业是应当被帮助的对象。他一开始是这样想的，而且也是这样做的，在互联网打拼了多年后，融资了几千万美元后，这个目标依然没有动摇。可以说，阿里巴巴能够走到今天这么壮大的地步，与马云“打不死就坚持下去”的精神息息相关。

2000年年底，阿里巴巴的会员以每天增长一两千的速度发展，每天可以收到三千五百多条的商品供求信息，七百多种商品的信息被分类得很细，如果用户想买一支钢笔，在搜索栏输入钢笔之后，下面打开的网页中，可以看到不同供应商所提供的商品，用户可以根据自己的需求尽情选择。

在阿里巴巴的网站上，有许许多多的供应商，近处的有中国各地的小商贩，远处的有非洲加纳等地的用户。在阿里巴巴的这个网站上，世界各地的用户聚集在一起，他们在阿里巴巴网站上出售他们的商品，即便是相同的商品，不同的供应商也可以卖出不同的价格，大家公平竞争，让用户在互联网上判断，自己应该买哪一个。

到了2001年12月27日，阿里巴巴的“中国供应商”会员已经超过了100万人，阿里巴巴成为了全球第一个达到这个数目的B2B网站，也正是在这个月，阿里巴巴开始盈利了，阿里巴巴终于结束了“烧钱”的时代，进入“挣钱”的日子。

一时之间，阿里巴巴声名鹊起，马云终于以实际行动向全世界宣称了他创造的电子商务模式是可行的，是正确的。从创建阿里巴巴到可以实现盈利，马云奋斗了6年的时间，这6年间，他经历了太多的否定和酸甜苦辣，这其中的滋味，只有他自己能够体会。

2005年6月，马云参加中央电视台经济频道《对话》栏目，在节目现场，他与主持人畅谈了阿里巴巴的发展历程。

马云是这样说的：“其实我说的跪是指你站不住了，你给我跪在那儿，不要躺下、不要倒，是这个意思。但是所谓冬天长一点，春天才会美好，细菌都死光了，边上的声音、噪声都会静下来，这时候我还站着，我就会成为所有投资者最喜欢的，也会成为整个互联网界最喜欢的人。所以我们那时候是自己给自己安慰。我们在2002年的关键词是坚持到底，就是胜利。”

在阿里巴巴的日子越来越好过之后，马云不改狂人本色，他说：“现在，商人们打开电脑，看到的界面是Windows，将来，他们看到的会是阿里巴巴！他们需要的一切服务，阿里巴巴都将提供，阿里巴巴将是贸易的同义词。”

附《对话》采访部分文摘③：

主持人：“我们再和马云先生一块来回顾一下更久远的历史。有些话不知道你还记不记得，我们再来看一句马云先生说过的话。这句话说来已久了，那是互联网冬天时代，马云先生说过的‘互联网的冬天再延长一年’。

当很多人都避之唯恐不及的时候，都希望互联网的冬天越短越好的时候，你为什么会说出这样的一句话？”

马云：“第一，我想我们运气比较好，我们先比别人判断到了冬天的到来。永远要在形势最好的时候改革，千万不能弄到形势不好的时候改革，下雨天你再修屋顶的时候麻烦一定大了，所以阳光灿烂的时候你要去借雨伞、修屋顶。我记得我们比别人先动了一下，果然到后来互联网冬天到了，所有投资者开始收的时候，我们突然发现自己还有两千多万美元。在这个时候你会发现，你的竞争者，你去跟他拼，谁能活着，谁能专注，谁就能赢，不管有多累多苦，哪怕就是半跪在地下，你也得给我站在那儿，哪怕整个互联网公司都死光了，就只剩下我们。所以2002年我在整个公司的员工大会上说，今年的主题词，就是‘活着’，所有人都得活着，如果我们活着，还有人站在那边的时候，我们就得坚持下去，冬天长一点，它会倒下去的。”

主持人：“但这样活着，是以一种什么样的方式活着？我们来看看旁边的这个题板。这句话也是你的名言。刚才也提了一个头，‘如果是所有的公司都死去，只要我们还跪着，其实那就是一种活’。可是这样的活法跟风清扬那样的大侠风范不太像。如果是大侠的话常常是宁可站着死，绝不跪着生。为什么在这样的时刻，你还希望互联网的冬天能够长一点，然后以这样的一种方式来过冬？”

马云：“其实我说的跪是指你站不住了，你给我跪在那儿，不要躺下、不要倒，是这个意思。但是所谓冬天长一点，春天才会美好，细菌都死光了，边上的声音、噪声都会静下来，这时候我还站着，我就会成为所有投资者最喜欢的，也会成为整个互联网界最喜欢的人。所以我们那时候是自己给自己安慰。我们在2002年的关键词是坚持到底，就是胜利。”

小企业成功靠精明，大企业成功靠诚信

在马云办公室的墙壁上，挂了一幅金庸送的亲笔题词“临渊羡鱼，不如退而结网”。马云只要抬头，就可以看到这幅字，马云很喜欢这幅字，将这幅字的内容作为经营理念，他说：“那是对我的警示。”

B2B被马云做得很不一样，在国外的B2B是为了给企业节省时间、节省资金，可是马云却认为B2B是要帮助中小企业赚钱，马云认为，在B2B领域中，最终取胜的不是资金和技术，而是诚信。

为了能够确保诚信，在2002年3月份的时候，马云推出了“诚信通”，所谓“诚信通”即是和信用管理公司合作，对网商进行信用认证。这是对买卖双方诚信的保障，在双方进行交易之前，可以在“诚信通”里查到对方的档案，里面有很翔实的资料，有企业的详细信息，有会员间的相互评价，都可以证实自己的信用如何。这些记录，无论好坏是无法更改删除的，会在档案中留存，伴随会员一生，这样无形中就约束了那些想要“做坏事”的会员，在这样严苛的监督下，会员们自然是规规矩矩，不敢造次。

在2003年，阿里巴巴又专门为中小企业和经商的人推出了商用专业即时聊天——贸易通软件。这款软件是商业专用的网上洽谈工具，属于为在网上交易的商人们量身打造的一款软件。贸易通软件设置了交易提醒、商机订阅、商务服务、在线英语翻译等很多实用的内容，更集成了客户管理系统软件，可以完整地记录客户资料，这十分方便企业管理客户资料，大大节约了人力物力的成本。

完全是从客户需求角度出发而研制的贸易通软件，一经问世，便广受欢

迎，在不到两年的时间里，贸易通的下载量就很庞大了，仅次于QQ和MSN，而且贸易通还不断根据客户的需求在进行改进，令客户非常喜欢这款软件。在2006年6月6日晚上6点，“中国十大流行软件”评比大赛的颁奖典礼上，贸易通荣获了迅雷下载流行榜“十大流行软件”大奖。这次评奖的依据主要是用户的口碑，所以说，贸易通能够获奖，可见它在用户中是很受认可的。

不论是“诚信通”还是“贸易通”，都是将生意建立在了“诚信”二字上，有人对“诚信通”做了个比喻：在“诚信通”还没有推出来之前，所有的商人，不管是有上亿元资产的大富商，还是流水不多的小商贩，不管是做国际贸易的大商人，还是小本经营的小老板，在身份上都是“草民”。但是有了“诚信通”之后，这些“草民”的身份就变得更加具体，更加透明化了，有了“良民”和“黑店”的区别，慢慢地，随着“诚信通”的逐渐应用，“良民”中又有了“高中低”的等级之分。

就这样，“诚信通”让互联网上本来虚拟的交易变得实在、踏实起来。“诚信通”的会员一增再增，马云不得不快速招人，以应对庞大的需求。“诚信通”一个接线生半年内每个月通过电话，就能做成100万元的生意。看来，诚信一旦做成了、做实了，真的是一座靠不倒的大山。

马云在接受各大报纸杂志的采访时，对诚信做了如下的阐释：

中国加入WTO最大的挑战就是诚信，企业做生意首先要建立的就是诚信，诚信是最大的财富。这是今天的企业特别是中国企业要面临的问题。

阿里巴巴中文站的“诚信通”现在成了火爆品牌，我们昨天和一个学者谈论“诚信”的问题。他说，在现实层面可能很难解决诚信这个问题，在网上反而容易解决了。诚信通其实很简单，以后谁要和你做生意，先看你在网上的诚信通活档案，你获奖了可以放上去，法院对你们判决了也可以查到。我希望全中国每个企业都有一份网上的活档案——这是信誉的档案！

今天通用电气和我们有网上的合作，选择诚信通的商人作为其潜在供应商，沃尔玛也选择阿里巴巴为合作伙伴。我们不评论企业是否诚信，诚信是靠做出来的。一个企业在网上的诚信记录由它的客户来写，是不断新加入的客户来看你的诚信档案，让他来评定你是否具有诚信。

所以只能是诚信通客户才能进行诚信的评论，每一次评论都是详细的记载，到目前为止还没有竞争对手在记录中恶意中伤的事情发生。如果你的记录里有不好的记录，我们要张榜公布出来的，你做了坏事，我就让你活着比死了还难受。

第四章

管理：管理一家公司需要的不是股权，而是智慧

作为一家企业的管理者，责任重大。著名企业家、管理大师艾柯卡说过："一个经理人能够有效地激励他人，便是很大的成绩，要使得一个组织有活力有生气，激励就是一切。你也许可以干两个人的活，可你成为不了两个人，你必须全力以赴，去激励另一个人，也让他激励手下的人。"马云则发现："只要有弱点，人都能管理，最有效的管理是用文化去管理，而不是用制度去管理。"

CEO看到的不应该只是机会，还有灾难

马云能够慧眼识珠发现互联网的妙处，也能够单肩挑起阿里巴巴的重担，还能够舌灿莲花，说服高额的风投。在互联网的世界中，马云的名号越来越响，马云在其中也越来越游刃有余，阿里巴巴连续4年被《福布斯》评为全球最佳电子商务网站第一名。但即便取得如此巨大的成功，危机还是不期而至了。

2000年时，踌躇满志的马云，带着融资来的几千万美元，决心大干一场，将阿里巴巴成功扩展到海外去。阿里巴巴把摊子铺到了美国硅谷、韩国，并且在英国伦敦、中国香港快速地拓展业务。2000年2月，马云率领着一队人马杀到了欧洲，他在欧洲放出豪言："一个国家、一个国家地杀过去。然后再杀到南美，再杀到非洲，9月份再把旗插到纽约，插到华尔街上去：嘿！我们来了！"

可是，9月份到了，阿里巴巴并没有发展到纽约，马云为他的着急扩张付出了代价。2000年，在这个阿里巴巴成立还不到两年的时间点里，阿里巴巴进入高度危机状态。为了适应国际化的要求，马云召集了世界各地的高级人才，这些人有的是跨国公司的管理人才，有的是毕业于名校的优才生。

按说这样优秀的人才为阿里巴巴服务，阿里巴巴应该发展得很快。但事

实并非如此，用马云的话来说：“50个聪明人坐在一起，是世界上最痛苦的事情。”这些世界各地的精英，每个人都有自己的理念，他们各执一词，每次开会，都会争执得不可开交。每个人都有每个人的道理，作为决策者的马云被折腾得头疼不已。

这时候，马云觉得管理起来力不从心了。与这些绝顶聪明、每个人都有独到见解的员工一起工作，马云反倒没了主意，他不知道该听谁的，不知道谁说的是正确的，更不知道阿里巴巴未来的发展道路应该怎么走。在对管理方面陷入迷茫之中的马云，在接下去的发展中也做了一个错误的策略。

马云将阿里巴巴的服务器和技术大本营都放在了美国硅谷，令成本变得奇高。与此同时，英国、韩国、日本，还有澳洲的办事处也都在一个一个筹建起来，马云认为：“在公司的管理、资本的运用、全球的操作上，要毫不含糊地全盘西化……阿里巴巴要的是放眼世界，挑战世界，真正做到打进全球市场。”

在一开始，马云这样做，的确是为阿里巴巴带来了许多关注，表面看起来，阿里巴巴正在迅速成为国际化的大公司。但波涛暗涌，马云的日子并不好过，在阿里巴巴急于对外扩张的这段时间里，花费巨大。每个办事处的花销都是天文数字，很快，在2000年年底网络泡沫破裂时，阿里巴巴的账上只剩下700万美元了。

当时大量互联网公司倒闭，按照这个趋势发展下去，阿里巴巴很快也会走向消亡。马云痛定思痛，毅然决定停止扩张，全球大幅度裁员，为了休养生息，留住元气，阿里巴巴这一次的“壮士断腕”行为，后来被马云称为“回到中国”。

虽然停止了扩张，但阿里巴巴两年花的巨资却未能盈利的现状，令公司员工出现了动摇，很多人对公司前景感到担忧，公司上下出现离职潮。马云全力安抚公司员工，他为公司员工规划了阿里巴巴未来的目标与计划，马云提出的切实的点子，慢慢让员工躁动不安的情绪安定了下来。

为了能够重整旗鼓，马云在2001年1月，邀请在通用电气工作了16年的关明生加入阿里巴巴，担任首席运营官，在关明生的协助下，马云在这一年带领阿里巴巴做了三件大事："延安整风运动""抗日军政大学""南泥湾开荒"。

马云知道这一次是自己犯了错误，自己只看到了机会，却没有看到灾难。马云告诉员工们："如果认为我们是疯子请你离开，如果你专等上市请你离开，如果你带着不利于公司的个人目的请你离开，如果你心浮气躁请你离开。"

马云总结这一次失败的原因说道："互联网上失败一定是自己造成的，要不就是脑子发热，要不就是脑子不热太冷了。"

凝聚人心，不死就有希望

在2000年的年底，阿里巴巴进入了低潮期，马云带领他的团队将战线收回到了国内，然后将总部又搬回到了老根据地杭州。在一切几乎要从头再来的时候，马云倒是有了几分庆幸，他说："想要真正做好一个网站，要靠智慧、团队去做。你钱再多，也会花光的。"看到很多同一时期的电子网站在风光一时之后迅速死去，马云觉得阿里巴巴虽然元气大伤，但能够存活下来，还是幸运的。

因为自己决策和判断上的失误，令阿里巴巴陷入了险境，不服输的马云决心要将阿里巴巴带出险境，他号召员工们："冬天寒冷的时候，我们提出的口号是‘坚持到底，就是胜利’，我们坚信网络一定会火起来的，只要我们活着，不死就有希望。”

愈挫愈勇的马云在困境中越发干劲十足，他拿出了红军长征的劲头，从2001年到2003年这三年期间，马云推行了他总结出的三种管理方式——“毛泽东式”管理。所谓“毛泽东式”管理也就是：第一，“延安整风运动”：统一对互联网的看法，加强公司成员的信心；第二，“抗日军政大学”：培养一批干部队伍；第三，“南泥湾开荒”：凡事都要靠自己亲力亲为，不能依赖别人。

马云认为，这三种管理方式，对企业管理变革是非常有作用的。虽然下手有点“狠”，但只有对自己狠一点，才能磨砺出自身的锋芒，在与对手竞争时，才能险中取胜。通过开展“延安整风运动”来树立公司统一的价值观，为员工灌输统一的思想，马云说：“通过运动，把没有共同价值观、没有共同使命感的人，统统开除出我们公司。”

马云有一个“Yes”理论：“你是想要先赚钱还是先培训？”马云回答：“Yes，既要赚钱也要培训”；“要听话的员工还是要能干的员工？”马云回答：“Yes，员工既要听话也要能干”；“制度重要还是员工重要？”马云回答：“Yes，制度和员工一样重要。”

“Yes”理论就是要双管齐下，培养出能力全面的公司，“抗日军政大学”就是马云想要达到这一目的的手段，通过“抗日军政大学”来培养公司的管理层，训练团队的管理能力，马云设立这个所谓的“抗日军政大学”目的就是要让公司的员工学习到最先进的价值观和使命感，让他们能够成长为战斗力强大的队伍。

“南泥湾开荒”培养的是公司员工自强自立的心态，培养销售人员在面对客户时应该具有什么样的态度和技巧。马云说：“普通企业想到的，可能是把能看到的客户口袋里的5元钱赚到手，而‘南泥湾开荒’追求的是帮助客户把5元钱变成50元钱，再从中拿出我们应得的5元钱。” 一位阿里巴巴华南区的客户至今对阿里巴巴销售人员的素质感到不可思议。“他们有一套又一套训练有素的思想，我觉得完全不像是销售，倒像是公关。”这样的销售人员在阿里巴巴比比皆是。

马云如此疯狂地坚持，令许多人不解，但马云自己知道只有专注，坚持下去，才能取得成功：“今年春节的时候，90％的杭州企业没有一个告诉我们企业有一个共同的目标，而阿里巴巴的目标我们在1999年就已经提出了，‘要做80年的企业，要成为世界十大网站之一，只要是商人一定要用阿里巴巴。’这是我们的目标。全公司所有的员工，如果你不认同这个目标请你离开，如果你认为不可能实现，你也离开。”

在熬过了最难熬的那段时间后，马云发现日子开始好过起来，阿里巴巴发生了质的变化，员工在提升，客户在增长，实力也开始稳步上升，企业内部的治理成功，令马云的事业再上一层新台阶。

管理企业就是管理人心，只有凝聚人心，坚持不死，才能看到希望。有了良好的管理模式，阿里巴巴的盈利逐渐丰盈，到了2003年，阿里巴巴网站上的中小企业用户已经达到210万，几乎占据了市场份额的90%。

附马云在宁波的演讲原文④：

很高兴再来到宁波，今天（2002年6月11日）不是礼拜天，大家来这儿我非常高兴，而且想代表阿里巴巴全球120万的会员，和500名员工向大家致以夏日的问候。这一趟是阿里巴巴在全国各地的以商会友的第六场，我们第一场是在绍兴，然后去了无锡、顺德、深圳、厦门，这个礼拜是在宁波，我们在全国开会员见面大会，每一次都会让我们感到非常激动。我记得在无锡那一场，我们请了250名会员，那一天是下午2点钟开始，1点半下了很大的雨，我们想下午可能不会有那么多人，结果来了550多名会员。

搞一次电子商务“干帮”大会

商人需要不断地交流，电子商务要不断地沟通和交流才能发挥作用。我们正在筹划，以往我们在杭州搞“西湖论剑”。也许我们在未来的一年，或者今年或者明年搞一次电子商务“干帮”大会，“干”是实干的干，“帮”是互相帮助的帮。大家都是商人谈电子商务，而不是让IT界人谈电子商务，也不是投资者，也不是互联网人士，而是实实在在的商人来谈电子商务。在我看来，电子商务，商人觉得有用的，就是有用。如果商人觉得没有用，再好也没有用。

我看了今天的名片，都是一些企业家、厂长、经理，都是有些年纪的人，我今天演讲分三块：第一块跟大家交流一下阿里巴巴的昨天和今天，给阿里巴巴做一个分析。我们公司很小，只有三年。这三年来我们经历了各种痛苦、折磨，我想做成一个案例跟大家分析。第二块是我在全世界跑了很多的国家，跟世界一流的企业家进行探讨，我想把这些探讨的经验跟大家分享一下。第三块是我想和大家分享一下，什么是电子商务，今天的电子商务能给我们带来什么。

宁波的企业家一直以非常聪明、大度、具有良好的战略眼光而闻名。我前几天参加浙江省对外贸易招商洽谈会，在招商会上有人说宁波企业家特精明，香港十大企业家里面，有三个人祖籍在宁波。今天，我在这儿跟大家交流自己做企业的经验，一定会有收获。

宁波是全国电子商务水平最高的地区

衡量一个城市的电子商务水平的好和坏，不能以城市里有多少电子商务公司来衡量，不能以有多少IT企业来衡量。前几天我们在会上探讨，有人说，宁波的电子商务发展得不是很好，说IT企业有七八家，已经关到了四五家，现在有名的、成功的不多，IT水平很差。我不这样认为。我前天早上在这里公布了一个信息：宁波是现在全国各地电子商务水平最高的地区。因为一个城市电子商务水平的好坏，不应以拥有多少电子商务公司衡量，而标准应该是这个城市企业运用电子商务的指数有多高。我们认为宁波企业用电子商务的指数最高。阿里巴巴到宁波一年多了，一年后宁波地区的续签率高达95%。只有两家企业今年不能再做下去。宁波的情况在全国、全世界都罕见。所以我觉得宁波的电子商务水平是很高的。

我今天主要讲阿里巴巴的昨天和阿里巴巴的今天。我们曾两次被哈佛选为全球的MBA教学案例，他们会派一个人到我们公司，至少要待5天，这5天跟我们所有的经理、部分员工、刚刚要加盟的新员工和客户，都做仔细的调查。然后花两个月写这个案例，我每次拿他们案例第一稿的时候，都觉得这不是阿里巴巴。很多人对阿里巴巴的看法很怪，有各种各样媒体的评论，对于媒体的报道我不全看，但是很多会员对阿里巴巴的评论我一定看。

阿里巴巴到底是什么？它怎么过来的？

我觉得技术，就应该是傻瓜式服务。技术应该为人服务，人不能为技术服务。阿里巴巴能够发展得这么好，主要是他们CEO不懂技术。大批技术的人跟不懂技术的人工作蛮开心，我也觉得很骄傲，因为有85%的商人跟我一样不懂技术。我要求阿里巴巴技术非常简单，使用时不需要看说明书，一点就能找到想要的东西，这个就是好东西。

大家知道我们创办阿里巴巴网站时，是在北京的外经贸部工作，1999年我们决定回杭州创业，在离开北京的前一个礼拜，我带着六七个人上长城一趟。去长城那一天特别悲壮，感觉像是壮士一去不复返。我们一定要做成功一个事业，让作为中国人而感到骄傲的公司。我们在长城上找到了灵感，在长城上看了每一个砖头上都有“张三到此一游，李四到此留念”。我觉得很有意思。如果说我要建公司的话，我第一步就是从BBS开始。

回到杭州我收到一个邀请，新加坡政府请我去新加坡做一个亚洲电子商务大会的发言。我很奇怪，我也没什么名，中国大陆就请了我一个人，是不是请错了？他说往返的机票都给报销。

中国是中国，美国是美国

新加坡电子商务大会档次很高，二百多人，电子商务大会发言的人80%是美国人。85%的听众是欧美的，所有的题目都是雅虎等，100%是美国的例子。但名字是亚洲电子商务大会。我临时换了一个主题，中国有自己的特点，亚洲是亚洲，中国是中国，美国是美国，美国的模式在中国未必就行。那次研讨会在亚洲影响很大。

后来在《经济学家》杂志登了一篇文章，讲我和亚马逊的老板，美国有个人叫贝索斯，中国有个人叫马云。我们同是从1995年开始，他在西雅图开始，但是在美国亚马逊发展得那么好，在中国我们变成这么小，这是一个很大的区别。亚洲以什么为主？亚洲以中小型企业为主。全世界85%以上的企业都是中小型企业。比尔·盖茨只有一个，只有帮助中小企业才是最大的希望。

中小型企业的电子商务更有希望

亚洲是最大的出口基地，如果我们以出口为目标，帮助中国企业出口。帮助全国中小型企业出口是我们的方向。我们必须围绕企业对企业的电子商务。无论是在中国黄页还是在外经贸部做客户宣传的时候，会见一个国有企业的领导要谈13次才能说服他，在浙江一带去三趟就可以了。这让我相信：中小型企业的电子商务更有希望、更好做。我从新加坡回来时就决定：电子商务要为中国中小型企业服务。这是阿里巴巴最早的想法。

把自己口袋里的钱放在桌子上

1999年2月21日，在杭州我们开了一个非常重要的会议。这个会议到今天还影响着阿里巴巴。当时18个创业人参加这个会。我们提出“东方的智慧，西方的运作，全世界的大市场”的目标，我们要创建中国人感到骄傲的公司，能够持续80年发展的公司，只要是商人一定要用阿里巴巴。别人不会理解，我们暂时不对别人讲，我们也不见任何媒体。总而言之一点，认真踏实地创建一个公司。我们把自己口袋里的钱放在桌子上，凑了50万元钱。到了第6个月我们就熬不过去了，风险投资找我们时，口袋里已经没钱了。

我们没日没夜地干，就这样熬过来了。到9月份我们接到了第一笔500万美元的投资。美国的高盛牵头。当时互联网很热，很多人都想要钱。我们对投资人说“我们不要钱”，他们都很认真地听我说。

第一个找我的是浙江的企业，他说我们可不可以合作一下。我给你100万元，明年你再给我们110万元，我说你比银行还黑。9月28日拿到钱，9月30日我碰到日本软银的CEO孙正义，大家谈得很好，当时我们就拍板，融了2000万美元。我只跟他解释了6分钟他就听懂了什么是阿里巴巴。

我们第一次见媒体是1999年的8月，美国《商业周刊》杂志不知通过什么途径，找到了阿里巴巴。他们要来采访，我们是拒绝采访的，后来他们通过外交部，再通过浙江省外办，一定要让我们接受采访。我们当时没有电话也没有传真，只有一个在美国的E-mail地址，我们不想告诉别人我们是中国公司，那样在全球化拓展过程中，大家会认定你是三流企业。

我把他们带到居民区，他们很怀疑。门一打开，二三十个人，在四居室的房间里面，干什么的都有。他们感觉阿里巴巴这时候有两万会员了，名气很大的，应该是很大的公司。最后我们拒绝发表这篇文章。

1999年之前，阿里巴巴就是这样。到1999年香港阿里巴巴成立的时候，有一个中东土耳其的记者说，马先生，阿里巴巴应该是属于土耳其的，怎么跑到中国来了？这句话，至少有二十几个国家说过，阿里巴巴是属于我们的。怎么属于中国呢？我们当时把总部定在香港。因为我们想这是中国人创办的公司，我们希望办一个中国人创办的公司，让全世界骄傲的公司。香港是特别国际化的，我们在美国设了研究基地，在伦敦设的分公司，然后在杭州建立我们中国的基地。

1999年、2000年阿里巴巴战略很明确，迅速进入全球化，成为全球电子商务市场。我们要打开国际电子商务市场，培育中国国内电子商务市场。我们的口号是避免国内甲A联赛，直接进入世界杯。这几年很多人认为，阿里巴巴在国外的名气比在国内大，这是跟我们1999年、2000年、2001年全面的战略有关的，我们迅速打入海外。现在很多企业说，我们很快进入全球化了，但是全球化绝对不意味着请外国打工仔或者你在海外建一个厂就是全球化。我们在全球化的战略上做过很多事。

我第一次在德国演讲时阿里巴巴的会员有4万多，在德国，1000人的会场里面只有3个听众。第二次再去德国，里面坐得满满的。还有从英国飞过来的会员，一起进行交流。

我们怕国外企业，他们同样怕我们

中国进入WTO，国内所有的企业几乎都在问这个问题，我们该怎么办？国外企业管理比我们好，钱比我们多，怎么能打赢？去年我跑了20多个国家，参加了50场研讨会，所有的研讨会都谈到这个问题。我们怕国外企业，他们同样怕我们。去年我参加的研讨会，题目竟然是“中国是威胁”。

我第一次到伦敦，我的公关经理告诉我们，下午6:15，BBC电视台要采访，他是录播，不是直播的。请你准备一下这5个题目，我从来不准备。我说没关系我不看，下午3点BBC又发一个传真，请马先生一定要仔细地看。下午6点进了BBC，还是拿出那5个题目，一定要我仔细准备，那我就准备一下。等到了上演播台，主持人说现在是BBC总部全球直播。有3亿人看哪！把镜头切过来问我问题，跟我准备的那5个问题一点儿关系都没有。他问：你是中国的公司，你在英国创公司，你会成功吗？你想当百万富翁吗？你认为你可以当百万富翁吗？你当得了百万富翁吗？一下就把我问蒙了。我当时很紧张，但还是微笑着跟他讲。结束之后我说，我们会证明我们会活下去，而且活得还很不错。后来BBC又对我采访了几次，其中有一次他们是派了报道组到国内，一个是采访当时的上海市市长徐匡迪，另一个是采访我，是BBC最热门的节目，叫“热点谈话”，节目播出有25分钟。

在互联网最艰难的时候，阿里巴巴回到中国，把总部从上海撤回了杭州，实实在在地做事，放弃国内其他的市场，非常非常艰难。至今为止阿里巴巴第一次裁员，我跟会员很郑重地说，在2000年，把一些美国的工程师灭了，如果我们晚半年，可能公司也没了。不是我们聪明，而是没有办法。我们在中国实施“回到中国”策略的时候，我们对外没有说。我们说我们阿里巴巴一直开拓海外市场，结果有一些竞争对手跟我们去打海外市场，去了就关门了，没能回来。

是什么让阿里巴巴活下来？是什么让阿里巴巴走到现在？我们把回来做的第一件大事比作毛泽东经过长征，来到了延安。一是要做延安整风运动，二是建立抗日军政大学，三是南泥湾开荒。

整风是因为变化

我们整风是因为互联网发生了巨大的变化。每一个人对互联网的看法不一样，对阿里巴巴的看法不一样。如果说有50个傻瓜为你工作，这是一件很开心的事情。困难的是每个人都认为自己聪明，当时阿里巴巴在美国有很多的知名企业管理者到我们公司做副总裁，各有己见，50个人方向不一致肯定会不行的。所以当年觉得，这是最大的痛。那时候简直像动物园一样，有些人特别能说，有些人不爱讲话。所以我们公司这样，我们觉得整风运动对确定阿里巴巴的共同目标、确定我们的价值观是最重要的。

我问在座的企业，你们企业所有的员工是不是有共同的目标？我在今年春节的时候，90%的杭州企业没有一个告诉我们企业有一个共同的目标。而阿里巴巴的目标我们在1999年就提出了，“要做80年的企业，要成为世界十大网站之一，只要是商人一定要用阿里巴巴。”这是我们的目标。全公司所有的员工，如果你不认同这个目标请你离开，如果你认为不可能实现，你也离开。

克林顿说：“是使命感”

两个月之前，我到纽约参加世界经济论坛，我听世界500强CEO谈得最多的是使命和价值观。中国企业很少谈使命和价值观，如果你谈他们认为你太虚了，不要跟你谈。今天我们企业缺乏这些，所以我们企业会老长不大。那天早上克林顿夫妇早上请我们吃早餐，克林顿讲到一点，说美国在很多方面是领导者，有时领导者不知道该往哪儿走，没有什么引导他们，他们没有榜样可以效仿。这个时候，是什么让你做出决定，克林顿说：“是使命感。”

阿里巴巴认为天下没有难做的生意是我们的使命感。现在名气最大的企业是GE，是通用电气。他们100年前最早是做电灯泡，他们的使命是让全天下亮起来，这使GE成为全球最大的电器公司。另外一家公司是迪士尼乐园，他们的使命是让全天下的人开心起来。这样的使命使得迪士尼拍的电影，都是喜剧片。

阿里巴巴做这个决定的时候，使命是让天下没有难做的生意。所有制造出来的软件都是要帮助我们客户生意做得简单。

阿里巴巴最值钱的东西

还有就是价值观，公司要用一个统一的价值观。我们员工来自11个国家和地区，有着不同的文化。是价值观让我们可以团结在一起，奋斗到明天。

我们请来的CEO总裁，他有53岁了，老传统企业的经理人，非常出色，他在GE工作了16年。我们总结了9条精神，是它让我们一起奋斗了4年。我们告诉所有的员工，要坚持这9条，第一条就是团队精神，第二条，教学相长，然后是质量、简易、激情、开放、创新、专注、服务与尊重，这九个价值观是阿里巴巴最值钱的东西。

我们在2000年制定了共同的使命，共同的目标，共同的价值观。新员工只有经过学习才能加入阿里巴巴。今天想跟大家讲，使命、价值观、目标是任何一个企业、任何一个组织机构一定要有的东西。如果没有这三样东西，你走不长、走不远、长不大。

90%的中国企业家不认同我这个观点

我做过这样的调查，90%的企业家不认同我这个观点。我见过所有世界500强的企业，都讲这个。讲来讲去就是这两点：价值和使命。宋朝的梁山好汉108将，如果他们没有价值观，在梁山上打起来还真麻烦。他们有一个共同的价值观就是江湖义气，无论发生什么事都是兄弟。这样的价值观让他们团结在一起。108将的使命就是替天行道。但是他们没有一个共同的目标，导致后来宋江认为他应该投降，李逵认为他们打打杀杀挺好的。还有些认为，衙门不抓他们就很好了，到后来崩溃掉。所以一定要重视目标、使命和价值观。这是阿里巴巴2001年做的整风运动。

第二是干部队伍的培养。干部队伍的培养，我想跟所有的企业分享一下，如何培养干部？阿里巴巴怎么做？怎么渡过这个难关？

靠游击队不行

如果阿里巴巴想成为全世界十大网站，靠游击队不行。毛泽东靠游击队是不可能打下全国的，最后是三大战役决定的，胜利要有一大批将领才能带动起来。所有企业都会担心，我真怕他走掉，如果这个人走掉了，业务就没有了。你天天都让这个人很开心，结果成了恶性循环，公司垮掉。有时候经理比总经理还大，因为他掌握了很多业务。当干部之前你一定要让他学习，如果你不让他学习，中国很多的干部，第一种是义气干部，上面的领导压下来，都是他顶着。下面的企业，我帮你们扛着；还有一种是劳模干部，这人平时干10个小时，然后你把他当了经理，然后他觉得领导喜欢我当经理，本来干10个小时，后来干12个小时；再一种是专家当经理，因为这个人刀法非常好，然后你让他当经理，肯定不行。经理本来四个人工作很快乐，突然他当官了，他很得意。他应该意识到另外三个人中一定有人的心态出问题了。你会发现很多经理，有些人一上台之后，把老员工全换成一批新员工。

NBA篮球打得好，是因为板凳上还坐着12个人

我训练干部管理团队，在问题发生之前就要处理掉，我今天做的工作，为今天而做。你做的任何决定是公司3~6个月之后发生的事情。如果没有人能取代你，你永远不会升职。只有下面的人超过你，你才是一个领导。我不用你去打，要下面的人去打。出去6个月你找不到替代的人，说明你招人有问题。6个月你找不到人说明你不会用人。领导是把人身上最好的东西发掘出来。你要找这个人的优点，找到的优点这个人自己都不知道，这是你的厉害之处。如果有一只老虎在后面追你，你的奔跑速度自己都不可想象，为什么我跑这么快？有老虎追你。每个人都有潜力，关键是领导找出这个潜力。我们是怎么想到这一招的，我看美国NBA，为什么越打越好，是因为板凳上坐了12个人，下面的人很想上去，都认为自己打得也不差。场上面的人压力很大。这样你会有一套制度，要用制度保证你的公司，不要用人。所以我们在培养干部队伍方面，我们成立了学习制度。

1999年阿里巴巴希望有8万会员，当时我们提出这个口号的时候，还只有3000会员。但是那一年我们做到8.9万会员。2000年阿里巴巴提出要做25

万会员，我们做到了50万会员。2001年我们希望做到100万会员，但2001年互联网不景气，好像是不可能实现的。但在2001年12月27日，真的实现了。我们当月实现了收支平衡，现在阿里巴巴的营业额都在增长，越做越好。

很多人认为，现在互联网讨论最多的是投资者和管理者有矛盾，我们不这么认为。只有管理者去欺骗投资者，投资者不太可能欺骗管理者。投资者给你钱的时候，你记住有一天你一定要还他。这是做人的品质。有一点我们感到骄傲，刚刚创业的时候，我们几乎不打出租车。有一次我们必须打车，一辆桑塔纳过来，所有人头都转过去了，一看夏利过来，马上把手招过去。因为桑塔纳比夏利贵一元多钱。我们今天所花的钱都是投资者的钱，如果有一天花自己的钱的时候，可以大胆地花，所以这两年，我们以小气感到骄傲。

零预算与口碑相传

自2000年我们在国内外的广告预算为零。尽管零预算，但是我们会员已达到120万，越做越大。就是口碑相传。前两天有一个研讨会，有人说宁波市场不好，我说宁波市场非常好，在宁波赚了很多钱。所以整个收支平衡，从2001年12月，我们公司进入非常良好的状态。今年一季度，非常奇怪，你越有钱人家越投资你。我们现在看互联网投资很难拿到风险投资。但我们很容易就能得到投资。我们现在是钱很多，但是我们用得很少。我们还要不断地在海外发动很大的市场战略。

现在，我们的干部也成熟了起来。员工扩大到了500名。现在互联网是在裁员发展，我们是扩大发展。我们目标是全年的发展中赚一元钱，也就是说，如果我们整年投资800万美元，我们要赚八百万零一美元。事实上，到现在为止，我们的确运转非常良好，员工从前年一百多名，到去年二百多名，到今年五百多名，我们还要不断地招。

把钱投在员工身上

有人说为什么阿里巴巴还要招员工？我们认为员工是公司最好的财富。有共同价值观和企业文化的员工是最大的财富。今天银行利息是两个百分点，如果把这个钱投在员工身上，让他们得到培训，那么对员工创造的财富远远不止两个百分点。我们去年在广告上没有花钱，但在培训上花了几百万元。我们觉得这是最大的回报。阿里巴巴现在到了120万会员，而且连续两次被哈佛评为全球最佳案例，连续两次被《福布斯》评为最佳B2B网站。在网络电子商务领域，我们的会员数跃居全世界第一位。

世界互联网的五个典型

我到哥伦比亚大学，教授讲：当前世界互联网的5个典型企业，跨媒体多平台以AOL为典型，B2C以亚马逊为典型，C2C以Ebay为典型，门户以雅虎为典型，B2B今天以阿里巴巴为典型。亚洲人走出一个为亚洲企业服务的电子商务典型，并为世界IT界所认同。

天外有天，人外有人

我们最近跑了一些地方，特别是我在中央电视台《对话》节目里面看到中国的知名企业家讲了这句话，让我觉得很不以为然。他说我这个企业很难管理，哪怕通用前任CEO杰克·韦尔奇在我这里管理，最多只能待三天。第一杰克·韦尔奇不会待三天；第二他来了一定会改变你的企业。可怕的不是距离，而是不知道有距离。我在网站上也讲过这句话，我先讲一个例子，我有一个朋友，在浙江省散打队当教练，他给我讲了一个故事：武当山下面有一个小伙子非常厉害，他把所有的人都打败了。他认为天下无敌，他就跑到北京，找到北京散打集训队教练，说我要跟你的队员打一场。教练说你不要打，他越不让他打他越要打。最后说让他打一下吧，5分钟不到就被打下来了，教练跟他说："小伙子你每天练两个小时，把每天练半个小时的人打败了。我这些队员每天练10个小时，你怎么可能跟他们打？而且我们队员还没有真打。天外有天，人外有人。"

企业之间有很大的区别。因为去年我们已经步入了收支平衡，会员达到了100万。到了这个地位，不知道往哪儿走了。我跟TCL李东生和日本索尼的老总在香港开了一个会议。交流过程中，让我大为折服，做CEO做到这种地步很厉害。他把管理看成道。非常清晰的管理理念，我不知道怎么去，一下子觉得原来在这个地方。后来参加世界经济论坛纽约的论坛，我跟波音的老总、比尔·盖茨微软的总裁他们交流，吃了饭。让我大为折服，那是没办法比的。有些东西是你没有跑过，你觉得自己来不得。一比你才发现自己距离很大。

波音老总讲公司发展战略说："我们每一个企业都会问自己一个问题，我这个决定到底错还是对？在座的也是这样。这个时候往往缺少一个东西，就是公司的发展战略。如果没有明确的发展战略，是不行的。"他说他当波音CEO的时候，波音公司的重心都放在民用航空上面，没有放在军事航空上面。如果发生军事危机时，波音一定会发生很大的危机。所以"9·11"事件之后，波音没有很大的灾难，相对有一些产业起来的，就是工业企业起来，我没有感谢"9·11"事件的意思，但这就是战略的提升。我想跟大家讲，这个距离是很远的，我们中国企业家距离很远。我上个月在北京参加世界经济论坛北京分会。可能有人在网上看见我和北大教授吵了一场架。他把中国的MBA说得天花乱坠，我说中国的MBA根本就没有用。

不要先学做事，要先学做人

那天我是有感而发，我那时刚从纽约回来一个礼拜就赶到北京，参加世界经济论坛，北京中国企业家论坛会，我从来没那么丢脸，那次丢脸真是一塌糊涂。我们那次会议，台上四五个人在讲，下面有一半的人在听。另外一半不是打电话，就是抽烟、聊天，上面谈上面的，下面谈下面的。我觉得特别尴尬，为什么中国企业会出现这样的问题。有一个国家的部长请了12个中国企业家进行交流座谈，这个部长讲话只有15分钟，这15分钟内你知道发生了什么事？我们大半的企业家在打电话，部长的脸色特别尴尬。我看了都不知道该怎么说。这不是文化的差异，是礼貌、尊重。如果中国企业是这样的话，谁还跟中国企业交流，谁还愿意跟中国企业做生意。我说MBA不要先学做事，要先学做人。这样才能改变我们。

所以那天有感而发。后来去了哈佛大学、斯坦福、麻省理工，还有印度大学，他们都骂我。我觉得MBA不是没有用，我觉得就是有很多的东西你们应该学过。我收过很多的E-mail，是MBA学生来的信，说我骂他们是因为我爱他们。做任何企业，其实要做三件事。企业家做人也是做三件事情。这是我跟金庸探讨笑傲江湖的时候，我们探讨出来的一些观点。何为笑，何为傲。什么人能笑，什么人能傲？你做企业家你想笑，你想笑得透彻。有眼光、有胸怀的人才能笑得爽朗透彻。你想傲你一定要有实力，人家一个巴掌过去，滚出5米之外，你再傲也没有用。所以要想笑傲江湖，要做到眼光的犀利、胸怀的开阔。我认为眼光是读万卷书不如行万里路，多看、多跟高手交流。你会觉得距离蛮远的，这样你眼光就会打开。很多企业家是这样，我是某某城市排行第一的，你到外面看一下，差得很远。

距离不可怕，可怕的是你不知道距离

我非常敬佩邓小平，改革开放是非常有眼光的。他去欧洲、去美国一看是这样的，中国和他们差距这么远，他才知道差距。我们在座的每一个企业家都要了解，距离不可怕，可怕的是你不知道距离。跟克林顿吃早饭那一天，中国那些部长的名字他都能说出来，中东一些部长的名字他也能说出来，你会感觉他是实实在在的人，他是平凡的人，所以他伟大。要不断地去走，不断地去跑，不断地去看。

胸怀是靠冤枉撑大的

胸怀是非常重要的，一个人有眼光没胸怀是很倒霉的，《三国演义》的周瑜就是眼光很厉害，胸怀很小，所以被诸葛亮气死了。宰相肚里能撑船，说明宰相怨气太多了。像周总理每天肯定抱怨的人很多，他不可能每天跟人解释，只能干，用胸怀跟人解释。每个人的胸怀是靠冤枉撑大的。

实力是失败堆积起来的

再就是实力，我觉得实力是失败堆积起来的，一点点的失败是一个人的实力、企业的实力。如果我年纪大，我希望我跟我孙子吹牛，你爷爷我做成这么大的事情，一点儿都不牛。孙子说，刚好是互联网大潮来了有人给你投资。当你讲当年有这个事情出来，犯了很严重的错误，他会很崇拜地看着我，真的，这个我倒不一定吃得消。一个人最后的成功是有太多惨痛的经历。

成功必定是团队带来的

我一直倡导在中国企业要讲究团队精神，阿里巴巴的今天，马云你做得非常不错。我是我们公司的说客，我是光说不练的人。我们的团队我觉得非常骄傲，公司4个“O”的团队，我把我们公司做的事情跟大家分享。

我们COO关明生是我们的总裁，在GE、BTR等全球500强公司做了25年的经理人，英国籍香港人。我们的CFO蔡崇信，欧洲InvestAB公司做投资的，他是法学博士，加拿大籍中国台湾人。我们的CTO吴炯，雅虎搜索引擎发明人，美国籍上海人。我是中国国籍，杭州户口。我们四个人各守一方，现在合作得非常好。合作都是团队做出来的。如果别人把你当英雄的时候，你千万不能把自己当英雄，如果自己把自己当英雄必然要走下坡路。

中国最好的团队是唐僧西天取经的团队

中国人认为最好的团队是刘、关、张、诸葛、赵团队。关公武功那么高，又那么忠诚。刘备和张飞也有各自的任务，碰到诸葛亮，还有赵子龙，这样的团队是千年等一回，很难找。我认为中国最好的团队就是唐僧西天取经的团队。像唐僧这样的领导，什么都不要跟他说，我就是要取经。这样的领导没有什么魅力，也没有什么能力。悟空武功高强，品德也不错，但唯一的缺憾是脾气暴躁，单位有这样的人。猪八戒是狡猾，没有他生活少了很多的情趣。沙和尚更多了，你不要跟我讲人、价值观，“这是我的工作。”半小时干完了活就睡觉去了。这样的人单位里面有很多很多。就是这样四个人，千辛万苦，取得了真经。这种团队是最好的团队。这样的企业才会成功。

今天的阿里巴巴，我们不希望用精英团队。如果只是精英们在一起肯定做不好事情。我们都是平凡的人，平凡的人在一起做一些不平凡的事。这就是团队精神。我们每个人都欣赏团队，这样才行。

电子商务就是一个工具

接下来我讲，什么是电子商务，这两年电子商务被说得越来越神奇。说实在我不太愿意参加IT的论坛。人家一说马云是IT的业内人士我就慌了，阿里巴巴不是一家IT企业，阿里巴巴是一家服务公司，我们以网络为手段帮助我们的客户，把客户变成电子商务公司，如果明天发现有一样东西比互联网更好，我们就会用那种方法。我们不要成为高科技公司，那是为了拿优惠政策，跟客户讲的时候你越低越好。你跟客户说你是高科技，客户会崇拜地看着你，不会买你的产品。高科技太远了。我们讲高科技是说给别人听的，你自己都相信了，那就麻烦了。所以我们说我们不是高科技，不是IT企业，我们是商务服务公司，互联网不是什么高深的东西，互联网是一个工具，电子商务就是一个工具。

这两年做工具的人，把自己的榔头说得天花乱坠，把真正买榔头的人弄糊涂了，所以很多工厂停下来都去生产榔头了，让我们公司给你一个电子商务的解决方案，电子商务不是解决方案。电子商务只是一个工具，你拿回去之后，拿这个工具，自己解决自己的问题，这才是真正的电子商务。电子商务这个工具，跟传真、电话没什么区别，它只不过是把传真、电话、网络、电脑、电视、报纸、媒体结合在一起的工具。用起来还是不错的。所以我想跟大家讲，我们不要把电子商务看得太神秘，宁波有多少企业在做？很多企业在做，用电子商务做物流、配送等等，说得天花乱坠。今天电子商务有三个流：信息流、资金流、物流。今天企业在用电子商务只能做信息流，如果有人告诉你我能帮你做信息流，而且还能做资金流还有物流，我觉得他是在说谎，现在没有一家公司能够把信息流、资金流、物流结合在一起。不是技术做不到，而是很多东西不具备，没有准备好。比如资金流，谁做得最好？银行做得最好。

阿里巴巴不做资金流，2001年12月份我到达沃斯参加一次会议，在会议上我看到一个客户，有一个企业家跟我说，他是欧洲人，他说："阿里巴巴做得真不错，我就用阿里巴巴。我的卖家就是在阿里巴巴找的，但是你别告诉我你要做网上交易，他说不会在网上交易的。我现在可以把我的钱汇到任何一个银行账号，24小时一定能够收到，我为什么要在网上付钱。"我觉得很有道理，我做了一个调查，99%阿里巴巴的会员告诉我，愿意在网上支付的金额在5000美元之下。

电子商务不是救命稻草

美国东海的羊和西海的羊有很大区别，羊种是一模一样的，东海的羊群心脏功能很好，体格发达，西海的羊心脏很肥大。原因是什么呢？东海有狼，羊经常跑，西海没有狼，羊寿命不是很长。同样的羊听见狼的时候，瘦的羊就跑掉了。这怕什么，狼过来的时候我自然会跑，我现在身体状况很好，狼过来的时候自然先吃掉你。大型企业一定会被那些国外企业消灭掉，小企业掉头快，逃跑很快。宁波的企业、温州企业这两年发展快，因为我们小，船小掉头快，形势不对马上就跑。这个不是赌博，是投资，曾经有一个企业跟我们说，我们不做电子商务不会死，做了电子商务让我们企业死掉了。他说我们就怕这个，我说这种情况并不多，不能把所有钱压在那儿。所有的商业投资要看有没有效果，有效果投一点，没有效果作为一个投资，不要多投，它不是救命稻草。公司要成长，有很多事情要做，不光是电子商务。电子商务能够帮你带来的就是找到国内、国外的买家，至于买卖能不能做成，还有很多企业内部经营管理的问题，所以我觉得把电子商务作为投资，就像学外语一样，你如果不学，等到要用的时候，你已经来不及了。

嘴上说不一定用网络，但是付钱比谁都快

千万不要相信我们很多的小企业家对电子商务的看法，中国商人特精明，谁都不愿意告诉别人自己成功的经验。我小时候读书不好，是因为很多同学都玩，我也玩，天天玩，他们说玩有好处，然后就玩。结果我发现考不过他们，后来到人家家里才发现，他们在家里是认真学习的，我还在家里玩。这个例子要告诉大家，我们中国的中小型企业，电子商务做得非常好，但是他们不会告诉你们。我很高兴，刚才我们有一个客户跟我们分享经验，这种企业非常少，我们有的客户在网站卖雨伞，他在网站上卖雨伞，这个雨伞非常好卖。他说，不要让我做采访，不要让我分享经验，这种事情我不会干的，分享经验是不行的，我这样做，大家都卖雨伞怎么办？这种心态我非常理解，江浙企业非常有意思，嘴上说不一定用网络，但是付钱比谁都快，他怕别人追上来。

有时候要相信自己，用自己的眼光去看待电子商务才是很有意思的。不管是不是用我们的网站，用别人的网站，只要是网站，大胆走出第一步，这一步下去，你肯定会尝到甜头。但是也不要奢望今天上网三天内有效果。

有的企业告诉我，我们早就电子商务了，我说你们怎么个电子商务法？他说："我们租了很多网站，花了很多钱。"我说："你们网站的名字呢？""名字我不记得了，小赵，名字是什么？"小赵也不知道，这个也要查查看。这个也叫电子商务？做一个网页的目的，就是买了一套软件，做了一个网站只是刚刚开始，不是买了一个工具了，买了一个扳手回来，往家里面一放，就做好了。

对客户也要271战略

刚刚提出电子商务是一个过程，是以商务为目的，电子是一个工具、一个手段，去经营你的企业和业务，而不是说买一套网站就可以了。我们现在实行内部271战略，20%是优秀员工，70%是不错的员工，10%的员工是必须淘汰掉的。我对客户也要271战略，有10%的客户每年一定要淘汰掉的。比如说我是医生，你是病人，你来看病。你是不晓得电子商务，我开了一个药房，他药买回去，往家里面一放不吃药，我也没有办法。

我经常在企业跟员工交流一个故事，这是我对企业的了解。杭州有一个很有名的饭店，在杭州、上海、南京、北京开的饭店很多都需要提前甚至是一个礼拜预订座位，6年前我到这个饭店去，这个饭店还没有几张桌子，我点好菜后在那儿等，过了5分钟，经理来了说："先生，你的菜再重新点吧。"我说："怎么了？"他说："你的菜点错了，你点了四个汤一个菜。你回去的时候，一定说饭店不好，菜不好，实际上是你菜点的不好，我们有很多好菜，应该点四个菜一个汤。"我觉得这个饭店很有意思，为客人着想，不会像人家看见有客人来，就说龙虾怎么样，甲鱼也不错。他会对你讲没必要这么样，两个人这样就行了，不够再点。你感觉他为客户着想，客户成功了，他才会成功。如果客户不成功，就是你不成功。

客户永远是对的，但是大部分时间他们是错的

有的时候我们公司奉行“客户永远是对的”，但是大部分时间他们是错的，他们不知道你们在干什么，你们是企业家明白在干什么。他们永远是对的，但是有时候不对，电子商务这个东西要配合，而阿里巴巴是一个商务服务公司，帮助大家在网上达成合作。所以我对电子商务的交易就是这么一句话，它是一个工具，不是炸弹，拿这个工具用一下，它就是帮你把你的产品推到全国、全世界，他能帮你在网站收集其他人的情报，它能帮你的是加强内部的管理和调节。

阵法比招数更重要

马云从不满足于眼前的成绩，他知道互联网的世界瞬息万变，是个变化很快的领域，如果取得一点小成绩就扬扬自得，最后只会被强者所淘汰。马云认为互联网企业的发展需要内练一口气，外练一层皮。马云认为互联网发展得越来越快，如果犹犹豫豫，瞻前顾后，到最后先机就都被别人抢了，自己什么也做不了。

在2001年10月21日的第二届“西湖论剑”大会上，马云总结了互联网最大的特征，就是变化。游击队想要变成正规军，阵法比招数更重要。但这种变化不是持续性的，有时候需要变化，有时候不需要变化。在前几年的20世纪90年代，有变化是好的，应该有变化，但在这几年，还是应当以守为主，守不是被动的防守，守是练内功，可能是最好的变化。

所以，马云认为阿里巴巴在守的时候不是被动等待危机过去，也不是要铸造什么宝剑，修炼什么大招，而是要变阵，因为单个的网络时代已经过去，现在的网络讲的是团队精神。企业的内部管理问题更需要重视，如何留住员工，如何吸引人才，如何让人才适得其用，这些问题都是需要慎重解决的。

所谓阵法，便是要解决企业的内部管理问题，让企业由内向外地强大起来，这样才能使得企业更加强韧。

当旧的B2C模式遇到瓶颈，难以发展时，马云开始思考，如何颠覆传统，创新未来。传统的B2C模式需要投入巨资建立仓储、配送中心，中间的成本耗资巨大，可获取的利润十分少，仅在5%左右。马云谈到B2C时，说道："即使美国有那么好的配送和物流基础，但是亚马逊只有5%的利润。在中国，B2C的市场已经很成熟了，但是你看卓越、当当还是活得很辛苦，说明这个模式有问题。"

马云认为应该有一种更新的模式，更适合中国国情的电子商务模式出现，在2004年的时候，他曾表示："未来的电子商务，将没有B2B与B2C的界限。""人们经常问我5年后会怎么样，我要说的是，5年后已经没有人再谈论网络了。像20年前彩色电视很热闹，现在没人谈。那时候网络深入千家万户，再谈网络，用杭州话来说就是很'背时'了。"马云当时就是这样说的，他在2000年的时候，就认识到想要在互联网的世界中生存下去，就一定要走在时代前端。

在2004年9月，阿里巴巴成立五周年的时候，马云宣布了公司战略从"Meet at Alibaba"全面跨越到"Work at Alibaba"。

马云为公司做出这个转变的解释是："Meet"就是把客户聚在一起，就像做水库，如果养鱼，没什么意思；如果做旅游，还要花费水电。所以，

“Meet”的钱都是小钱；“Work”则意味着水库要铺管道，把水送到家里变成自来水，自来水厂赚的钱一定比水库多。我就希望电子商务对每一个中小企业来说都能像拧自来水一样方便。这次转型主要是向更专业化的方向调整。我们认为去年、今年和明年是电子商务的一个积累期，到了2008年、2009年必然有一个爆发。因此我们必须抢在这个变化前先变，而不是等到出了问题再去想办法解决。这是阿里巴巴保持变革能力的关键。互联网世界总是充满风险的，谁能拥抱变化并且具有大胆追求的勇气，谁就能在这个领域里生存下去。而阿里巴巴恰恰具备了这种勇气。

在这个世界上，做任何事情都会存在或大或小的风险，当然互联网公司也会存在生存风险。但是马云告诫大家：“面对各种无法控制的变化，真正的创业者必须懂得用主动和乐观的心态去拥抱变化!当然变化往往是痛苦的，但机会却往往在适应变化的痛苦中获得!”

马云这次改革的变化，不但完全融合了B和C的B2C的模式，还形成了之后整个电子商务的走向。马云为阿里巴巴勾勒出这样一幅蓝图：以阿里巴巴为平台，逐步将中小企业的销售中心、人事中心、技术中心、支付中心和财务中心都放在上面，到了那个时候，阻挡在B2B、B2C及C2C之间的所有障碍将通通被清除，而此时的阿里巴巴将成为一个虚拟的商务王国，其中有自己的货币、自己的游戏规则、自己的运行体系。

为了实现这伟大的蓝图，阿里巴巴开始把其买家和卖家引到淘宝网，鼓励淘宝网的卖家去阿里巴巴进货，并且把商品批发给消费者，从而打通了B2B和C2C的界限。阿里巴巴进行的这种模式让电子商务模式直接介入了企业流程，把电子商务的工具真正还给了厂商，帮助他们在各个环节上赚钱。

这种新模式一经推出与推广，很多国内外知名厂商如摩托罗拉、阿迪达斯、苹果iPod等纷纷“趋之若鹜”，在淘宝网上开了专门的网上店铺。而华硕电脑、迪斯尼家电、马克华菲等厂商还专门为淘宝网的B2C平台推出了定制产品。

新的模式被接受，一种商业模式的完全颠覆，马云这一次抢先的出击又取得了完胜，创新永远要走在时代的前端。马云通过改进完善“淘宝网”所带来的巨大影响远超过他所获得的巨大收益，这是他在战略上的一个巨大胜利。

马云懂得去了解变化，懂得去适应变化，在变化中求生存，在变化中带领企业、管理企业。所以马云渡过了低潮，最终走向了成功，成功之后的马云还会制造变化，然后在变化来临之前变化自己。

在阿里巴巴五周年的庆典上，马云动情而真挚地说道：“我们的目标、使命和价值观，是鼓励我们走下去的动力。我建议大家，从明天开始，把我们的80年（目标）改为102年，（使公司）成为中国最伟大、最独特、横跨三个世纪的公司。如果（公司）能活102年，就是我们最大的成功。阿里巴巴最大的成功不是我们有了诚信通、中国供应商，而是创造了伟大的公司。102年我肯定看不到，但到了那时，我们的孩子、孩子的孩子可以到这里来，让他们今生无悔。”

管理企业就是管理人心

管理大师约翰·科特曾说过：“作为一个领导者，许多时候，并不一定需要长篇大论，领导者只要注意一下人感情上的细节，就会产生惊人的效果。”

俗话说“士为知己者死”，在一个企业中，想要让员工真心实意地将公司的事当成自己的事来做，企业领导者在此起着至关重要的作用，如何经营好每一个员工，说到底就是能否做到对每一位员工都坦诚相待。

马云作为阿里巴巴的领导者，追求与员工之间要做到真诚的交流，他曾经在演讲的时候说：“你可以不说，但是只要说，就要说真话。”所以，马云在员工的心目中是领导，更是朋友、是家人。

2005年，阿里巴巴并购雅虎中国，当马云第一次踏进雅虎中国的办公室时，他从几百名员工的眼睛中至少读出了几十种神情，有迷茫的，有沮丧的，有愤怒的……

面对雅虎中国员工的诸多表情，马云依然真诚相待，他说的第一句话是：“首先我很抱歉，因为制度要求，我不能预先跟大家做沟通；其次，请大家给我一个机会、一些时间，留下来一年观看；最后希望大家在一个有空调、像公司的地方舒舒服服地上班。”

随后，为了拉近与雅虎中国员工的距离，并购宣布一个月后，马云做出决定，将雅虎中国几百名员工用专列请到杭州，当他们到达杭州后，马云更是用一颗真诚的心热情地接待他们，考虑到雅虎中国员工的生活习惯，马云为他们准备了“中西合璧”的早餐：每个雅虎中国员工都收到了一个小袋了，里面装着两个热包子，一瓶旺旺牛奶，外加一包口香糖、餐巾纸，与此同时，十几辆大客车已经排队在站外恭候，在车队经过的马路两侧，挂满了“欢迎回家，欢迎雅虎回家”的条幅。

但是，表面的和气并不能消除两家公司在文化上的冲突，这也导致双方抵触情绪的产生。刚被并购之初，雅虎中国的员工们不太理解马云的表达方式，而马云也有些不喜欢这些员工，马云认为：他们有一种小团队倾向，不喜欢沟通，似乎能说不能干，阿里巴巴说到必须做到，他们也不喜欢我们，因为他们认为自己在技术上比我们厉害。

当时，阿里巴巴的竞争对手们也不断在暗中挖人，此时此刻，马云感到面临收购宣布以来最困难的时期。于是，他把雅虎中国的所有员工召集在一起，抛出了较高的“离职”补贴政策：离职的员工可获得“N+1”个月工资的补偿金——N为该员工在雅虎中国工作的年数，而且期权可以全部套现。结果只有4%的员工选择了离开，大部分员工都为马云及阿里巴巴的诚意所打动，选择了留下。

马云以其独特的魅力赢得了所有人的尊重，而如果一家公司从一开始就不对员工坦诚相待的话，是很难让员工对你百分之百地付出和信任的。

有一次，马云到一个朋友的公司去考察、学习参观，他发现了一个十分奇怪的现象，就是他这位朋友的公司不像其他公司，鼓励员工加班。他朋友的公司不但不提倡员工加班，反而一到下班时间，行政部门的人就会催促所有员工离开办公区域。

他对这位朋友说：“你真是一个好老板，不让员工加班，让他们能够有更多的时间和家人相聚。”他的这位朋友笑一笑，说：“其实我们给他们安排的任务，他们回去也还是要加班的，不过让他们下班就回家，是为了给公司省电费。”

没过多久，这家公司就倒闭了，因为员工们都感觉公司的老板不够坦诚，太过于精明，那他们也就没有必要为公司全力以赴了。

如果说每一个成功者的背后总是凝聚着无数人的心血，那么一个成功企业的背后必定会有一群强有力的员工作为后盾，前提就是，领导者与下属之间以诚相待，只有这样他们才能和谐默契，工作起来也才能轻松愉快，达到事半功倍的效果。

领导者最重要的是胸怀

马云是一个很有人格魅力、很有胸怀的领导者。在阿里巴巴还没有成为大企业的时候，就有许多人才仰慕马云的人格魅力，前来投奔马云，希望能够和马云一起做出一番事业，他们不求高薪，也不求高职位，就是纯粹地想和马云一起做事业。

蔡崇信就是这其中之一。蔡崇信，中国台湾人，耶鲁大学法学硕士，曾经担任全球著名的风险投资公司Invest AB的亚洲代表。在阿里巴巴刚成立不久的时候，蔡崇信已经是在风险投资业界拥有不小名声的精英人士了。那为什么拥有海外名校毕业背景、任职跨国公司经历的蔡崇信会选择当时规模很小的阿里巴巴呢？

最主要的原因便是马云的存在，马云靠着自己的领导者魅力吸引了蔡崇信的加入，马云也靠着自己的胸怀，让蔡崇信心甘情愿放弃原来公司的高薪厚职，跑来加入阿里巴巴，马云和蔡崇信的结缘起于一次谈判。

那时，马云正在为阿里巴巴的发展和建设寻找风险投资，蔡崇信就是以投资人的身份来到杭州和马云谈判的，但这位谈判人的“定力”不够强，风险投资没有谈成，倒是把自己谈了过去。

蔡崇信对马云说：“马云，那边我不干了，我要加入阿里巴巴！我要和你一起做一番大事业。”蔡崇信的这番话虽然让马云很感动，但同时也让马云很吃惊，他知道，凭自己当时的能力，是无法支付蔡崇信应有的薪水待遇的。马云只好对蔡崇信如实相告：“你开玩笑的吧，我这里只有每个月500元的薪水啊！”

但蔡崇信不在乎金钱，他更看重的是马云这样的领导者能够带给他的未来，所以在谈判之后的两个月里，蔡崇信说服了家人，来到杭州，成为了阿里巴巴的首席财务官。在之后，蔡崇信的妻子对马云说："如果我不同意他加入阿里巴巴，他一辈子都不会原谅我的。"

蔡崇信加入阿里巴巴的决心就是这么大，他自己说过："这里有一些做事情的人，他们在做一件我觉得有意思的事情，所以我就决定来了。"

大家当时对蔡崇信加入阿里巴巴的猜测，众说纷纭。因为他加入阿里巴巴时，年薪很高，还拥有雅虎等美国上市公司的期权收入。而阿里巴巴当时除了一群热血沸腾的人和一些先进的理念之外，几乎没有什么实际性的东西。

蔡崇信当时的收入用马云开玩笑的话说就是"可以买下几十个当时的阿里巴巴"。但是他就义无反顾地放弃了一切，在1994年4月加入了阿里巴巴。这件事情当时还被传为美谈，有人开玩笑说，蔡崇信所在的投资公司进行的这次投资，真是"赔了夫人又折兵"。

马云对蔡崇信的工作做出过这样的评价："蔡崇信是专门负责与投资人对话的。每当我有一个重大的涉及股东利益的想法时，只要找蔡崇信把话说到他懂就可以了，他会再去找投资人把话说明白的。"

蔡崇信加入阿里巴巴，充分证明了马云的领导力是很出色的，能够在企业还没能够成长壮大的时候，就吸引到优秀的人才前来奉献自己的能力。

关于领导力的这个问题，马云自己也是下了一番功夫研究的，"我非常同意领导力更倾向于艺术、管理更倾向于科学的观点。领导是一种艺术，既然是艺术就要讲究一种平衡，这个'衡'字说明了很多问题。我是蛮喜欢'平衡'这个词的，其实领导最重要的技能在于太极图里阴阳之间的这条线。阴阳中间有一种转动，高气压到低气压，低气压到高气压，阴过了就是阳，阳过了就是阴。阴阳中间的这条线，是不是叫平衡我不知道，但这一点应该是对领导者很重要的。”

制定目标是领导的一门艺术

马云认为：好的领导者一定要有远见。好的领导者要善于激发员工的潜能，而不是审视他的现在。为员工注入工作动力，不断地去激励他们，为他们制定明确的工作目标，使得他们提高工作热情，才能令管理者管理企业得心应手。

管理者懂得如何用有效的态度和取悦人心的手段去激励企业中的每一位员工，是十分有必要的。马云深谙此道，他在接受采访时，就不止一次地表示过，一个好的企业领导者一定是个“好老师”，这里所说的“好老师”不一定是指领导者要是真正的老师出身，而在于这位领导者是否能够与员工有效沟通，善于诲人不倦，激发出员工的不同潜能。马云这样说过：“每个人都有潜力。你信不信平时100米跑13秒的你，如果后面有老虎在追你的时候，你跑100米只需11秒？这就是潜能，是一个企业领导需要去挖掘的工作。”

马云甚至说：“我们公司不欢迎职业经理人，欢迎老师式的领导。我觉得一个领导和一个经理人之间的区别在于，经理人看人是‘这个人怎么样，这个人这个不好那个不好’；而领导看的是他的潜力：这个人这方面很好，如果让他发挥，就会非常不错。”

所以，马云会在管理时，为员工制定目标。阿里巴巴的员工曾经这样形容过马云：“他好像能让我们把身体的潜能发挥到极限，每次制定目标，都让我们以‘啊’开始，而以‘哇’收场。”

设定目标是马云作为领导者管理员工的一个重要手段。马云总是会给自己的团队出一个又一个难题，让他们觉得这个目标是不可能达到的，但最终，在马云的带领下，将这些目标变成一个又一个“小意思”。

在2001年年底的时候，马云提出了阿里巴巴下一个年度的目标是：2002年阿里巴巴要赚一元钱！

到了2002年年底核算时，阿里巴巴轻松实现了这个目标，不但赚到了一元钱，还有大大的盈利。

在2002年年底开始为2003年设定目标时，马云一改保守的风格，他的目标定得让阿里巴巴所有员工大吃一惊，马云提出阿里巴巴在2003年要盈利1个亿。好多人拍着桌子反对这个目标，但马云坚持，不为所动。

2003年年底，财务将公司的报表公布时，员工们彻底傻眼了，阿里巴巴真的完成了1个亿的盈利，而且完成得还很轻松。

于是，到了2004年的目标设定时，马云便更加大胆，他宣布这一年阿里巴巴要实现每天盈利100万元！结果是这个目标也实现了。到了2005年，马云提出的目标是阿里巴巴要每天纳税100万元。

每一个目标，看起来都是不可能实现，但在马云的领导下，阿里巴巴把每一个目标都完成得很好。马云的这些目标并不是脑袋一热就说出来的，他是经过科学的财务统计，然后才定下的目标，让员工能够从一开始的不可能心态，转化为最后真的能完成的愉悦心态，这就是马云的领导艺术。

马云说：“我们怎么去激励我的员工我不知道，反正我觉得我们的员工不是我去激励他们，是大家认为这个目标是可行的。比方说我以前讲阿里巴巴会变成什么样，大家都会说这个不可能，但是每年我们的目标一年一个样，这是他们的目标而不是我的目标。从他嘴巴里说出来的时候他觉得是他的东西，激励不是天天讲成功学的东西，激励是让人的思想精华去思考，一定要让他觉得这是他应该学的，而不是你要求他的。”

用制定目标的办法激励员工是马云常用的方式，有的时候，马云也会用“打赌”的方式，从另一个方面去激励员工。

马云曾经和一位销售员打赌，如果销售员能够在2004年实现1000万元的销售额，老客户续约保持率达到80%以上，马云就请他去世界上随便哪个地方度假，如果没有完成任务，这位员工就要在大冬天里脱光衣服去西湖游泳。

那位员工2003年的业绩大概也就300万元，突然要猛翻三倍，难度很大。但这位员工努力工作，在2004年年底时，他真的完成了1000万元的销售额，成为了阿里巴巴的“年度销售冠军”，但可惜，在老客户续约保持率上，他差了一个百分点。

既然输了就认输，在阿里巴巴员工的见证下，那位员工真的跳进西湖里游了个来回。不过，最后，马云为了鼓励他，还是请他去了自己想去的城市度假。

和这样的领导在一起，阿里巴巴的员工怎么会不充满干劲呢？阿里巴巴怎么会不迅猛发展呢？

领导是通过别人拿成果

真正成功的领导者都是通过别人来拿业绩的，马云就是如此。马云深知：现在的社会飞速发展，如果员工不能够与时俱进，单凭领导单打独斗，那公司必然会被时代所淘汰，这个公司的员工也不会有长久的发展。

想要让员工们不断向前走，授权也是很重要的方式，领导者将手中的权力下放给员工，不但能够为企业员工提供学习和成长的机会，还能够促进员工的上进心。正确的授权技巧，能够令员工在工作中获得极大的满足感，他们会觉得自己和公司是融为一体的，他们会全身心投入到工作中去。

马云认为一个好的、合格的领导者应该是通过别人来拿成果的："只有当下面的人超越你的时候，你才是真正的领导。你突然发现当了3年领导，你的水平还是公司里最好的，那你根本就不适合当领导，领导是通过别人拿成果。刘备打打不过关公，算算不过诸葛亮，但是刘备是最聪明的，所以领导最需要关注下面人的成长。"

马云自创业以来，他在管理企业员工方面的认识很独到，也很精辟。马云虽然能力很强，但他作为领导者，从不会凡事都亲自上阵，他认为这样的领导不是合格的，他更多的精力是用在了培养能够替自己"冲锋陷阵"的员工上。

2000年，彭翼捷刚刚从西安交大的外语系毕业，进入到阿里巴巴工作。刚开始，彭翼捷不过就是阿里巴巴一名普通的销售人员，但短短几年时间，她升职的速度就像坐了火箭，很快在2007年，便当上了阿里巴巴的副总裁。这样的升职速度在很多企业看起来都是不可思议的，但在马云的眼里，彭翼捷有能力，就要让她在更大更高的平台上展示出来，良将一定要重用。

现在的彭翼捷早已不是刚迈出校门的那个青涩小姑娘，她现在是阿里巴巴公司执行董事兼副总裁，负责管理阿里巴巴的网站运营还有发展。在2007年的"长三角地区互联网经济发展高峰论坛"，彭翼捷代表阿里巴巴发表"长三角电子商务产业群合作发展"的主题演讲，得到了更多人的认可。

像彭翼捷这样的情况，在阿里巴巴并不少见，阿里巴巴这样的例子举不胜举，一个很普通的前台，过几年可能就会成为客服总监；一个大堂经理，在几年的历练之后，可能成为副总经理……

在阿里巴巴，不拘一格降人才的做法很常见，任何一位员工都可以是“可塑之才”，都可以得到大力栽培和重用。马云会为员工提供各种培训的机会，让他们在短时间内挖掘出自己最大的潜力，提升自己的价值。

阿里巴巴人力资源部高级主管彭蕾是这样介绍阿里巴巴的用人原则：“阿里巴巴没有任何责任和义务把某一个人培养成总监、副总裁，我们要做的就是不断把土壤弄得松软、肥沃。只要你是一颗好种子，早晚都会生根、发芽、结果……”

在马云这位领导者的锻炼下，阿里巴巴的员工各方面的能力都得到了提升，马云总是提到一件很自豪的事情：“我的四大天王，每人至少能够管理1000亿人民币以上的资金，八大金刚，管理500亿，十八罗汉，每人管理300亿，四十太保，至少10个亿。”

在企业的管理上，领导者就算是有三头六臂，也不可能做到事必躬亲，包揽一切。一个优秀的、高明的领导者就应该懂得明确下级必须承担的责任，然后授予其相应的权力，通过他们的努力来收获成果。

2005年，马云接受媒体采访时就如此表示过：“当老师的时候，我就希望我的学生成为全校最好的学生，希望我的学生在社会上真正有用，并超过我。我这次回杭州的时候，阿里巴巴可能就有1400多名员工了，其中，起码有500~600人已超过了我。也就是说，我在阿里巴巴并不是最好的，但我肯定是最乐意教人的。所以在阿里巴巴，与其说我是个首席执行官，不如说我是个‘首席教育官’。具体地说，每位员工来公司的时候，第一堂课就是我为他们上的。”

第五章

领导：要让所有员工知道，他们来就是要把公司做大

员工的优秀与否，能否与企业一起同甘共苦，与企业拥有相同的价值观，这对一个企业的发展尤为重要。马云说：“阿里巴巴这个平台，除了创造财富外，就是要培养人才。如果能够培养出这么一批人才来，每个人都能够创办、领导、管理一个伟大的企业，那我对社会的贡献就更大了。”马云给阿里巴巴提了一个口号：阿里巴巴要成为未来企业发展的黄埔军校，要成为未来企业家的摇篮。

站在员工的后面，心存感激

2003年的那一场“非典”，现在提起来，还是让人们记忆犹新。马云更是对那一场“非典”无法忘怀。当年4月，第93届广交会正在广州召开，因为这场席卷全国的疾病，许多参展商都不得不取消了参展计划。

广交会所在的广州当时虽然是疫区，但因为阿里巴巴之前对客户的承诺是除了真正的不可抗力不会去，能做到的阿里巴巴都会做到。而且当时广交会正常举办，出于对客户负责的考虑，马云派出了几名员工奔赴广州参加展会。不久之后，这几名员工回到杭州总部，继续开始工作。

几天后，其中一名参加展会的女员工开始出现咳嗽、高烧等症状，在其自行去医院就诊后，最终被确诊为“非典”患者，因为她在公司与多名员工接触过，阿里巴巴公司也迅速被政府确定为重点防范对象，公司被全部封锁起来，员工们都被隔离在家，不许出门。马云那段时间的压力非常大，不仅要面对同座大厦其他公司的责难，还要面对杭州市民的指指点点，马云说当时他走在街上，人们都会指着他说：“看看，快看，那个‘非典’来了。”然后惶恐地逃离。虽然不能去公司上班，但公司的业务发展不能停，马云只好和员工们在各自的家里办公，从未遇到过这种情况的马云只能摸索着进行。

与此同时，员工家属的质疑更是纷纷指向马云，他们质问马云为什么要在这么危险的时刻派员工去参加广交会？面对员工家属的埋怨，想到员工是因为自己的安排而被传染，这让马云心里备受煎熬的同时也感到十分难过。于是，在5月4日的深夜，他提笔写了一封信，并通过邮件发送给阿里巴巴所有的员工及他们的亲友，表达了自己的歉意。

在信中，马云诚恳地说："我理解大家现在的心情，真的对不起！影响了大家正常的生活和工作！养好身体比啥都重要！请大家认真配合有关部门的工作！请各位阿里人把此信转给我们尊敬的亲属、朋友和所有因我们而受各种损失的人士！并向他们表示深深的歉意！"

"让我们共同为那位生病的同事祈祷！祝福她早日康复！"

马云的这封信，感染了阿里巴巴的所有员工，面对灾难，他们没有抱怨，而是互相鼓励，他们和马云一起携手，共同度过那个难熬的时段。员工们都很配合地在各自家里安装了电脑、宽带和通信设备，用电话和网络与客户联系沟通，员工的家人也积极参与进了阿里巴巴的日常工作，负责接电话、打印文件等。在整个隔离期间，阿里巴巴给客户的感觉就是一切正常，没有人能感觉什么异常。

单身员工长时间独处时，必然会产生孤独感，为了解决这一问题，阿里巴巴内部甚至利用视频等技术手段，在全公司范围内举办了好几次网络卡拉OK大奖赛，而且，同事们之间利用电子邮件或者即时通信工具的交流比平时在办公室时更为频繁，这也使得内部交流畅通无阻，当时的马云也加入到这种交流中，他似乎又找到了当初一起和创业伙伴在湖畔花园艰苦创业时的感觉。

"这是一件好事，'非典'成为凝聚人心的时刻。"马云事后回忆起那段往事，十分感动，那段时间，阿里巴巴的业务反而增长了5~6倍，马云在一场危机中，收获了人心，凝聚了力量。

为了纪念阿里人在“非典”时期所表现出的果断、团结、敬业、互助互爱和永不放弃的精神，2005年4月20日，马云宣布将以后的每年5月10日定为阿里精神日，他说：“但凡一个个人乃至一个公司，要成就其非凡的伟大必经受并战胜非常的困难和挑战。当非典的记忆悄悄地在我们的脑海中褪去的时候，阿里人在抗击非典过程中所体现出来的果断、团结、敬业、互助互爱的阿里精神却历久弥新，不管是否亲身经历过那段危急时刻，都深深为阿里人所创造的奇迹感动着、激励着。我们相信，非典只是一个试金石，其实在我们日常工作中的点点滴滴细微之处都能感受作为阿里人所具有的独特质量。就是这种质量，这种精神，让我们坦然地面对挑战并战胜挑战，让我们迅猛发展并更加迅猛强劲地发，让阿里之所以为阿里，让阿里人之所以为阿里人。”

“在阿里巴巴走过的历程中，我们创造了许许多多的商业奇迹，所有阿里人都为之欢呼、为之自豪。但是我们知道在闪亮的业绩背后更值得骄傲的是推动阿里不断前进的阿里精神和价值观。为了让更多的阿里新老同事能更深切地体会和交流阿里巴巴所倡导的企业价值观，我们隆重推出专属阿里人的节日‘阿里精神日’。在每年的5月10日，我们会推出一系列的活动来激荡和升华每位阿里人心中对阿里精神的领悟，让更多的同事看到、听到身边的同事是如何在工作中展现阿里价值观的，如何在平凡中孕育奇迹。在这一个特殊的日子里，让我们的心在同一个频率跳动，让我们的声音在同一个地方回响，让我们的微笑以同一个方式绽放。

“让我们共同期待5月10日的到来！”

附马云信件全文⑤：

尊敬的阿里亲友：

这几天我的心情很沉重！从上午确诊后到现在，我一直想向所有的人表示深深的歉意！如果今天有任何事可以交换我们不幸患病的同事的健康，如果今天我们可以做任何事来确保同事和杭城父老兄弟姐妹的健康，我愿意付出一切！！

我知道今天做任何解释都毫无意义！毕竟事情已经发生！我为我们的同事在事发前所做的一切应急预防准备工作表示遗憾！因为我的准备工作也许是杭州最好的之一，但由于种种偶然的因素我们还是被SARS击中！而我们的应急方案居然真的派上了用场！

确实，阿里巴巴存在很多不足之处和漏洞，很多问题我们会在灾难后认真反省！作为公司负责人，我很想承担所有的责任，如果可以的话。但理智告诉我，今天还不到指责埋怨的时候！！今天我需要和大家一起共渡难关，迎接挑战！一家由年轻人组成的年轻的公司，经过这次我们会成熟得很快！

这几天令我感动的是，面对挑战，所有阿里人选择了乐观坚强的态度，我们互相关心，互相支持。在共同面对SARS挑战的同时，我们没有忘记阿里人的使命和职责！因为灾难总会过去，而生活仍将继续，与灾难抗争并不能停止我们继续为自己钟爱的事业奋斗！

我为有这样的年轻人而骄傲！我为自己能在这样的公司里工作而自豪！我也希望阿里的家人朋友们为你们这样的年轻人，这样敢于接受挑战的年轻团队而鼓掌！因为你们没有选择恐慌、退缩和悲观！这是阿里价值观的作用！阿里人能理解！

现在我还想向大家宣布一件事：从今晚起阿里巴巴所有杭州员工可能面临全部隔离！我想为了我们自己，为了家人朋友，为了杭城父老，也为了阿里巴巴的明天，我们就过上几天封闭生活吧。

我理解大家现在的心情，真的对不起！影响了大家正常的生活和工作！养好身体比啥都重要！请大家认真配合有关部门的工作！请各位阿里人把此信转给我们尊敬的亲属、朋友和所有因我们而受各种损失的人士！并向他们表示深深的歉意！

让我们共同为那位生病的同事祈祷！祝福她早日康复！这几天我还会和大家通过网络联系，我仍会一如既往客观透明地报告我所知道的任何情况！

再次向各位表示歉意！！

谨致诚挚的问候，衷心祝愿大家身体安康！

阿里人

马云

为每个阿里巴巴人植入阿里巴巴的DNA

当马云还是一名老师时，有人问他最大的财富是什么？他的回答是“学生”，而当马云变身为一个企业的领导者时，当有人再问他同样的问题时，他的答案也变为“员工”。如何让这宝贵的财富能够实现“增值”，是马云时刻思考的问题，因此他提出了“把钱存在员工身上”的理念。

早在2003年，马云就曾说过：“我们四年来屯兵西子湖畔，在那里训练人马，训练我们的队伍，了解客户，了解市场，我们员工达到1400名，可能是当今中国互联网企业中员工最多的公司。我们认为与其把钱存在银行，不如把钱投在员工身上，我们相信员工不成长，企业就不会成长。员工是公司最好的财富，有共同价值观和企业文化的员工是最大的财富。今天银行利息是两个百分点，如果把这个钱投在员工身上，让他们得到培训，那么对员工创造的财富远远不止两个百分点！” 这是马云的心里话，因为他知道，没有人才就没有现在的阿里巴巴。

把钱投在员工身上，让这部分财富实现“增值”，马云并不只是口头说说而已，对于被聘用的员工，马云采取的是“请进来，送出去”的策略，所谓的“请进来”，就是吸纳优秀的人才进入阿里巴巴工作，所谓的“送出去”，就是指阿里巴巴会经常与国内外的一些高校合作，把员工送出去学习，为了实现这一策略，马云他采取刚性的制度并投入大量的资金来实现这一目标。从公司成立之初，阿里巴巴就投入了大量的“原始资金”，在2001年互联网产业集体“过冬”的萧条时期，阿里巴巴甚至还投入100万元作为员工的培训资金。

马云之所以如此重视培训，是因为他知道，在知识经济时代，学习是最好的投资，培训是最大的福利。在阿里巴巴，每一位新入职的员工都要参加为期两周的企业文化方面的培训，无论你是普通员工还是高管，都不能缺席。通过培训能够帮助新员工迅速了解阿里巴巴的历史、现状、价值观等，培训期间学员们一起上课、拓展、游戏，从而增强他们的团队合作意识，在培训期间，只要马云身在杭州，他就一定会亲自给新人上课。

除此之外，阿里巴巴还针对不同岗位、职位的员工设有“百年诚信”“百年大计”“阿里夜校”“阿里课堂”等培训项目，提升不同员工的业务能力。2004年9月10日，为了加强对员工的培训，阿里巴巴与杭州电子科技大学、英国亨利商学院联合成立“阿里学院”，2008年10月31日，马云与杭州师范大学合作建立了杭州师范大学阿里巴巴商学院。阿里巴巴的内部员工通过学习这些平台上提供的宝贵的教学资源，提升了自己的视野和能力。

对于马云这种大手笔的员工培训的做法，有些人认为完全没有必要，并认为这属于是赔本赚吆喝的行为，对于别人的不同意见，马云予以了反驳，他说：“我们在培养员工、培训干部上花了一大把的钱。有人问是公司先赚钱再培训还是先培训再赚钱？我们提出‘Yes’理论，既要赚钱也要培训。”

在这种“荷枪实弹”的培训下，阿里巴巴的员工快速地成长起来，阿里巴巴也日益变得强大，在阿里巴巴，一个普通的前台接待员，经过一番锻炼之后会被提拔为客服总监，宾馆的大堂经理，如果被认定为能力出众，就会被任命为副总经理……这样破格提拔的例子比比皆是。2004年，马云曾对媒体说过：“我们今年在广告上没有花钱，但在培训上花了几百万，我们觉得这是最大的回报。阿里巴巴现在有了120万会员，而且连续两次被哈佛评为全球最佳案例，连续两次被《福布斯》评为最佳B2B网站。在网络电子商务领域，我们会员数跃居全世界第一位。没有我们优秀的员工，根本没法做到。”

“员工在阿里巴巴工作了三年，相当于公费读了三年的研究生。我希望每个在阿里巴巴待过的人，都植入阿里巴巴的DNA，将来即使离开公司也是个优秀的人才，将阿里巴巴的DNA复制并传播出去，为曾经身为阿里人而自豪。”这是马云对阿里巴巴所有员工的期望。

没有笑脸的公司是痛苦的

马云十分重视员工是否能够在阿里巴巴快乐地工作，因为他知道，阿里巴巴最大的财富就是阿里人，如果员工不能够快乐的工作，就是对自己不负责任，自然也会影响到工作效率。马云认为：“判断一个人，一个公司是不是优秀，不要看他是不是哈佛、是不是斯坦福。不要判断里面有多少名牌大学毕业生，而要判断这帮人干活是不是很疯狂，看他每天下班是不是笑眯眯地回家。”

正是出于这样的诉求，马云和阿里巴巴的管理层一直努力为员工们营造出一种愉快的工作氛围。为了营造良好的办公环境，彰显出快乐的主旨，阿里巴巴所有办公室的主色调都被定为橙色，因为这种颜色不仅是温暖而快乐的颜色，更是阿里人的文化符号，走进阿里人的办公室，人们首先会被五彩缤纷的文化墙所吸引，甚至进入厕所，也会发现这里的空白墙壁全部被文化墙所代替。

为了丰富员工的业余生活，阿里巴巴还建有多个员工俱乐部，员工们可以在内网上发布招募会员的帖子，寻找志同道合的成员，从而组织各种各样的活动，活动经费由公司承担，活动结束后所拍摄的现场照片，会被员工们在文化墙上一一呈现。做这些事情虽然花费不多，却给所有阿里人带来了许多快乐。

同时，马云每年都会把阿里巴巴1/5的财力用来改善员工的办公环境，尽量给员工提供一个良好舒适的工作环境。

作为一个领导者，马云更是十分重视将快乐的一面呈现在员工面前，他从来不会在员工面前传达负面情绪，即使在阿里巴巴几次陷入危机时，他也是努力向员工们传达积极、乐观的正面情绪。马云始终认为：“快乐不是一个概念，概念永远不是一个企业的核心竞争力。任何一个创业者，永远要把自己的笑脸露出了，如果你的脸色看起来很痛苦，那么就不可能给别人带来快乐，所以快乐是需要展现出来的。”

马云从来不认为自己高高在上，他也不希望员工因为自己是领导而对自己产生敬畏，在其他公司，普通员工一般不会直呼上司的名字，而是要称呼“X总”以表示尊敬，但是在阿里巴巴，员工却可以直呼马云的名字，有些新来的员工不知道这一习惯，偶尔称呼马云为“马总”，马云就会及时纠正，让其以后直呼自己的名字。对于这一做法，马云有自己的考虑，他说：“我希望自己跟同事之间是真诚的感情，像亲人般而不是单纯的老总与下属的关系。叫我名字不是很正常吗？名字既然起了就是给人叫的啊！”

在整个公司中，马云就好像一个“开心果”，他很会制造气氛来逗员工们开心，并努力把快乐传染给每一个员工，他经常会神出鬼没地出现在某一位员工身边，然后兴高采烈地和他聊上一会儿。工作之余，他会和员工们玩围棋和杀人游戏，每次公司的联欢会上，马云都会以独特的方式表演一个节目，让员工们惊得目瞪口呆。

2005年“雅巴联姻”后，为了让原来雅虎中国的员工能够融入到阿里巴巴这个大集体，马云请所有原雅虎中国的员工到杭州阿里巴巴的总部参观，并为雅虎中国的员工举行了一场盛大的联欢晚会，在晚会进行的过程中，马云身穿维吾尔族的服装，头戴面纱，装扮成新疆姑娘在观众面前翩翩起舞，这不仅将晚会推向了高潮，也让雅虎中国的员工感受到了身在阿里巴巴这个大家庭中的快乐。

对于让每一个员工快乐工作这个问题，马云不止一次在媒体采访中强调：“没有笑脸的公司其实是很痛苦的公司。像我们阿里巴巴的LOGO是什么，我们是一张笑脸。我希望每一个员工都是笑脸，他跟你面对面的时候，就是笑眯眯的。”而他的这一说法和做法，也得到了媒体和社会的认可，在2005年由央视人力资源栏目《绝对挑战》与智联招聘联合举行的“2005 CCTV中国年度雇主调查”的活动中，以阿里巴巴为首的十家企业因为员工“快乐工作”指数高而当选为最佳雇主。

正是由于马云努力为员工营造快乐的工作环境，从而增加了员工在工作中的幸福感，提高了员工对公司的忠诚度，所以与其他企业相比，阿里巴巴的人才流动率要低得多。

给年轻人机会

在用人方面，马云表现出了与其他企业不同的一面，在招聘的时候，他并不是首选精英人才，而是把其他企业不愿意录用的应届生列入自己的录用表格中。

其实，最初的时候，马云也和其他企业的领导一样，不喜欢应届生，在很长一段时间里，他拒绝让应届毕业生进入到自己的团队，他曾这样评价应届生："他们都没有受过委屈，太浮躁，一天三个主意，一年换三个工作。"基于这种想法，马云曾一度固执地认为："给年轻人最好的机会就是不给他机会。"所以，在阿里巴巴创建后的相当长的一段时间里，公司从来没有招聘过应届大学生，每到招聘季节，同行们都会进行大规模的校园宣讲招聘会，对此，马云都持不屑一顾的态度，从不参与。

不过，任何事都会发生改变，马云对应届大学生的看法也不例外，随着时间的推移，马云开始逐渐意识到应届生的真正价值，他回想起自己当初刚创业的时候，不也是经常因为年轻气盛、锋芒毕露而遭到其他人的误解和非议，应届生虽然有很多缺点，但是他们容易接受新事物，更容易认同阿里巴巴的价值观，而且更难能可贵的是，他们具有一种"初生牛犊不怕虎"的冲劲。

随着马云思想的转变，阿里巴巴开始进行大规模的校园招聘。2005年11月20日，阿里巴巴收购的雅虎中国在北京拉开了校园招聘宣讲会的序幕。在随后的两个月里，马云和时任雅虎中国CTO的吴炯一起亲自带队，奔赴北京、上海、哈尔滨等七个城市进行校园招聘宣讲，他们的目标是招聘50名搜索方面的技术人员。

为了增加对人才的吸引力，马云和他的招聘团队可谓是煞费苦心，用尽了各种招数。以前大学生是被人追捧，工作主动找上门，现在是用人公司爱答不理，大学生们到处求工作，为了能让这些大学生重温当年的礼遇，弥补心理上的落差，雅虎中国的招聘人员们就像市场里的小商小贩一样，在校园里大声吆喝："大家看一看，看看这里有没有适合你发展的空间。"这种"贴近学生"的招聘方式使大学生们产生了一种异样的"亲切感"，顿时吸引了大批学生前来应聘。

与此同时，马云还在校园内与应聘的大学生进行轻松的交流，而不像其他企业老总那样，摆出一副高高在上的姿态，对前来应聘的人爱理不理。马云的做法不仅缓解了大学生们应聘时的压力，也塑造了马云平易近人的形象，给阿里巴巴的企业形象加分了。

为了避免参加宣讲的学生们来回奔波，阿里巴巴不仅派专车接送学生，还特意把宣讲和第二轮笔试合在一起，以免应聘者们来回奔波；担心学生没有吃饭就来参加宣讲，阿里巴巴中午免费提供肯德基，宣讲结束后笔试开始前，再提供一次，从而避免了有些学生饿着肚子参加考试。

阿里巴巴对于应聘的大学生还有特殊的照顾：笔试第一名奖励两万元，每一个被录取的员工将得到阿里巴巴的股票期权，而且还将对新招进的员工实行一对一的量身定做发展和培训计划。

从那时起，阿里巴巴每年都会招聘一批应届生进入公司，如今的阿里巴巴，有很多是刚毕业两年的员工，其中有些人已经成为骨干，开始管理上百号的人。对于应届生的看法，马云说："如果一个年轻人今天和你说他要做什么，三年后依然说他要做这个，而且坚持在做，那你一定要给这个年轻人机会。"

公司里最大的财富是员工

在创业的这些年里，马云带出了一支战无不胜的强大队伍，阿里巴巴就像一所大学校，培养出了一批又一批的精英人才。马云心里很清楚：员工是一家公司的脉络，所以他是怀着让下面的员工尽快超越自己的想法，来为阿里巴巴培养人才的。马云总是非常大胆地起用员工，让他们充当“封疆大吏”，为的就是让员工快速提升能力，好超越自己。

阿里巴巴的上百个骨干，就是这样培养出来的。在阿里巴巴刚开始创业时，马云并不相信跟随自己创业的这些人能够做到公司的高层，能够协助他一起管理企业的最高事务，马云在一开始曾直言不讳地说那些人无法做到公司高层，但最后的事实证明，正是这些老员工，才是最适合公司的人。

孙彤宇、李琪和金建杭等就是马云一手培养起来的。孙彤宇可以说是跟随马云时间最长的人了，从1996年，马云开始创业做中国黄页时，他就一直跟随在马云的左右，风雨同舟，遇到挫折也不离不弃。在阿里巴巴成立之初，马云曾经说过这样的话：“我们原来的人只能当连长、排长，因为现在能力不够。公司需要师长、需要军长……”当时孙彤宇就表明了自己的态度：“我们有信心将来变成师长、军长。我们需要自己变成军长、师长，每个人都是需要成长的。”

孙彤宇也真的没有说大话，他在努力之后，很快成长为了阿里巴巴的副总裁。2003年的时候，马云秘密打造淘宝网时，就在思考要将这个重大而神秘的任务交给谁来完成，他思考来思考去，决定将任务交给老员工孙彤宇。

孙彤宇成为了淘宝网的总经理，他也实现了当初自己要当“军长”的理想。但这个“军长”可不是那么容易当的，马云所要打造的淘宝网，在当时看来难度很大，在完全陌生的领域去竞争出一片立足之地来，还要向eBay这个“巨头”挑战，马云激励地问孙彤宇：“什么时候能够超过易趣？”

“三年！”这是孙彤宇立下的军令状。

结果，不到三年时间，孙彤宇就打了一个漂亮的大胜仗。在不到半年的时间，淘宝全球排名就进了前100名，到2005年，淘宝已经占据了80%的市场份额，孙彤宇带领淘宝网彻底打败了eBay易趣。

在阿里巴巴，像孙彤宇一样的老员工还有很多，李琪、金建杭等都是阿里巴巴难能可贵、被委以重任的老员工。

2000年10月的发展战略部署，不但确定了以中国供应商为主打产品，还确定了采用直销的方式和组建直属阿里巴巴公司的直销团队。在当时的残酷市场环境中，这场营销的行动可以说直接决定了阿里巴巴的生死，让谁来带领阿里巴巴打这场生死之战，马云决定派出李琪。

李琪当时是阿里巴巴的技术副总裁，他也是从一开始就跟着马云创业，一步一步走过来的。但他一直负责的是技术层面，从来没有做过销售，马云为什么会选择李琪呢？李琪自己是这样理解的：“以前没做过销售，后来发现很有意思。让我负责，可能马云觉得我不仅懂技术，而且脑子灵，能销售。”

李琪没有辜负马云的期待，在这场生死战中赢得了头彩。正是因为这场营销战的胜利，才使得阿里巴巴快速走上发展的列车，李琪在这其中的功劳很大。

记者出身的金建杭是马云在北京打拼的时候投奔过来的，他一开始一直负责的是阿里巴巴的新闻发言，后来，马云让他任阿里巴巴中国网站的总经理，到2005年又重新掌管阿里巴巴的新闻公关和市场部，兼任雅虎中国掌门，到2008年时被任命为雅虎中国的总裁。

马云希望能够和员工创办一个伟大的公司，他说：“创办一个伟大的公司，靠的不是一个‘头’，而是每一个员工。我不承诺你们一定能发财、升官，我只能说——你们将在这个公司里遭受很多磨难、委屈，但在经历这一切之后，你就会知道什么是成长，以及怎样才可以打造伟大、坚强、勇敢的公司。”

正是马云这样的领导者的魅力，让很多员工在阿里巴巴一干就是很多年，他们愿意和马云这样的领导共同创建一个伟大的公司，实现自己的人生理想。

不能让雷锋穿打补丁的衣服上街

在参加央视《赢在中国》这一节目时，作为点评嘉宾的马云曾这样点评一位选手：“你自己很善良，很有激情，很幽默，也会讲很多的故事，但你的团队离开你的时候，你要想到一点，我们需要雷锋，但不能让雷锋穿打补丁的衣服上街去，让他们跟你分享成功是很重要的。”

短短的几句话，点出了马云的核心思想，那就是“只有分享，才能共赢”。作为一个成功的企业家，马云一直遵循与人分享成功的原则，他认为，任何人的成功都离不开企业和团队这样一个平台，当“雷锋”分享了团队的成功果实，得到自尊的满足，才会创造出更多的财富。

当然，在一个成熟的企业里，员工们不仅需要精神上的鼓励，更需要物质上的支持，马云认为：“一个人捡了块大黄金，你把它藏在家里，所有人都惦记你那块黄金，这是不安全的。如果你把这个黄金打碎了送给大家，每个人有一块，你自己可以稍微留得大一点，你就没问题，大家都愿意来帮你。企业家就应该有这样的格局才能做大。”正是基于此，马云始终相信“财散人聚，财聚人散”这一理论。

早在创业时，马云就将阿里巴巴的股份拿出来分散给创业团队的每个成员，后来随着公司逐渐做大做强，获得阿里巴巴股份的人越来越多，在阿里巴巴，创始人有股权，老员工有股权，空降的高管有股权……2007年，阿里巴巴在香港举行的全球路演上公布了招股说明书初稿，显示目前阿里巴巴持股的4900名员工包括董事在内，共持有合计4.435亿股股份，平均每名员工持股9.05万股，以阿里巴巴目前认购情况，市值可突破百亿美金，因此将产生近千个百万富翁。而与此对应的是，马云个人持股比例还不到5%，这出乎很多人的预料，也让更多的人更加敬佩马云。

2007年11月6日，对马云和阿里巴巴来说，是一个难以忘怀的日子，因为阿里巴巴公司终于在香港成功上市，第一天市值就突破200亿美元，成为中国市值最大的互联网概念股，这也让阿里巴巴成为国内外媒体争相报道的“中国最赚钱的”互联网公司。对于这样的成功，马云仍然表现得很低调，在一次媒体采访中，他说：“成功绝对不是马云一个人的。几千人为此做出了很大的贡献，坚持了8年。中国整个互联网的行业和产业很多B2B和电子商务倒下去。我们的时机很好，有时候运气也很重要。我们公司是一家运气很好的公司。我们的成功绝对不是因为我们的勤奋，也不是因为我们聪明。当然我们也勤奋，我们也很聪明。但我们还要有运气，我们也付出过代价。当然今天还不能说成功，我们只是在新的一个台阶上。”

经过了“八年抗战”，阿里巴巴有将近1000名员工成为拥有超过100万港元身家的富翁，此前，盛大、百度上市也曾发生过两轮造富运动。但由于陈天桥持股75%，李彦宏持股25%，徐勇持股19%，两家公司的其余员工持股比例并不高，身家超过百万的员工数目，都远低于阿里巴巴，因此，阿里巴巴的成功上市，成为中国互联网历史上覆盖面最广、数额最高的一次集体“造富”运动，而这一切都要归功于马云“财散人聚，财聚人散”的理念。

除了用股权激励员工，造就了众多百万富翁，阿里巴巴还有一系列的生活福利，例如给员工子女报销医药费，给员工买意外伤害保险等。2011年，住房和子女读书问题成为阿里巴巴员工们最大的需求。因此，马云采取了一系列措施来保障员工的福利，他决定从同年的9月1日开始正式实施员工买房无息贷款政策，无息贷款首期运行时间为4年。到期后根据具体情况决定是否调整；这笔无息贷款的期限“最长为5年”，而这次福利主要是照顾普通员工，总监及以上级别管理层将不能享受。此外，阿里巴巴集团还投入5亿元人民币创立“阿里巴巴教育基金”，这笔钱将用来与杭州的一些学校进行合作。为员工的孩子争取学前教育和小学的入学名额，从而解决了员工们的后顾之忧。

让员工感到体面和尊严，马云做到了，他曾自豪地说：“也许我们的员工不是最有钱、不是收入最高的，但是他们在阿里巴巴工作是最有幸福感的。”

品格决定你在这个位子上待多久

在运用员工时，对那些有致命弱点的人，尤其是人品有问题的人，最好是不录用。马云认为选取员工时，虽然做不到录用的员工都是十全十美的，但起码的品质问题是要看的，从公司的长远发展角度来看，品格不高的人不能录用，否则最终后悔的是自己。

阿里巴巴曾经发生过这样一件事情：有人反映公司的一名员工在与客户接触的时候，向客户承诺了回扣。这件事情让阿里巴巴的领导们很是震惊，因为收取回扣这种行为在阿里巴巴是坚决不允许的。在阿里巴巴创建之初，马云就制定过一个制度：公司永远不要给任何人一点回扣，如果谁给了回扣，就请离开公司。马云认为，阿里巴巴不需要进行桌下交易，他也不需要进行桌下交易的伙伴。

所以，这件事情出了之后，公司内部就赶紧调查，最后查清楚了，承诺回扣的这名员工是淘宝网一名业绩一向很优秀的业务员，为了这个季度自己的业绩能够达到“优秀”的标准，而想出这么一个“歪招”。这个业务员平时一直表现得很优秀，而且刚刚被评为“销售之星”，平时都是很遵守阿里巴巴的各项规章制度的，也是为了希望做出好的业绩，有些急功近利，所以才想了这么个蠢办法。

他的主管有些不忍心开除这名员工，觉得这名员工只不过是一时糊涂，稍加教育，以后一定会改正的。可是，面对主管的求情，马云毫不留情面，没有任何讨价还价的余地，当天就给这名员工办好了离职手续，用马云的话来说：“杀他是很痛的，但是还得杀掉他，因为这种人没有用，他对团队造成的伤害是非常大的。”

如果将公司比作一艘船，你就是船上的水手，那么等你登上船后，你的命运就和这艘船紧密地联系在一起了，忠于职守、忠于企业就成了你的义务和使命。在一次演讲中，马云曾说过：“能力决定你所在的位置，品格决定你能在这个位置待多久。”对于那些有责任心、能够做大的企业来说，永远将员工的品德放在第一位。

“道德是阿里巴巴的天条，永远都不能够被侵犯。”马云看重员工的能力，但他更看重员工的品质。关于阿里巴巴的价值观，有着这样的说法：

“阿里巴巴的价值观叫‘六脉神剑’。‘三剑’说做人：‘诚信、激情和敬业’；‘二剑’说做事：‘团队合作、拥抱变化’；‘一剑’刺中要害，说的是‘客户第一’。”在阿里巴巴的“六脉神剑”考核体系中，即便这名员工的业绩很突出，但如果价值观上达不到公司的标准，或者做出有损公司声誉、有损自己道德的事情，都会被阿里巴巴淘汰。

按照“六脉神剑”的标准，阿里巴巴的员工分为了三个类型：野狗型员工、小白兔型员工和猎犬型员工。

有业绩但是品德差的员工，这类员工被称为“野狗”。对于他们，如果不能改变其价值观，那么无论业绩多么好，阿里巴巴都会坚决将他们“清除出门”。就像上面提到的那位向客户承诺回扣的员工，他就是“野狗型员工”，是一定要被清除出公司的。

没有业绩但是品德高尚的员工，这类员工被称为“小白兔型员工”，对于他们，阿里巴巴会用心培养，争取让他们早日成长起来，但是如果他们始终没有进步的话，那么也会被逐渐淘汰掉。

不仅业绩好，而且品德高尚的员工，这类员工被称为“猎犬”，他们是阿里巴巴需要的员工，因此会受到公司的重用，并且有机会接受最好的培训。

好的品格是一种美德，拥有好品格的员工对公司来说是一笔很重要的财富。曾有人在全球著名企业家之间做过调查：“你认为员工最重要的素质是什么？”几乎所有企业家的回答都是一致的：“好的品格。”

第六章

团队：只要有这帮人在，做什么都能成功

人与人之间是要相互合作的，一个企业想要成功发展、良性发展，一定要有一个很好的团队在背后支持。马云说：“互联网业务需要所有人齐心协力打出来，没有人可以在互联网公司按部就班，互联网公司需要跨部门的配合，要靠团队的力量。”在马云看来，团队的整体主观能动性是决定企业未来的主要因素。

没有人能挖走我的团队

马云认为作为一个领导者，不一定要是一个技术骨干或者业务精英，他说："很聪明的人需要一个傻瓜去领导，团队里都是科学家的时候，叫农民当领导是最好的，因为思考方向不一样，从不同的角度着手往往就会赢。"

相信《西游记》是很多人都爱看的经典名著，人们对书中的很多精彩章节都津津乐道，马云也很喜欢看《西游记》，但马云看的并不单单是小说情节，而是其中的门道。

很难想象，作为互联网行业最优秀的企业之一，阿里巴巴的缔造者马云竟然是一个对电脑技术一窍不通的人，可以说是个十足的门外汉。有媒体曾这样戏称马云："他，是一个不懂IT的IT精英；他，是一个不懂网络的网络英雄。" 而马云自己也承认："我只会干两件事，一是浏览网页，二是收发电子邮件，其他的一窍不通，我连如何在电脑上看VCD都不会弄！"

有一次，一名记者前去采访马云时，马云正在电脑前鼓捣，但始终解决不了，于是马云便打电话叫秘书进来帮忙。一开始记者还以为马云在研究一个什么难题，于是就在一旁耐心地等秘书解决。但最后没想到，秘书三下五除二就把资料给调了出来，前后还不到10秒钟，马云只是被一个很常见的问题难住了。这时候记者朋友凑到电脑前一看，才发现原来马云要找的不过是一个再普通不过的Word文档。

对于自己的这一弱点，马云没有努力改进，而是始终保持着自己在互联网技术上的“水准”，甚至还说“一直保持这种‘菜鸟’级水平挺好的。”因为马云认为，中国的企业经过几年的发展，往往是企业领导者的能力变得越来越强，而其他员工只是原地踏步甚至退步。马云不懂网络技术，平时用电脑，也仅限于最简单的操作而已。然而，这样一个网络外行，却能够领导一批网络技术精英，创建庞大的阿里巴巴帝国，马云是这样解释的：“我虽然是外行，但我这个外行是可以领导内行的，比技术更重要的是思想！”

打造一个明星团队比拥有一个明星领导人更重要。正如一艘在大海中行进的船舶一样，仅仅是有一名经验丰富且技术过硬的船长远远不够，还需要一支优秀的船员队伍。《西游记》中的唐僧师徒，正是符合马云这一要求的团队，这个团队最大的好处就是互补性，领导有权威、有目标，但能力不突出；员工有能力，但是自我约束力差，目标不够明确，有时还会开小差。但是总的来看，这是一个非常成功的团队，虽然历经九九八十一难，但最终修成了正果。

从阿里巴巴创建之初，马云就将自己的团队命名为“唐僧式团队”，他说：“唐僧这样的领导，对自己的目标非常执著；孙悟空虽然很自以为是，但是很勤奋，能力强；猪八戒虽然懒惰一点，但是却拥有积极乐观的态度；沙和尚从来都是不谈理想，脚踏实地地上班。因此，这四个人合在一起形成了中国最完美的团队。”

或许正是马云这种与众不同的理念，才使得他的团队挺过了互联网最不景气的那段时间。可是说到底，马云的成功也在于虽然他自己是一个“菜鸟”，却十分懂得尊重专家和高手的意见。

马云认为，作为一名管理者，不应该事必躬亲，他们应该学习唐僧，用人用长处，管人管到位即可。毕竟，企业仅凭一人之力，永远做不大，团队才是成长型企业必须突破的瓶颈。

正如马云说的那样：“好领导不一定像马云一样，能侃、能说、会演讲。领导人他坚定不移地坚定自己的信念，西天取经，不管多少，领导者就是不管多大的危难，说我去了，你们可以离开我还是去的，这是领导者。所以我觉得唐僧这个领导，哪个单位都有，你别看他不太响。说说不过马云，但是他比马云厉害多了，只不过你没看出来而已。孙悟空能力很强，但是有时候经常犯错误，这种人每个单位都有，对不对？都是孙悟空公司没法干了，没有孙悟空公司也没法干。猪八戒好吃懒做，但是这个人特幽默，团队需要这样的人，据说他是最理想的丈夫。沙和尚是最勤勤恳恳的，他讲你不要跟我讲理想、讲奋斗目标，我每天八小时上班，早上到，晚上回去，这样的人，也少不了。这四个人，经过九九八十一个磨难，西天取到真经，这种团队我们漫天遍野都是。每个人都有自己的个性，关键是领导者，如何把这个团队发挥作用，合在一起这才是真正唐僧式好团队。”

感恩留住人心

马云说：“你想把别人绑住是绑不住的，绑得住人绑不住心。要的是让他心甘情愿留下来，强扭的瓜不甜。” 作为一个领导者，如何能够让下属死心塌地地跟着自己干事业？靠的不是高薪厚职，也不是股权分红，而是赢得属下的心，得人心者得天下，能够赢得属下的真心支持，那么，就能成就一番大事业。

在阿里巴巴，曾经有过这样一个故事：

一位年轻有为的部门主管在一段日子里总是心事重重，因为另外一家公司向他伸出橄榄枝，希望他能跳槽过去做事，薪水和职位都比在阿里巴巴要高，这位主管很纠结，一直在考虑要不要跳槽。

这位主管自从大学毕业就在阿里巴巴工作，他为人正直，做事认真，能力也很不错，很快得到了领导的认可，职位得到了提升，在阿里巴巴工作了5年，年薪在15万左右，这位主管觉得继续在阿里巴巴发展下去，前途也一定会很不错，毕竟在阿里巴巴这几年，他因为工作关系，拥有了一定的人脉基础和业务能力。但是，那个挖他的公司给出的条件又实在很丰厚，这让这个主管实在下不定决心。

当这位部门主管纠结于跳槽的事时，也正值一年一度的中秋节即将来临。有一天，他的家里人忽然给他打电话，说家里收到一盒月饼，是马云寄去的。在月饼盒里，马云还附上了一封慰问阿里巴巴员工亲属的信。部门主管的家人说，他们见是马云亲自写的慰问信，还特意找了当地的一个高年级的学生朗诵了一番，大家听完后都非常感动。

这位部门主管的家乡在偏远的小山村，当家人收到月饼后，都非常感动，尤其是主管的父母看到马云写的信，更是激动得泪流满面，他们觉得自己的孩子能够在这样一家有人情味的公司工作，一定会很开心。而村里的乡亲们听说了这件事，也都来家里看那盒月饼，阅读马云的信，这位主管的父母把月饼切成小份分给了前来的每位乡亲，与大家一起分享了这份意外的喜悦。

得知这个消息后，这位主管骚动的心冷静了下来，他独自思考了很久，回忆起自己进入阿里巴巴工作的每个日夜，他经过一个通宵的思考之后发现，阿里巴巴给了自己一个很好的平台，让自己在这个平台上不断成长，不断提升自己，现在，这个平台还在宽容对待自己，给自己温暖，所以，这位主管决定不跳槽了，继续留在阿里巴巴工作，将自己的工作热情全部投入到阿里巴巴的工作中去。

这只是阿里巴巴发生过的一件很小的事情，但这件事已经能够很好地证明阿里巴巴是一个懂得对员工感恩的有良知的大企业，而马云更是懂得感恩的一位有心的企业家。阿里巴巴为员工的家人寄月饼和写慰问信是典型的企业感恩文化。

所谓的企业感恩文化，就是用回馈的方式来构建企业与员工、顾客、合作伙伴以及社会等之间的联系和互动，向这种关系中渗透一种情感，进而使得企业得到更大的发展空间以及收获更多的利益。企业感恩文化最重要的一点就是对员工的感恩，用这种行为来感动员工，进而促使员工加深对企业的情感，加强对企业的信任和依赖，并提高其对企业的忠诚度。

从来就懂得知恩图报的马云当然非常了解企业感恩文化对企业长期稳定发展的重要性，而如何形成一个具有感恩文化的企业，马云明白，除了用真心打动员工，别无其他。试想，假如没有当初那一帮与他共同奋战创业的“战友”，假如在阿里巴巴成功之后马云没有用实际行动来回报他们，那么还有今天享誉世界的阿里巴巴吗？

一张小小的生日卡片、一个简简单单的节日问候礼、一次真心真意的关心……这些“人情”都是凝聚员工的力量。一个企业想要聚集优秀的人才而且不致人才流失，这种感恩的行为还必须坚持下去。如何让一个团队凝聚力量，一两次的表面功夫是无法赢得团队员工的真心的，试想一下，如果马云只是偶尔做一下表面功夫，那他的团队恐怕早就散了，也不会跟随他一直走到现在。

企业只有在长期的感恩回馈中才能形成感恩文化，进而聚拢一批真正为企业卖命的好员工。一个身在有着浓厚感恩氛围中工作的人，难道不会为企业带来最大的价值吗？

坚决不从竞争对手那里挖人

随着中国经济的高速发展，使得国内许多企业都出现了“白领慌”，尤其是互联网这种高科技行业，每个员工都会被猎头公司的电话所打扰，有些企业为了从竞争对手那里挖到人才，不惜许诺高薪甚至股权，对于这些公司的做法，马云是不屑一顾的，他说：“我们绝对不会这么做。我们不但绝对不允许自己的公司挖竞争对手的人，同时也不允许我们的猎头挖人；同时也强烈鄙视、排斥和谴责竞争对手挖我们的人。”

马云之所以会有这种态度，是有原因的。2005年“雅巴联姻”之后，还没等到马云从成功的喜悦中缓过来，此起彼伏的猎头打给雅虎中国员工的电话就给了他当头一棒，马云回忆当时的情景，说：“好像全世界的猎头公司这几天都出现在这个公司。” 此时此刻，马云感到面临收购宣布以来最困难的时期，感到事态严重的马云立即采取措施，亲自坐镇，几乎天天和雅虎中国的员工与管理层见面，热情和诚信地向雅虎中国的员工描绘美好的未来。最终，靠着这份诚信，马云稳定了自己的队伍，只有4%的员工选择了离开，大部分员工都为马云及阿里巴巴的诚意所打动，选择了留下。

正因为经历过被竞争对手“挖人”的痛苦，所以马云对从竞争对手“挖人”的行为深恶痛绝，并坚持绝对不主动从竞争对手那里“挖人”。

2005年年底，为了进军搜索领域，雅虎中国开始进行大规模的校园招聘，而此时，百度和Google也同时举行了招聘活动，为了招揽优秀人才，Google甚至打出了招聘50个李开复“关门弟子”的大招牌，竞争十分激烈。当时有记者曾问过马云，既然雅虎中国对于搜索人才这么渴求，那么为什么不从竞争对手那里直接挖人。

对于记者的问题，马云给出了这样的答案：“从竞争对手那边挖过来的人，如果他说出原来公司的秘密，他就对自己的旧主‘不忠’；如果他不说，他就对现在的新公司‘不孝’；即使不让他说原来公司的秘密，他工作中也会无意识地用到，这样他就‘不义’了。‘挖人’不符合阿里巴巴的价值观，我们不希望挖过来的人变成‘不忠、不义、不孝’的人。”

对于记者问到的如果Google已经签约的学生希望跳槽到雅虎中国，公司会不会帮助他们付违约金这样做的问题，马云回答得更是十分干脆：“李开复50个关门弟子，每个人违约金5万，即使我们全挖过来也不过250万。但我们绝对不会这么做。”

马云始终认为，跳槽频繁的人就像结婚了离婚了，离婚了又结婚了，结婚了又离婚了，这样的人不可靠。他不喜欢跳槽的人，尤其是换了很多工作的员工，这样的人他不太相信。如果一个年轻人给他的简历上写着5年换了7个工作，这样的员工他不会要的。跳槽多不是好事！今天企业是这样的，明天的企业一定是选择你在这个企业待过多少年，学过多少年，交了多少学费。一个企业重视的绝对是这些。

与那些总喜欢“挖墙脚”来提高竞争优势的企业来比，马云则把更多的心思花在培训自己的员工、建立一支高效、稳定的团队上，从而有效地解决了人才危机这一难题。

不招最好的人，只招最合适的人

一个企业在发展初期的时候，时常会碰到这样的问题，到底是四处挖掘人才，打造一个精英团队，还是从内部培养，组成一个平凡团队？在《赢在中国》这档节目中，马云曾给出这样的答案："创业时期千万不要找明星团队，千万不要找已经成功过的人跟你一起创业，在创业时期要寻找这些梦之队：没有成功、渴望成功，平凡、团结，有共同理想的人。等发展到一定程度以后，再请进一些优秀的人才，对投资、对整个未来市场开拓才有好的结果，尤其那些35~40岁，已经成功过的人，他已经有钱了，他成功过，一起创业非常艰难。"

这并不是马云的信口胡说，而是他的经验之谈，1999年10月，刚刚成立的阿里巴巴获得了由高盛牵头提供的500万美元"天使基金"，开始迅速发展，在提拔高管的问题上，当时的马云有着自己的想法，那就是始终跟随在自己身边的"十八罗汉"只能做连长、排长，团级以上干部则需要从海外引进大量的MBA，马云那时候认为，如果一个人拿到了MBA，则意味着他一定是个很优秀的人才，只有尽量寻找并聘请这些"天才"员工，才有利于公司的发展。因此，当时在阿里巴巴的高管团队中，除了马云之外，其余的人全部为海归精英。

在随后的几年，马云聘请了更多的MBA，在这支精英团队中，不仅有来自国内名校的MBA，甚至还有来自哈佛、斯坦福等国外知名高校的MBA，但随着时间的推移，马云发现，这些所谓的精英分子未必就适合阿里巴巴使用，因为他们只会不停地跟马云谈策略、谈计划。那时，阿里巴巴还只有500万美元的融资，但是一个营销副总裁在向马云汇报下一个季度的预算时，却直接出1200万美元的天价，并说他的计划从来不低于1000万美元。

马云回忆起那时阿里巴巴的情况，说："首先我承认我水平比较差，但难道他们就没有错吗？因为这些MBA一进来就跟你讲年薪至少10万元，一讲都是战略。每次你听那些专家跟MBA讲得热血沸腾，然后做的时候你都不知道从哪儿做起。"

并且马云认为，作为一个企业家，小企业家成功靠精明，中企业家成功靠管理，大企业家成功靠做人。但是这些MBA给马云的印象却是"基本的礼节、专业精神、敬业精神都很糟糕"。这样的人又怎能带好团队？此时此刻，马云感到了危机，他知道，如果当时再不开除那些MBA，那么阿里巴巴也就没有了。

开除了大部分MBA后，马云得出了自己的用人理论，只有适合企业需要的人才是真正的人才，他把当年那些MBA入职阿里巴巴后所表现的"水土不服"做了如下的比喻："他们的水平就'波音747'的引擎一样，但是如果把这样的引擎安装在拖拉机上，往往是拖拉机还没有飞起来，就已经四分五裂了。"

2005年，雅虎中国在全国招聘的时候，打出的口号是"不招最好的学生，只招最合适的学生"。在宣讲会上，面对同学们"雅虎中国是否也会像微软等公司一样，注重学历、名校背景"这样的疑问时，马云甚至通过自揭伤疤的方式来鼓励应聘的学生："我从来就不是传统意义上的优秀学生。初中考高中考了两次，大学考了三次才考了杭州师范学院，而且还是由专科升本科。我一直说，如果我能成功，我相信在座的80%都能成功。"

在招聘员工时，招最适合的，而不是最天才的，坚信凡人在一起也可以做出不平凡的事，这是阿里巴巴一直坚持的原则。

我们可以输掉一个项目，但不能输掉一个团队

2007年的平安夜，离阿里巴巴成功上市没过多久，马云就做了一件让所有人都瞠目结舌的决定，他先后将阿里巴巴集团CTO吴炯、资深副总裁李旭晖、淘宝网总裁孙彤宇、集团COO李琪等人先后调离岗位，派往国外的商学院进行脱产学习。

马云的这一决定让许多人不能理解，认为这是一种不理智的行为，由于被调动的是马云手下的几员大将，甚至有人认为这是马云在“杯酒释兵权”，通过对各大高管的岗位调整，加强自己对阿里巴巴的控制力。

对于外界的质疑，马云表示，要实现“由中国人创办的全世界最优秀的公司”这一远景，其前提必定是要具备一个伟大公司所必备的胸怀、眼光以及全球化的视野，拥有一支全世界最优秀的管理团队，而将公司高管派往国外学习，就是为了实现这一目标。与此同时，阿里巴巴官方也给出回应：“除了一如既往地提升自己和引进外部人才之外，还将大力推进走出去的人才战略部署，同时将加强各关键部门人才储备、轮岗和接班人制度。”从而验证了马云的说法，也有力地解释了为什么马云要在阿里巴巴集团进行如此大规模的人事调整。

其实，在阿里巴巴集团内部，这种变化早已成为一种常态，早就2000年，整个互联网行业遭遇寒冬的时候，阿里巴巴就曾将许多公司的董事派往海外进行脱产学习，到阿里巴巴成功上市之前，集团内部已经有多位高管在海内外商学院进行短期或长期培训和学习。在一次媒体采访中，马云谈到阿里巴巴集团内部干部的轮岗制度，曾这样说：“在阿里巴巴，总监以上的干

部，集团组织部可以随时调整。淘宝干得不错，明天可以到支付宝或者阿里巴巴干两年。干部经过这样的调整，眼光视野就开阔了，可以把阿里巴巴的经验带到淘宝，把淘宝的经验带到阿里软件。”

2008年，马云在北大光华管理学院进行的一次演讲中，又一次提及2007年这场人事调整风波，他说：“去年阿里巴巴上市以后，我做了一个很大的举动，让我们淘宝网总裁孙彤宇、阿里巴巴集团COO李琪、阿里巴巴集团CTO吴炯、阿里巴巴集团资深副总裁李旭晖离开公司，休假两年半……为什么这么做？9年下来，这些同事没有朋友——同事就是朋友，没有生活，没有兴趣爱好，整天就是上班。这样再过10年、20年，回头看肯定后悔……公司上市了，手里有钱，品牌也不错，就该让他们去看外面的世界，去哈佛、北大念书，也许三四年以后，他们又充满了力量、激情回来了，成为我们的接班人，发挥更大的作用。”

2009年春天，马云曾带领阿里巴巴所有核心高管团队前往美国交流学习，并且拜访了谷歌、星巴克等一系列国际知名公司，这一次美国之行让阿里巴巴的许多高管大开眼界，他们不仅见识了这些公司各级优秀团队高效的执行力，同时也开拓了自己的眼界和胸怀。

阿里巴巴业务拓展得非常快，新生了许多子公司，也并购了许多公司，所以就需要一定数量的管理人员能够独当一面，但是许多管理者却往往忽视了部门之间的协调能力，导致执行力下降，而轮岗制度恰好能够消除部门之间的壁垒，在让高管在一个陌生的岗位上培养其自身领导力的同时，也能让他们对彼此的业务乃至集团的整体战略有足够的了解，从而视野变得更开阔，工作起来也更加出色。

附马云在北大光华管理学院演讲原文⑥：

我从1995年开始创业，阿里巴巴从1999年开始创建，走到现在，很多经历听起来很传奇，但我从来不敢有成功的想法。每次我说“成功”两个字，起码要倒霉一年。很奇怪，成功跟倒霉往往连在一起。今天媒体上说我们，大部分是比较好的东西，把我们中间犯的无数愚蠢的错误忽略了。我想等我退休以后，会写一本书，叫《阿里巴巴的一千零一个错误》。

事实上，2000年、2001年阿里巴巴是极其糟糕的。为什么？互联网没人看得起，电子商务更不靠谱，阿里巴巴听起来古里古怪。那个时候招人真难，北大我都不好意思进去。我们说，只要街上不是太残疾的人我们都要（笑声）。我至今还记得，我们山东办事处的人来应聘的时候，他听说阿里巴巴不错，就到这个地方来应聘，当时我们办公是在当地的住宅楼里，他晚上七点钟走到了六楼，越走越怕，就打电话给老婆说，一会儿我进去，要是出不来你就报警。（笑声）当时招一个人太难了。但我相信，绝大部分人通过媒体了解的阿里巴巴都不是很真实。第一，我们没有别人说得这么好，我们毕竟才9年的时间，9年的时间犯过的错误很多。高速成长的互联网对于任何国家、任何人都是新的行业。另外，我们员工的平均年龄是26岁，也都是犯错误的年龄，所以一路过来肯定有很多麻烦的事。

当然我们也没有别人说的那么坏，中国人经常讲阴谋论，见什么事就说这家伙一定是这样的，或者是那样的，我们其实没这么复杂，否则也不会走到现在。

2001年哈佛大学到我们公司来写案例，我觉得他们挺逗。有六七个人，在我们公司待了一个多礼拜，几乎跟每一个人都谈过，我也花了很长时间跟他们谈。之后写了一篇案例，说这就是你们阿里巴巴，让我签个字。我看了以后发现，那不是我们公司。他们说，这就是你们公司。讨论了两天，没有结果，最后说总得签个字吧，我就签了个字，后来就成了哈佛案例，所以我现在一般不太相信那些案例。

了解阿里巴巴最好的办法，是在这儿待过三年，我保证你能了解真正的阿里巴巴。所有加入阿里巴巴的员工，从18个人到现在已经有1万多员工，经历了9年的时间，几乎每一个人，我都花一个半到两个小时，就像今天的讲话一样，我把我的话讲完，你该问的问完。我不承诺你会有钱，不承诺你会成功；但我承诺你会很倒霉、会很委屈、干得很好还挨骂。这就是我的承诺。

阿里巴巴的创立和存活

阿里巴巴最早的想法非常简单。我在1999年前后做了一个判断，中国一定会加入WTO，加入WTO之后，中国前5年一定以出口为主，后5年一定以进口为主，我们怎么帮助中国企业出口？假设能够把我们的网站做到极其简单，相当于BBS，一打开所有人都会上，能不能也帮助中国企业做出口生意呢？这就是阿里巴巴最初的想法。

我有了这个主意之后，和我们的技术人员发生了很大的冲突。我认为，BBS必须进行人工管理，你今天想卖什么，想买什么，什么信息可以放，什么信息不可以放，要把它进行分类。我们的技术人员说，你违背了互联网精神。我说什么叫互联网精神？他说互联网精神就是自由、民主、开放。我说不行，必须给它分类。讨论了半天，僵持不下，最后我跟他说，立刻、现在、马上，按照我的方法去做。然后就有了阿里巴巴。

2003年，我第一次去哈佛MBA演讲，谈到阿里巴巴存活下来的原因，我说主要有三个：第一，我不懂技术；第二，我没有钱；第三，我从来没有计划。

第一，我不懂技术。到今天为止我也不懂互联网技术，也不懂计算机；我到现在还不明白软件是怎么写出来的，为什么会跑，跑哪儿去了。但我没觉得不懂技术是一种耻辱。我坚信一点，技术是为人服务的，人不能为技术去服务。我要求工程师任何软件出来我先试试看，我如果不会用，意味着80%的人都不会用，你就扔到垃圾里，重新来过。正因为这个原因，我们的软件使用起来非常简单，中国2000多万中小企业的老板都会用。

第二，我没有钱。我们的创业极其艰难，从零开始，18个人凑够了10万元钱，每花一分钱我们都极其艰难。我们知道没有钱的难受。今天阿里巴巴集团可能是中国互联网公司中最有钱的公司，但我们还是保留了当年的习惯。很多创业者犯错误不是因为没有钱，而是因为有太多的钱。想想看，就是这个道理：没有钱不会犯太多错误，有了钱乱犯错误。

1999年我融资100万美金。有了钱怎么办？首先就想到请人，请最优秀的人。最优秀的人在哪儿？跨国公司的副总裁，MBA，最好是世界五百强的人。那些人进来之后，讲公司的战略、前景，讲得你热血沸腾。我们有一个副总裁负责营销，第一个月跟我谈市场预算的时候，说今年需要1200万美金。我很惊讶。他说很抱歉，以前最少要花2000万美金。（笑声）怎么办？你不听他的话好像不尊重他，你要听他的话，我总共才融了100万美金。最后没有办法，还得请他离开。

这些错误使我们明白，办公司不是要找最优秀的人，而是要找最合适的人。波音747的引擎是很好，但如果你配的机器是拖拉机，发动引擎就爆炸。（笑声）企业发展是一步一步往前走，每一步走的时候，用的是脑子而不是钱。做企业拼的是智慧，拼的是勇气，拼的是团队的合作。假如企业家之间的竞争是靠钱的话，那银行更厉害，风险投资更厉害。有优势的时候钱就会来。很多创业者的计划书说，我什么都有，就是缺钱，那这个计划基本没用。

第三，我不做计划。从1999年做互联网到今天，我没有写过商业计划书——对了，写过一份，第一份商业计划书被风险投资公司给拒绝掉了，从此我就不再写计划书。计划书写得越厚，越容易脱离实际，说将来会这样、会那样，你也不知道在骗谁。你不按照计划书说的办，骗了投资者；按计划书呢，形势又在变化。你设想的某个东西，可能完全不是客户的需求，而且他的需求经常在变，所以我们不定计划。

这三个理由到今天我还相信。另外，我相信，一个公司不能经常讲两件事情：第一不能讲技术很好。你说自己技术很好，就有人来找你麻烦，天天来考验你。我技术不好，他才没兴趣。其实，如果技术不好，我们的网站怎么可能被两千多万家中小企业使用，一天的交易笔数是200万笔。第二不能讲服务很好。你服务很好，就来找你试试看，在任何时候都会被人家骂。你进去酒店的时候，标着三星级、四星级，发现服务是五星级的，会很高兴。假如五星级的宾馆，再好的服务都觉得是应该的。

关于领导能力和团队组合

互联网是一个综合的行业，是由服务、技术各方面整合起来的体系。到现在为止，我们非常重视对客户的服务，但也要用强大的技术来支撑。

一个不懂技术的人怎么领导互联网公司？外行是可以领导内行的，关键是去尊重内行。我跟工程师从来不吵架，很重要的一个原因是没法吵架，他跟我说什么系统、软件，我搞不懂，但是有一项东西必须搞懂：按照客户的需求去做。我代表着中国80%的不懂电脑的人，客户的需求就是我的需求。很多工程师说，你不能这么想，你怎么这么看问题。我说没办法，80%的人都跟我一样，你把它做出来，我告诉你要去哪里。

有矛盾的时候怎么解决？首先是互相理解和尊重。当然，也有必要的手段。美国前国务卿鲍威尔曾说："假设向你报告的人不按你所说的去做怎么办？第一，retrain him（重新培训）；第二，remove him（调离），第三，fire him（开除）。你不这么做的话，其他人会觉得泄气，心想我们干得累死，不干活的什么事都没有。这样你的东西就会执行不下去。”

第一，要记住，领导永远不要跟下属比技能，下面的人肯定比你强；如果下面的人不比你强，说明你请错人了。但你要跟他比眼光，要比他看得远；读万卷书不如行万里路，眼光的高度要在领导的水平线上。第二，要比胸怀。男人的胸怀是冤枉撑大的，你对你的部下、员工、团队要包容；合作不是一天两天的事，如果你是对的，永远有机会去证明。第三，要比实力。你抗击失败的能力比他强。一块砖头掉下来，别人挨一下就倒了；你挨了一下，一点反应都没有，这就是优秀领导的条件。一个优秀的领导人的素质就是眼光、胸怀和实力。

说到团队，中国人都喜欢刘（备）、关（羽）、张（飞），但这样的团队很难找，千年等一回。我最喜欢的是西游记团队，唐僧、孙悟空、猪八戒、沙和尚，这些人很容易找。唐僧这样的人，能力没有多少，但目标很明确，就是取经，这样的领导你们单位有没有？有。

孙悟空是能力最强的，但是他的麻烦也很多，成功是他，失败也是他，这样的人你们单位有没有？也有。猪八戒就更多了，（笑声）干活的时候能躲就躲，有吃有喝的时候来得最快。沙和尚呢？管它什么使命感、价值观，一天八小时打卡上班，（笑声）挑着担就走。这样的团队到处都是，这是生活中实实在在的团队，但就是这样一个团队，经过了九九八十一难，取得了真经。

我这么总结：做人要像沙和尚，当领导要像唐僧，做事要像孙悟空，生活要像猪八戒。阿里巴巴从18个人发展到1万多人，我们越来越轻松。我们团队的文化核心是什么？我们都是平凡的人，聚在一起做一件非凡的事。我们不要精英，阿里巴巴不欢迎精英。假如你认为你是精英，请你离开我们，因为我相信，如果有人说“我是精英”，这个人肯定不是精英。一个真正是精英的人，会把自己看得很低；当他以平凡的心态加入团队的时候，才有可能做出成就。

我以前经常反对MBA，现在不反对。但他们刚来的时候，不要让他去做管理，可以把他们放在第一线去。有一些MBA来了阿里巴巴，我让他们去广东销售部做销售，6个月以后活下来的，你说任何话我洗耳恭听，如果你死了，see you next time。（笑声）就像打篮球，他们这些MBA的身材可能都是两米、一米九，非常高，但打篮球的时候不愿意蹲下去；我们这些人身材就是一米六，但天天在练，所以投球很准。当然，组球队的时候，不能老是找矮子，也要找一米八、两米的高个儿，关键是他们进来以后，要让他们融入团队里。

现在我让很多同事去读MBA。他们在学校里听了课回来感叹，这些东西早该学了。我跟他说，早学就没用了。我说，我不希望你们每门功课考优秀，重要的是选择你需要的东西，或者说按照自己的能力去选择学习的内容。学了以后，把自己所学的东西忘掉，你就毕业了。如果你跟我说，书上是这么说的，我们案例是这个样子的，那你根本没有毕业，因为知识还没有成为你的本能。他们回来以后，我发现，这些人的系统思考不一样了，看问题的角度不一样了，理论水平不一样了，确实很好。所以，请来的MBA，你得让他到第一线去干；而企业内部的人，必须送出去学习，这样的体系和制度非常重要。

管理一百个蠢人是容易的；管理一百个聪明的人很难，因为每一个聪明人都觉得自己特别能干，而且谁都不服谁。怎么管理这一百个聪明人？领导者要有超凡的眼光、胸怀和实力。聪明的人还是有弱点的，或者想有名，或者想有利；只要有弱点，人都能管理。但和尚很难管，（笑声）他没有欲望，给什么都没用，所以说“宁带千军，不带一僧”。我研究过宗教的管理，后来发现，最有效的管理是用文化去管理，而不是用制度去管理。你用文化体系、价值观体系告诉他，什么该做，什么不该做。我们从18个人发展到1万多人，靠的就是使命感、价值观、共同目标。

关于使命感、价值观和共同目标

在《水浒传》里，梁山好汉有一个共同的使命感：替天行道。很多人一说到阿里巴巴，就说我们喜欢马云，我们要为你工作。我一听，完了，这些人不能请，我的员工不能为我工作，要为我们共同的使命工作。假设梁山好汉没有一个替天行道的使命，这些人就会打起来。只有靠共同的使命感，员工才能长期共事，朝一个方向努力。

一百多年前，GE创业的时候说，要让天下亮起来，所有人都朝着这个方向，做的电灯泡越亮越好。迪士尼要让全世界的人开心起来，拍了这么多电影，就是让你开心，包括员工也开开心心。假设你今后要建立一个公司，一定要有很强的使命感，我自己也是这么多年越来越悟出这个道理。所以，阿里巴巴内部定了一个使命：让天下没有难做的生意；通过互联网，让中小企业做生意变得越来越简单。很多人把使命贴在墙上，“为人民服务”，这基本上是一句空话。怎么让它不成空话？需要考核。要在确定使命之后，使服务、产品、制度都围绕这个使命去做，任何东西违背了我们的使命，就必须拿掉。必须要有价值观，约法三章。我们公司做人的道理要讲究诚信、讲究激情、讲究敬业；做事要讲究团队、讲究拥抱变化、讲究客户需求第一。这些东西不一定对，但到我们公司就必须按照这个价值观去做。你今天到了寺庙里见了菩萨，你不能说“上帝保佑”，（笑声）你到了教堂里，也不能说菩萨保佑我。我们的价值观就是我们这儿的“经”，不一定对，但来了就得念，还得照着做。怎么做？我们对每一条价值观都要打分。从2003年到现在，5年多了，我们每个季度都考核，纵坐标业绩，横坐标价值观，每一条进行打分。我相信中国没有一家公司像我们这么做。

假设你的业绩很好，价值观很烂，不讲究团队，讲究个人英雄，或者说欺骗客户、夸大其词，我们称之为野狗，这样的人不能要。有的人是价值观很好，关心同事，孝敬父母，但是没有业绩，这些人称之为小白兔，也得离开。只有两样都好，才有可能赢。我们是两个指标各占50%，每个季度考核，考核了五六年，就变成了日常行为。如果光说的话，就变成天天上课，没有多大用处。企业和学校有很大的区别，教授上完课，可能工作就做完了；但我们的课上完以后，工作还没有开始，还有很长的路要走。所以，我想告诉大家，必须对价值观进行考核。

我给大家讲一个例子，我们怎么坚持价值观的考核。2002年，我们提出全年盈利一元钱。因为前面我们都是亏损的，每年亏损几百万元，所以盈利很困难。怎么盈利？从一元钱开始。一元钱目标很明确，人人可以帮忙，我多做一个客户，或者电省一点，完全可以做到。但我们碰到一个麻烦，2002年在中国做电子商务，给人做网页、做网站，尤其是针对中小企业，大部分必须给回扣。价值观告诉我们，不可以做这种事情。但是不做这个事情，你马上就死，因为你拿不到订单。怎么办？我们为此开了一天的会，绝大多数人都说，活下来再说，先活下来，明天把自己洗干净了就行；又有人说价值观很重要，这么做不行。最后到下午七点钟，我决定，宁可把公司关了，也永远不给回扣。大家说可以，那就这么走下去。一个月以后还行，第二个月突然发现了问题。当时我们一个月的营业额只有十五六万元，其中有两个销售人员就做了十二三万元，但是这两个人给回扣。怎么办？如果把他们两个开掉，我一个月只剩两万的营业额。后来我说，不管怎么样，一定要拿下。当时大家都认为不可能。怎么可能呢？最后，这两个人开掉了。这对所有的员工都是血的教训，从那个时候开始，大家知道，阿里巴巴的价值观是真的。到今天为止，阿里巴巴最最值钱的就是价值观体系。很多人说跟阿里巴巴合作很放心，因为我们不给回扣，可以把钱用在如何帮助企业成长上。所以说，价值体系的建设，赢得了中小型企业的信任，使阿里巴巴走向成功。最重要的是，这一帮人经过了价值观、使命感的锻炼，很容易形成一个共同的目标。如果你没有共同目标，他想往东走、他想往西走，谁也活不成。我们的共同目标有三点：

第一，我们要做持续发展102年的企业。102年听起来古里古怪，什么意思？你们给团队目标的时候一定要准确，目标越准确，实现的可能性越大。如果说我们做百年企业，又成了贴在墙上的口号，因为很多企业都说要做百年企业。我们诞生于1999年，我们想做到2101年，横跨三个世纪，所以是102年。102年以后跟我没有关系了，我看不到102年，但是提出这样的目标很明确，便于制定具体的制度和政策保证它能够实现，所以我们定出了102年的目标。

第二，要成为世界十大网站之一。1999年的时候，要成为十大网站之一是很难的，那个时候我们公司排到了第三十四万名，（笑声）现在开始有一点儿靠谱了，雅虎、淘宝、阿里巴巴全加起来的话，全球十大网站之一还是有希望的。

第三，我们希望成为一家真正打入世界500强的中国民营企业。到今天为止，阿里巴巴没有向银行贷过一分钱，没有向政府要过一分钱，没有一分钱的负资产。假设我们真正凭借自己的实力打进世界五百强，说明中国的土壤上能够生长出世界级的企业；凭借价值观和使命感，我们可以诞生出让中国人骄傲的企业。所以说从今天起，我们所做的一切，必须符合这个目标。

价值观的塑造，就像一个人锻炼身体，身体好的时候一点感觉也没有；等你生病的时候，作用就发挥出来了。阿里巴巴最大的考验是在“非典”，我们一位同事到广东去，被怀疑带着“非典”回到杭州，我们公司五六百人全部被隔离，我被隔离了八天。在隔离之前的半天，我判断我们可能会被隔离，因为我们那个女孩确实发烧了，也确实去了深圳。这种情况下，我们立即进行应急防范。我要求公司所有员工立即撤出办公室，把电脑搬回家，每个人在家里联上网络。互联网作为防范战争的发明，就是为了分散工作，跟各个地方联系。我们想，如果不被隔离，就当军事演习，一个礼拜之后大家再回来。结果，第二天果然被隔离了。一隔离起来，这六百人所发挥的作用是大家不可想象的。我们被隔离了八天，八天以内三五千万的客户打电话给阿里巴巴，包括E-mail，没有人知道我们被隔离。这几天挺好，有什么事就打电话到家里，你会听到员工的家人有时候帮着接电话，说：“你好，阿里巴巴。”这时候让我极其感动。最近的汶川地震也是这样。“非典”过后，我们想，如果当时在另外一个城市有一个备份就好了。于是我们后来就在成都的办事处做了一个支付宝的备份体系。没想到地震又来了。我们一百多名员工，本来每天在那儿接电话，发生地震以后，我们的设备还好，人也没有什么问题，但是不能上班了。这时候所有的电话迅速转回到杭州，杭州所有的员工，几乎原先做过客服的所有人，不管怀孕还是生病，全部自动跑到公司里接电话，否则这么多的电话冲到这个地方根本受不了。这是没有办法发文件要求大家做的，不能说大家赶紧回来上班，每个人都必须接电话。这是价值观告诉他们，必须回来，要为客户解决麻烦。

所以，价值观在危难的时候才会发挥作用。公司要走向世界、走向成功的话，使命感、价值观、共同目标一定要有，而且不是贴在墙上的，必须是在行为上去考核。

关于组织制度建设

8年前，我们开掉一个经理，结果很麻烦，很多人闹事，说他走了，我们也要走，跟地震一样。这是很多公司都碰到的问题。在制度建设的过程中，我学到一个很有意思的东西，我发现我们党的政策在这一块做得相当好，换一个省长说换就换，换一个市长说换就换，下面的人不说什么，都欢迎新领导上任。这是为什么？这是制度和体系的作用。

接班人制度极其重要。中国也许需要三四十个省长，但是可以当省长的干部有三四百个。NBA也是这样，场上有5个人，场下有二十多个人，上面的人压力很大，下面的人不断地练，才有上去两分钟的可能性。所以NBA打得很好。

9年以来，我从来没有跟我们的CFO、COO坐同一架飞机，因为我们不允许坐一架飞机，万一飞机失事，四个人都没了，麻烦就大了。我们公司有一个体系的建设，每一个干部必须找到他的接班人。我会问他们，假如你今天被开除了，生病了，坐飞机失事了，谁可以接替你。然后他会告诉你说，这三个人是我的接班人。我一看，怎么是那三个人？中间那个人很烂，你怎么会把他作为接班人？要么你眼光有问题，要么我眼光有问题，要么你胸怀有问题，我们要好好讨论一番。假设他的判断跟我的判断差不多，那么很好，这三个人就进入到了我的组织部。

在党组织里，比如有位领导要提拔一个秘书——因为他跟他5年了，总要给一个官做做，不然不好意思——但是组织部考察他，通不过，那就不行。我们公司副总经理以上的人属于我管，好比省部级以上的干部是中央组织部管，（笑声）不能轻易开除，不能轻易晋升，所有的东西要组织部来考察。比方说我们今年要提升一个人为副总裁，我们这一帮人，坐在那里问他一大堆问题，听了半天，我说你像个消防队队长，天天去救火，我们要的是消防局局长，来防止城市里发生火灾，结果把他否决了。

公司发展有不同的阶段，创业最快的是二三十个人，因为你在房间一个人说话所有人都听见，矛盾也不会太多。发展到八十到百十来个人的时候就会很复杂，这时候好像有三层管理，你需要有一些职业经理人，但这些职业经理人不明白你要干吗，这个时候公司就出现了很大的困难。在两百名左右是最头疼的；到了三四百人的时候也许会有一些感觉了；到了七八百人的时候，觉得公司也就这么回事；上千人之后又会碰上困难，大部分公司是1200、1300开始往下走；到了2000人的时候，又有新的体会，企业原来是这样。

接班人制度在三五十人、七八十人的时候也许不用考虑；但到了一两千人的时候必须考虑。而且接班人必须由“中央组织部”考察，还必须到“中央党校”去学习。如果没有去过中央党校你能当省委书记吗？（笑声）不可能，必须去学习我党的使命感、价值观、管理方式、方法，然后才能去当领导。企业也是这样。大家不要笑这件事情，有人专门研究我们中国的组织管理体系，认为整套制度的体系建设是非常独到的。到今天为止，在美国谁搞得清楚五年之后谁当总统吗？但我们就可以。在公司里也是这样，有一个总监说我不想干了，马上会有六个人说我可以。（笑声）这是我觉得在中国的体系里一定要做的事情。你要建立这样的考察制度和体系，公司才能走得长远。

去年阿里巴巴上市以后，我做了一个很大的举动，让我们淘宝网总裁孙彤宇、阿里巴巴集团COO李琪、阿里巴巴集团CTO吴炯、阿里巴巴集团资深副总裁李旭晖离开公司，休假两年半。中国的阴谋论特别多，说我“杯酒释兵权”，（笑声）以为企业一好赶紧把他们赶走。其实底下的人高兴得不得了。天天喊着休息，现在给你两年半时间休息，不许回公司，公司拆了跟你也没有关系，你就该干什么干什么，我不管你。

为什么这么做？当CEO很辛苦，也许我从来不见一个客户，不谈一笔业务，但是我24小时都在考虑这些问题，真的太累了。我希望早点退休。但一看你的团队，这帮人跟了你9年、10年，他比你更累。9年下来，这些同事没有朋友——同事就是朋友，没有生活，没有兴趣爱好，整天就是上班。这样再过10年、20年，回头看肯定后悔。人的一辈子还有很多东西，有自己的兴趣、有自己的朋友、有自己的生活，这样才有创新。每天只想着工作就不可能有创新。我想休息，就得先让他们休息。这些事要在形势很好的时候去做。就像修屋顶一定要选阳光灿烂的时候，不能打雷下雨的时候去修，那样会从屋顶上滑下来。现在公司上市了，手里有钱，品牌也不错，就该让他们去看外面的世界，去哈佛、北大念书，也许三四年以后，他们又充满了力量、激情回来了，成为我们的接班人，发挥更大的作用。当然，不回来我觉得也挺好。（笑声）你不要觉得他欠你什么，也不要觉得你欠他们什么；公司不能被任何人绑架，任何人也不能被公司绑架。

我相信，优秀的领导者都会有流放……被流放到江西，孙中山也被流放到法国。回来能不能当CEO，那另当别论，因为我们这个行业在不断地变化。但假如他们三年、两年以后真的回来，我才有机会实现我的退休计划，否则永远没有机会。

总之，我想告诉大家，你在使命感、价值观和共同的目标下，要建立相应的公司治理体系和制度，这些体系和制度的建设，使你的公司能够持久发展。作为一个企业家来说，衡量你是不是成功，要看你能不能建立一个制度体系，能在你离开了10年、20年后，依然运作得很好。我今天说，假设我离开阿里巴巴以后，它失败了，那是我一辈子的耻辱；假如我离开了以后，公司继续往前走，真正走上100年，那才是真正的成功。

在奔跑中，一定会有人掉下来

在接受《对话》的访谈时，马云对自己的团队赞不绝口。

马云："我认为我自己觉得我的团队非常好。很难打垮我的团队，你可以打垮马云、打垮一个人，打垮一个团队、打垮我们的理想很难。"

主持人："确实啊，你身边聚拢着一些有着共同理想的人。我知道1997年你们从杭州到北京去的时候，带去的是8个人。后来1999年从北京回到杭州这8个人不仅一个都没有少，而且还发展壮大到了18个人，究竟是什么把原来的人留了下来，而且还凝聚来更多新的力量？"

马云："这8个人到现在为止也没走，跟我一起最长的合作了8年。我想我们之间是一种信任、互相的一种互补，这8个人很少出来见媒体，好像现在唯一一个就是淘宝网的总经理（孙彤宇），这些人特别低调。我觉得刚刚好能够跟我们进行互补，我讲话多一点，他们干活干得多一点。和这8个人合作很多年了。"

主持人："有一些人猜想可能马云先生靠着比较高的工资，把他们留了下来。"

马云："不可能说高薪，怎么可能高薪。当时我觉得有一点是蛮感动的，决定离开北京以后我们去了趟长城。这个镜头我到现在我做梦经常都要记住这个镜头。到了长城上面，那天很冷。然后有一个人在长城上还号啕大哭，他说'我们为什么，杭州做得蛮成功，到了北京，北京做成功以后又要丢掉。'然后在长城上面我们这8个人发誓说，我们回去，我们就不相信我们不能建立一个伟大的公司。所以在长城上我们说要建立一个中国人创办、全世界最好的公司，所以有的时候在最困难的时候，我们永远要回忆这个东西。每一年我跟这18个人就吃一顿饭，有时候都见不到，当然我们吵架很多了，吵架太多，犯的错误也太多了，但是我们互相信赖。”

但再好的团队，也不可能永远在一起合作，天下无不散的宴席，有人加入就要有人离开。一家企业能够创新发展，也要不断地去旧纳新，关于团队中有人离开的这个问题，马云又是这样看待的。

主持人：“在这样一个团队当中有这样一种不离不弃，但是当年的不离不弃今天怎么样了呢？这个事实写在我们的另外一块板子上。来，我们看一下。在这块板子上，我们看到这样一个事实，40%的老员工现在离开了公司。”

马云：“有可能，事实上也是。不离开才是奇怪的。我说过了冬天的时候我们当时犯了一个很大的错误，一有钱，我们跟任何人都一样，我们得请高管，我们得请洋人，咱们得请世界五百强的副总裁来。我们请了一大堆人包括咨询师，讲起来全对的，做起来全错。你都不知道是谁错了，反正总是我们错。在最关键的时刻，你说你需要做决定，要不然他们离开。这是最大的痛苦。所以我后来讲过就像一个飞机引擎，波音747的引擎装在拖拉机上面，拖拉机没飞起来，反而四分五裂。我如果当时不做这样的手术，可能我们公司今天就没了。在最痛苦的时候，2002年、2003年开始建销售团队，我们销售团队的影响力是很大的。”

主持人：“你觉得他们离去的主要原因是什么？”

马云：“我觉得有很多原因，第一，我们的文化很强；第二，我们并不像别人想象的那么好，因为这是一个5年的公司，尤其是2004年以后，我越来越担心很多年轻人加入我们公司，充满了理想主义。你可以讲得很好，干事的时候是扎扎实实一步一步去做。那另外一个我想我们的管理团队，领导力有大的问题。也许他们跟我沟通就会好一点，跟我的一线经理、总监的沟通就会有问题。这些问题是一个年轻公司带来的问题。就是说你在奔跑的过程中，团队一定会掉下来。如果说哪个公司告诉我你们在奔跑5年以内，5年一家公司可以做到2000名员工，平均年龄26岁，经历互联网的高潮、低潮然后再起来，然后又能够在全世界200个国家、地区能够发展，有700万家的网商在用你，你说你能够没有人掉队，我是打死也不相信。271战术又是我们公司的，20%的优秀员工，7%的是普通员工，还有10%每年是一定要离开的。”

主持人：“你放出这样的话来，你觉得在你的员工的心目当中，他们会对你赞扬的声音多一些，还是对你批评的声音多一些？”

马云：“我并不希望追求员工对我赞扬，我不希望员工爱我，我只希望员工尊重我。尊重地说，我们有这么一个CEO，而不是说我爱他，没有用。”

马云有一个好团队，他的团队成员愿意与他一起承担风险，排除万难，这样经历过风雨的团队，自然不是能够被轻易挖走的。其实，想要做一个称职的领导者，身边有一个厉害的团队是很重要的。有人说：“管理者事业的成功，15%由专业技术决定，85%与个人人际关系和处理技巧相关联。”

第七章

经营：互联网像一杯啤酒，有沫的时候最好喝

一个企业要想有好的经营效果，没有一个响亮的招牌是不行的，有了一个品牌，还要营销出去，让这个品牌被全世界的人都认识、都记住，这才是最重要的。互联网行业的营销更需要重视，抢占先机。马云认为："绝大部分创业者从微观推向宏观，通过发现一部人的需求，然后向一群人推起来，在市场竞争越来越激烈的境遇下，在人人竞逐的黑夜里摸索着爬行，往往需要擦亮你的眼睛，拥有敏锐的感知力。"

一个名字让全世界的人都记得住

企业的招牌是企业的整体形象，招牌响亮了，企业的形象才能打出去，未来的生意才能好做。马云在创办阿里巴巴的时候，就想到了这一点，所以，他绞尽脑汁想要给公司起一个响亮的、国际化的名字，因为马云认为公司的未来是要走向世界的。

但是起个什么样的名字才能让全世界的人都记住，这可一时难住了马云，他苦苦思索了很久，还广泛发动身边的人，征集了一百多个名字，供大家筛选，但就是没有一个朗朗上口、让大家满意的名字。

就在马云为了公司名字茶不思、饭不想的时候，一次误打误撞的机会，却让马云知道了公司应该取什么名字。1998年年底，马云去美国出差时，在一家餐厅吃饭时，马云脑海中忽然灵光一闪。他想到网络就是一个有待人们开发的宝藏，在《一千零一夜》的童话故事中，正好有一个《阿里巴巴和四十大盗》的故事，讲的就是找宝藏。

这个故事风靡全世界，故事的主角阿里巴巴可以说是人人知晓，而且阿里巴巴是一个非常善良非常正直的好青年，他找到宝藏后，并不是占为己有，而是愿意与别人一起分享，这和公司的价值观也非常符合，所以，马云希望公司的名字叫阿里巴巴。

有了这个想法之后，马云非常兴奋，他立刻问餐厅里的侍者知道不知道阿里巴巴，侍者回答说知道，还笑着对马云说了阿里巴巴打开宝藏的咒语“芝麻开门”，马云很开心，之后，他又随机问了很多人，大家都知道阿里巴巴，也都能说出那句“芝麻开门”的咒语，马云更高兴了，他决定将调查扩大到全世界。

马云回到杭州后，便让世界各地的朋友帮自己做一个抽样调查，调查的结果让马云心里踏实了，几乎所有的人都知道阿里巴巴这个名字，马云高兴极了，“如果用这个名字，那么全世界的人都能够毫无困难地听懂并且接受它！”

正当马云为自己想出这样一个名字而兴高采烈地去注册域名时，让他意想不到的是这个域名已经被注册了，在加拿大已经有人将阿里巴巴这个名字在网上注册了，看到自己好不容易想出来的名字，已经“名花有主”了，马云很不甘心，他实在是割舍不下这个名字，所以，他做出了一个大胆的决定，购买回这个名字。

当时，马云手里的资金只有捉襟见肘的50万元，他却要花1万美元购买“阿里巴巴”这个名字，当时许多人对他的这个举动很不理解。认为这笔花费不值得，但马云却是很坚决地将这个名字买了回来。马云一旦做了决定是很难改变的，他后来在回到母校杭州师范大学演讲时，也讲到主观思考的重要性：“脑袋是来给自己用的，不要东说好就说东，西说好就说西。永远用自己的脑袋独立思考，用自己的独立眼光去看待任何问题。任何人要去的时候，停一下，其实不差两秒钟；任何人反对时，也停一下，思考，也不缺这两秒钟。永远用自己的脑袋，永远保持今天一样，一种新生所具备的充满好奇的眼光，看待这个世界，看待边上的人。”

而最后的事实也证明，马云当时的这个决定是很明智的，这个名字带给马云、带给阿里巴巴的，远远不止1万美元这点利益。

后来，马云又将alimama.com、alibaby.com的域名都注册了下来，他说："阿里巴巴、阿里妈妈和阿里贝贝本来就应该是一家。"马云想得很远，但他在做这些事情的时候并不是计划着去做的，他说"如果你去计划，你肯定要失败"，所以，马云在做这些事情的时候，都不是计划着去做的。

俗话说："一个好的开端就是成功的一半"，对于阿里巴巴公司来说，这样一个响亮的、全世界都熟知的名字，就是带领阿里巴巴公司走向成功的最佳开端。

附上马云回杭州师范大学演讲原文⑦：

我觉得你们特别有眼光，刚刚老师说了，杭师大是一个魅力很大的学校，具备未来的战略眼光。它主要来自我们有这么多有魅力的学生，有眼光的年轻人选择了杭师大。我深信不疑，杭师大是全世界最好的学校。

我没有必要拍大家的马屁，我也不想把自己抬得太高。但是我确实去过很多大学，哈佛也好，MIT（麻省理工学院）也好，或者北大、清华，不管与任何人，我都以杭师大为骄傲。我一直说这是最好的学校。因为，好与不好很多时候不是别人怎么看，是你自己怎么信的。如果你觉得自己不好，你就没有好的机会。如果你觉得好，你不断就有好机会。

杭师大跟北大、清华比，在世俗眼光里是有距离，但是正因为有距离才给了我们机会。假如我当年考进了北大，就不是我马云了。因为杭师大才给了我这样的机会。

人生不是你获得了什么，而是你经历了什么

我自己也想，今天这个开学典礼不是为了庆祝我们曾经诞生了多少学友，而是，我们希望创造出更多、更好的学友。而这些学友就来自于这里，就坐在下面。因为你信，你才有机会；如果你不信，你一点机会都没有。

大家在学校里会学到很多知识，我相信在学校里学到的那么多知识真正毕业后所用不多。但学校的经历给了我们很多。人生不是你学到了什么，不是你获得了什么，而是你经历了什么。大学四年可能是我们人生中最美好的，但也是最痛苦的。因为每天忙着考试。

我到前几年还做梦，老师又要考试了。有时醒过来想，我今天终于不是学生了。很美好，但是一定带着痛苦。真正的幸福一定是和眼泪、欢笑、汗水结合在一起的。如果你在杭师大四年没有眼泪，没有欢笑，没有汗水，我相信你不会成功。

同时，我也在想，什么是成功？成功的成是成就自己，功，功德天下。你只有成就了自己，帮助了别人，你才会有真正成功的感觉。所以大家想着自己的时候也想想将来，自己能为别人做些什么事。

有三件事情是我必须告诉儿子的

你们大概和我孩子年龄差不多，比我的孩子大一点。我儿子生日时，我给他写了一封E-mail。老爸给儿子写信总有点奇怪，但我觉得三个事情我是必须告诉他的。

第一，永远用乐观的眼光看待这个世界。

在这个社会上，你永远会郁闷，一定会郁闷，一定会痛苦，一定会沮丧，一定会觉得这个不爽、那个不爽。不仅你们这么觉得，人类社会几千年以来几乎每个人都郁闷过，每个人都痛苦过，每个人都难过过。但是人类社会永远是一代胜过一代。在座的，你们一定会胜过我们，一定会胜过所有的院长们，这是我们的希望。不管发生什么事情，要相信明天会更美好。

这世界上会有很多不满的事情、不爽的事情，你改变不了多少。改变自己，才能改变未来。

给大家讲个例子：前段时间日本地震，云南刚好也地震。我们公司决定捐给日本多少钱，云南多少钱。结果很多同事说我们干吗捐给日本，我们为什么不捐给自己的国家，很多人提出了抗议。我写了回信，我认为，你捐是对的，不捐也是对的，但是你自己不捐也不让别人捐，那是错的。今天任何一个灾区不会因为你的捐款发生改变，但是你捐了钱是因为你发生了改变，这世界才会发生改变。不管外面多么麻烦，你改变了，世界才会改变。

第二，我希望大家永远用自己的脑袋思考。

脑袋是来给自己用的，不要东说好就说东，西说好就说西。永远用自己的脑袋独立思考，用自己的独立眼光去看待任何问题。任何人要去的时候，停一下，其实不差两秒钟；任何人反对时，也停一下，思考，也不缺这两秒钟。永远用自己的脑袋，永远保持今天一样，一种新生所具备的充满好奇的眼光，看待这个世界，看待边上的人。

永远记得用欣赏的眼光看别人，用欣赏的眼光看自己。只有懂得用欣赏眼光看待别人的人，他才会有成就感。永远要用欣赏的眼光看自己，我一直给别人的建议是：假如你毕业于名校，请用欣赏的眼光看别人。假如你毕业于一个普通的学校，请用欣赏的眼光看自己。因为只有这样我们才能一步一步地渡过难关。永远保持好奇的心，到了80岁、90岁，你也好奇那女孩长得挺漂亮，那就对了。

第三，永远讲真话。

真话是最难讲也最容易讲的。真话永远听起来不爽，但是它又是最爽的。所以学弟学妹们，我们在四年的学习过程中，enjoy your life（享受你的人生）。同时，乐观、独特并且讲真话。我相信只有这么走，我们的人生才是丰满的。

最后，希望四年开开心心。

过了四年，你一定会后悔的，当年没那么开心。因为我现在走过篮球场时，我在想那时候我怎么没练好篮球。很多东西，失去了才知道他的珍贵。永远把自己在校园的四年，玩得最爽，读书读得最爽，朋友交得最爽。过好每一天。

名人招牌制造吸引力

借助名人带来的效应造势，宣传自己，是一个很有用的办法，很多公司请名人做自己产品的代言人，很多广告中也是邀请名人加盟，这是因为名人声望大，能够为默默无闻的小企业造势，带来高关注度。马云也很知晓名人效应给企业带来的推动力。

2000年，经过两次成功融资之后，阿里巴巴可谓是“财大气粗”，但是，由于马云此前的低调以及B2B模式的特殊性，虽然很多中小企业和媒体知道阿里巴巴的存在，但是相对于新浪、搜狐、网易这些门户网站来说，阿里巴巴的名气还是要小得多。马云曾回忆说：“1999年、2000年、2001年，大家很少在中国市场听到阿里巴巴的名字，我们的基本活动是在欧洲和美国，在欧洲和美国做了很多演讲。我记得最惨的一次演讲是2000年，我们在德国组织一次演讲，1500个座位结果只来了3个人，我也很丢脸，但是我觉得这没有办法，只能一个人跟他们讲。”

因此，为了提高阿里巴巴的影响力，握有2500万美元投资资金的马云试图策划一场活动来扩大阿里巴巴这个品牌的市场号召力。

从小酷爱武侠小说的马云仔细分析了当时的互联网局势，灵感一闪，他想到要将互联网行业中的领头人请来杭州，效仿武侠小说中的“华山论剑”

来办一场“西湖论剑”。

所谓“西湖论剑”，就是邀请IT界的知名人士来到西子湖畔，共商发展大计。例如搜狐的张朝阳、新浪的王志东、网易的丁磊等人都在马云邀请的名单上，但当时的阿里巴巴还只是一家名不见经传的小公司，马云本人的号召力也不够，如何能够顺利请到这些IT界的名人呢？

马云出的是奇招。他要请金庸主持这场“西湖论剑”，金庸是无人不知无人不晓的武侠作家，他的作品令无数人为之倾倒着迷，马云也不例外，他从小就是金庸迷，这一次的“西湖论剑”也是从金庸的武侠小说中得到的灵感。

可仅凭自己是金庸的粉丝，金庸就能答应来参加这一次会议吗？当时有不少人对马云提出了异议。马云自己对此也没什么把握，但他思前想后一番，决定还是要试一试，赌一把再说，更何况，在此前马云和金庸是有过一面之缘的。

马云是在香港与金庸结识的，马云将阿里巴巴总部设在香港后，他自己也会去香港上班，在香港的一次记者招待会上，有记者问马云最崇拜的偶像是谁。马云如实回答是金庸。那位热心的记者说自己有位朋友认识金庸，可以帮马云联系，让他与金庸见上一面。

听起来像是玩笑话，但几天之后，那位记者真的办成了这件事，在一家名叫“庸记酒家”的酒店里，马云见到了他的偶像金庸，他和金庸相谈甚欢，一谈就是三个多小时，马云侃侃而谈，金庸对他也是十分欣赏。当时阿里巴巴的市场部副总裁Porter跟马云说：“看上去不是你崇拜金庸，倒像是金庸崇拜你。”最后，金庸还写了幅字赠送给了马云——“神交已久，一见如故”。

有了这份机缘，马云想请金庸来帮他主持“西湖论剑”，也算是有了一点铺垫，而对于马云的盛情邀请，金庸也是欣然答应。有了金庸的招牌，马云筹划的“西湖论剑”立刻声名大震，吸引来了网易CEO丁磊、北京时代珠峰科技有限公司（my8848网）董事长王峻涛、搜狐董事局主席兼CEO张朝阳、新浪总裁兼CEO王志东，由于有了这些名人的到来，闻风而来的还有上百名来自全国各地的媒体记者。

2000年9月10日，五家网站掌门人以“新千年、新经济、新网侠”为主题，展开了精彩的讨论。

马云在这一次的“西湖论剑”上的讲话也是精彩连连：

“金庸作品里面的义气，我是断章取义。我买过四五套金庸的书，也买过盗版，上次在香港吃饭，请金庸签名，结果拿出来一看是盗版，很惭愧。因为看得确实比较多，每次看完就忘了，忘了才能再看。最近5年来，我第一次在马尔代夫度假，睡了三天，醒了就看《笑傲江湖》，这套书认真看了三天。”

“何为笑傲江湖？‘笑’，有眼光、有胸怀才能笑；‘傲’，有骄傲才能傲，网络就是江湖。网络是非常不景气的，我这些年走过来，听到很多人骂阿里巴巴一分钱不赚，什么也没练好，皮倒是练得很厚。自己在‘外练一层皮，内练一口气’。1995年做网络，人家认为我们是骗子，1997年提出中国黄页，人家认为我们是疯子，现在人家认为我们是狂人。不在乎别人怎么说，坚持自己是对的就做下去。冤枉、误解在网络中是很正常的。我自己觉得，皮子倒真是越练越厚了。

“钢铁是怎样炼成的？我们做网络，各种各样的投资者都有自己的看法，有员工对我们的看法，也有评论界。特别是互联网的评论家，中国的互联网评论家数量远远超过世界上任何国家，而且他们的积极态度也是超过任何地方的。我们看网上网民的各种评论很多，评论家多了，这个模式行那个模式不行，众说纷纭。网络现在的变化非常快，半年以前B2C刚刚热起来，过了三个月突然说B2C不行了；做B2B，B2B还没弄清怎么回事，又去做基础设施，变成ASP，现在ASP没搞清楚，又不流行了，这就是网络不断地在变化，如果变化过程当中太在乎别人怎么评价你，你可能真的什么也做不好了。”

能够与这四大门户网站一同“论剑”，不能不说马云拉金庸做招牌这步棋走得妙。在“西湖论剑”之前，阿里巴巴只是一个在中小企业有影响力的网络公司，但是“西湖论剑”之后，阿里巴巴和马云被高度曝光在了大众面前，阿里巴巴开始被人们所熟知，社会知名度有了明显的提高，可以说，金庸的到来，是给马云和他的阿里巴巴做了一次免费的大面积宣传。从那以后，每一届的“西湖论剑”都成为中国互联网领袖人物的高层峰会，并且吸引了克林顿、布莱尔等国外领导人的参加，作为阿里巴巴的一个知名品牌，“西湖论剑”最终让马云和阿里巴巴闻名于世。

机会太多，只抓一只兔子

2001年的网络泡沫破灭之后，给了许多互联网行业从业者一记无情的重击，但是马云并没有退缩，他仍坚信契合中国国情的电子商务事业是未来主导世界的新网络经济体系。

也是在这一年的年底，孙正义召集他所投资的企业负责人在上海召开了一次会议，在会议上，许多当年豪情万丈的互联网从业者已经纷纷另寻出路，这让孙正义感到十分失望。马云是最后一个发言的，当孙正义问他要不要也调整战略，放弃电子商务，转向其他领域时，马云自信地告诉孙正义，电子商务是他一直以来的梦想，他将在这条道路上一直走下去。听了马云的回答，孙正义兴奋地说：“马云，你是唯一一个3年前对我说什么，到现在还对我说什么的人。”

2002年10月，互联网世界开始回暖，挺过寒冬的阿里巴巴开始盈利，当时阿里巴巴的用户已经超过400万家，很多人认为既然阿里巴巴拥有这么多有价值的注册用户，已经具备了开拓任何领域的最佳条件，马云一定会试图转型，在其他领域寻找新的机会。

回忆起当时所面临的机遇，马云说：“当时摆在我面前的有三条路：第一条是发展短信业务，以搜狐、网易为代表的中国门户网站都在这个聚宝盆里淘到了‘黄金’，短信市场已非常成熟，阿里巴巴完全有抢夺‘蛋糕’的实力；第二条是进入网络游戏领域，当时全中国还没有一家大型网络游戏公司，陈天桥的盛大才刚刚起步，如果阿里巴巴进入网络游戏，应当会大有作为；第三条是继续在尚未成熟的电子商务的‘老路’上走下去。”

在这三条道路上，马云面临着抉择，如果进行转型，投资短信和游戏行业，能够立刻收获丰厚的利润，如果继续坚持电子商务，在当时的情况下收益甚微，几经思考之后，马云最终拒绝了摆在自己面前的种种诱惑，放弃了投资游戏、短信，选择坚守自己的阵地——电子商务。

对于马云“一条道走到黑的人”的做法，不仅是外人感到不可理解，甚至连部分公司高管也感到难以接受，但是面对质疑，马云有着自己的想法。他曾到一些门户网站做过调查，发现很多合同中存在欺诈行为，就是先让你注册一个免费的邮箱，三个月以后，如果你想继续使用，网站就会从你手机号码里面扣除5~8元钱，马云不希望阿里巴巴通过欺骗客户来赚钱。所以他放弃了这一业务。另外，马云还认为，游戏不能改变中国，游戏不是阿里巴巴的使命，如果中国的孩子都玩游戏，中国就没有前途可言了，所以他也拒绝投资游戏。

阿里巴巴上市后，得到了人们的追捧，马云并没有在赞扬和掌声中迷失方向，他清楚地明白，无论现在的股票价格多高、市值多大，阿里巴巴都还是一个仅仅8岁的小公司，还是一个孩子，所以未来他不会改变自己的目标和方向，只会一如既往地发展中国电子商务的基础建设。

从阿里巴巴创建之初，马云一直忠实于自己的经营哲学——只抓一只兔子，对于这种做法，马云曾详细地解释过："看见10只兔子，你到底抓哪一只？有些人一会儿抓这只兔子，一会儿抓那只兔子，最后可能一只也抓不住。所以阿里巴巴有一点不会改变，永远为商人服务、为企业服务。我们不会因为投资者而建网站，我们也不会因为媒体的批评而建网站，我们更不会因为网络评论家们说，现在流行ASP了而改变我们的方向，我们只做B2B。对于机会，我绝大多数时候都说No。CEO的主要任务不是寻找机会而是对机会说'No'。机会太多，只能抓一个。我只能抓一只兔子，抓多了，什么都会丢掉。"

正是因为马云很清楚自己的最终目标是什么，才使得阿里巴巴成为这个世界上最专注于电子商务的团队，也正是因为马云懂得舍得之道，才让今天的阿里巴巴已经成为全球电子商务的著名品牌，在深圳的一次演讲中，马云说："创业、做企业，其实很简单，一个强烈的欲望就是说，我想做什么事情，我想改变什么事情，你想清楚之后，你永远坚持这一点。"

最怕的时候，他走了很远的路之后，他才发现他的梦想在那个地方。事业也是一样走下去，确定好做下去之后，该不该做，就是放弃很多东西，舍得只在于舍。

如今，在电子商务领域，阿里巴巴已经将对手远远地抛在了后面，马云更是宣称："拿着望远镜也找不到对手。"阿里巴巴的成功之道，值得你细细地体会。

附：马云深圳演讲全文《最怕见的人就是客户，客户是父母股东的娘舅》[8]

谢谢大家！很高兴来到深圳，其实深圳我已经来过三次，说心里话每次我在媒体或者在股东或者在员工面前我总是很自信，但在会员面前我总是没有自信，其实我最想见的人、最怕见的人就是我的客户，在公司里面我经常这么讲，我们公司是客户第一、员工第二、股东第三。

因为很多员工说，为什么我们公司讲以人为本，但不是员工第一，我们不想太虚伪，因为我们这么多人在一起，就是为解决会员的问题。如果员工第一很有可能大波动，股东第一可能会在网站上做假账。我每一次见客户的时候，我想听一听，这一年内，在阿里巴巴里面有没有取得好的成绩，但是我又怕大家说没有赚到钱。我见股东的时候，我特别理直气壮地说，你觉得不好，你来干。

在1999年融资的时候，我第一天就跟股东讲，我们的投资者是阿里巴巴的娘舅，客户才是阿里巴巴的父母，有一天舅舅能想到老爸的时候，你就很难。我跟舅舅的关系处理得很好，每一次股东大会，反正是越开越短，这是一个好事。很多人最怕开董事会，我们现在开董事会是很开心的事。我相信很多深圳员工都希望回到杭州开员工大会。一个季度一次。我跟所有的员工进行交流，我要向大家汇报，今天我想我没有向媒体汇报过，也没有跟外面汇报阿里巴巴的情况怎么样？

做CEO很累也很孤独——因为你是守门员

因为在座的每一位是阿里巴巴的父母，在公司里面组织结构图是倒过来的，最上面是客户，下一排是员工，再是经理，再是副总裁，最下面是CEO，只有这样。我要问我的老板是谁？我的老板是我下面的几个副总裁，副总裁就是前面的总监，总监的老板就是员工，员工的老板就是客户。我来讲这个足球队就是我这个CEO，如果你们发现一个球队守门也是最忙的，麻烦就大了。他技术再好也不行。

但是守门员最累，因为守门员脑子他要非常快，每天想的问题是怎么组织战斗。所以作为CEO来讲，我是最底层的，我跟我所有的客户讲。如果说我们的客户投诉抱怨，一直投到我CEO这里的时候，就是我们现在的问题都没做好。我花很多时间去考虑。我从前年开始，特别是去年，我几乎不考虑今年要做什么事情。

如果你有一天当上领导，也是很孤独的，让二把手和三把手彻底理解你的理念就很难。船长开船的时候，他有时候是爬到杆上看风向。比方说我要考虑的文化就是一年以后要做的效果，我必须考虑制度和招人马，但是真正到了成功的时候，我考虑后年的决策。所以成功的时候，我不能分享，但是失败一定要承担。领导者在于承担责任。

只有两种情况下你是CEO，第一你做决定的时候你是CEO，平时你不是CEO；第二在你犯错误的时候，你是CEO，你说这是我的错。而不是说成功的时候是我，失败的时候是你们执行不力。这个时候你组成的团队不好，所以在这儿我把时间缩短，多做一些互动。感谢大家这么忙还来参考阿里巴巴的网商论坛。阿里巴巴总共的员工现在有2500名，但是我们的会员有460万家，海外有480万家，每一天国内有1万家加入我们的网站，所以离开这批会员，我们所有的服务器软件都是一堆垃圾。

阿里巴巴免费三年——让客户赚钱

在这个世界上可以有这样网站的人很多，但这个世界上有这么多的网商聚集在一起的并不是很多。感谢大家今天来，所以我想先做一个汇报。阿里巴巴到现在为止，快到6年，我们一贯的战略战术是前三年免费，从1999年成立，2000年我们一直在准备。今天淘宝完全可以收费，我收到太多的电话、E-mail，他们都问什么时候淘宝收费。这是一个承诺的事，所以阿里巴巴一贯以来前三年免费，为什么免费？我有这几个原因，我觉得一个公司要想赚钱，就是要先让客户赚钱。每一个销售人员加入阿里巴巴我至少花两个小时跟大家做交流，阿里巴巴有2500名员工，我都交流过。

在座的总经理、职业经理人、领导者，一起分享一个想法，我在训练员工的时候，我希望员工脑子里想的不是钱。我前几年到深圳来发现中巴车赶下来，19个是销售人员。而且这些人一看起来就是做销售的，因为他们脑子里想的就是钱。但是一个真正的销售人员是如何帮助客户把5元钱变成50元钱，多出来的钱我可以赚到2元、3元。这些人连大厅都走不进去，保安看见你把你赶出去，所以任何一个企业家脑子里想的是如何帮助客户成功。

办一个舞会把女孩子请来

阿里巴巴前三年做的我觉得不错。1999年刚开始的时候，我们说阿里巴巴避开国内的甲A联赛，直接进入海外市场。我当然是帮助中国企业出口，谁买中国产品？肯定是海外的买家，所以如果说，我们这儿让很多企业再成为买家，最简单的看法就是：我认为办一个市场就是办一个舞会，舞会里面有男孩子、女孩子，如果要把他们都请进来很难。所以我们的策略就是先把女孩子请进来，再把好的男孩子请进来，这个市场就越来越大。在欧洲、美国我做了很多的产品，让大家知道中国会成为世界的制造基地，希望在网站上来进行交易。

从一元钱到一年一百万元的税

所以前三年积累，到2001年，三年内，我们做了100万元的广告，然而2002年，我必须盈利。但是我没有告诉董事会我到底要赚多少，当时说2002年我要赚1元钱。我们的员工都知道，如果这1元钱在用电的时候节约一点就可以省下来。2003年我们就超过了五十几万倍，所以半年我们就提出一天收入100万元现金。

我说2002年、2003年我们一定要有100万元的现金，我记得有人跟我赌，我不是喜欢赌，我很喜欢打牌，打牌为了钱没有意思，所以我打牌最多是20元、300元钱。我不搓麻将，我觉得很脏，要搓麻将也要到人家家里去。而且我经过考察，搓麻将的家庭基本上是倒霉的，风水都往外边走。但是打牌不一样，打牌是往中间去，每一个领导者都有赌性的。但是一个好赌者，不可能成为一个好的领导者。我们杭州打牌是三打一，我是已经在七八年前这个名就出了，走过路过一定要凑过。

打牌以后你的脑子会发现冲动，不应该包的地方你也包了，输了以后你就知道了。在做决策的过程中，你就知道，做生意不是打牌。我自己通过这样的办法把自己不是很好的东西，在牌上喊出来。因为我觉得CEO不需要一张CEO的脸。人都是平等的，CEO只有做CEO之后，在做决定的时候，你是CEO。在电梯里面你就是一个普通人。在办公室的时候，我就是把脚放在桌子上玩游戏。2004年我们提出口号的时候，一天利润要100万元，没有人跟我打赌了。

我有一个朋友，9年来我们经常吵架，但是他还是认为不可能，后来不赌了。今天我们都是网民，我觉得网民之间，网友之间，要多交流，我相信很多企业100万元不算什么。人要成功，眼光要远，胸怀要大。我以前说一天100万元真的是了不起。我有一次去日本，一个朋友跟我说，他说我今年做得不好，他说今年我只做了250亿美金。从那天以后我对100万元一点兴趣都没有了。

我很喜欢下围棋，一个月以后，我成了班里的冠军，我班里面的男生就七个。我真的是天才。后来我有一个朋友，我常找他下棋。那天晚上我骑自行车去富阳跟他下围棋，晚上9点多到他家，他说你跟我儿子下，可是没下了几步，他说小马，你重新来过，你先放四颗子。然后到学校去，看到很多小孩在下围棋，我看到他们下得一塌糊涂，从此我对围棋不感兴趣。

所以这是说天外有山，山外有人。上个礼拜在微软跟他们CEO，跟很多世界一流的人员交流过，我知道人们考虑问题可以从这个角度去考虑。我想告诉大家的是，人的眼光不是生下来就有的，而是一点点爬上去，就像爬山一样，他越爬上去，风景越好。所以我今天走到现在，我看看很多时候，心胸宽了很多，别人说，那是假的，那是错的。

我们在改变很多人的生活。我在东三省的时候我很感动，有人说如果有一尊佛像的话，我会把阿里巴巴供起来。那里有一个工厂，我去的时候，他们说阿里巴巴给我们带来很多订单，可以让我们更好地活过来。现在我觉得阿里巴巴提出100万元的税收，我可以跟大家汇报一下，今年我们有很多很多天每天的税收超过了100万元，我相信在后面我们会做得更好。但是我觉得钱不是一个公司的目标，钱是一个公司的结果，如果一个公司只追求钱，这个公司不会成功。

比尔·盖茨——我知道他一些情况，他是希望通过软件去改变世界，他的梦想是说："30年以后，每一个家庭里面都有我微软的电脑。"今天阿里巴巴也一样，到现在为止，还处在相聚在阿里巴巴这个阶段。我还远远没有做到我自己想做的事情，今天阿里巴巴只完成了我心中5%的事情。

阿里巴巴的人才问题

核心的问题是你的客户愿不愿意为你付钱，他愿不愿意今天付，明天还付，而且付40元，还要付50元。阿里巴巴坚持了B2B这一点成立了之后，人家说我们是B2B。在我看来，我不知道我的模式是什么，前面5年是让大家聚在一起，所以现在的员工已经大概有2500名。我们很希望更多的年轻人加入阿里巴巴，这是一个很好的平台，我们每一年多招一点员工，我去年前年想到把钱放在银行里面，还不如招一些人才来培养，这样的话，远远会比放在银行强。

所以我们现在2500名员工分布在中国的比较多。所以整个会员数，国外有180家会员，分布在200多个国家和地区。只要做生意的都知道阿里巴巴，我也特别高兴，美国的商务部，都在推荐阿里巴巴，阿里巴巴的品牌能够打到国外去，我前天在广州也讲了，我自己很骄傲，不是说我，而是我们创作了一家真正的电子商务。上一个礼拜我在美国的时候，他们听了整个介绍模式，他们研究了我们很长时间，我们作为中国人，阿里巴巴让我们很骄傲。

阿里巴巴打造诚信社区

另外一个，我在这儿讲话，不是为了给阿里巴巴做一个广告和宣传，因为今天来的很多是我们的客户，我们会汇报一下我们企业的情况。我们今天完成的第一阶段，今年我们会做什么事情？今年阿里巴巴要做的是努力打造诚信的社区，诚信是电子商务一定要过的独木桥，一个网站上人再多，却是一个不诚信的网站是不中用的。三年前我要推诚信通时，无论是公司内部还是外部，他们说马云你在开玩笑。2300元就可以诚信了吗？而且那个时候我压力是很大的。

在公司开会的时候，我做了一个决定，如果我们推诚信通，我愿意去接受诚信中的考核，因为他里面有一套体系，如果阿里巴巴的网站不能坚持这个诚信，哪怕我们阿里巴巴只有两个诚信通会员，我自己也要去做一个诚信通会员。所以后来我们一直走下去，我们的会员越来越多。很多会员在自己的名片上印了诚信通，日本的会员问你的第一个问题就是你是不是诚信通。

阿里巴巴打造支付体系

第一打造诚信，第二打造支付体系。支付体系如果不解决，网商都会说这在瞎掰，都在浪费时间，两个人扯来扯去，反而会把事情搞得越来越不好。银行不做支付，你说我们怎么做？但是要等银行做，大家说说看，我估计要5年时间，再等5年，中国的电子商务跟海外会相差越来越大。去年在国际网上，光从中国供应商海外的采购已经超过了100万美金。单子越来越多的情况下，电子商务不解决，这个问题很严重，所以我说一定要把诚信通打通。

我们跟四大银行合作，推出“支付宝”。“支付宝”现在在淘宝上试点，还是很成功的。很快在下个月底，我们将会推出阿里巴巴在“支付宝”上的运作。你们在“支付宝”上谈生意，满意你可以付款，不满意你就退钱。但是我们在中间做担保，你赔一万我赔你一万，你赔一个亿我赔你一个亿。当然有人说你赔一个亿，你赔得起吗？当然，这一个亿我们阿里巴巴赔得起的。我马云还没有傻到让你被骗一个亿。

当然万元以上的支付我们都会全程跟踪，必须把欺诈中间的环节打通，我们要了解中间是什么问题。大家认为纠纷就是欺诈，我相信全世界97%的人是好人，坏人毕竟是少的。如果你认为别人都是坏人的话，你都不敢上街走路。我们建立一套体系，现在有很多日本商人说，我们想从中国进口，但是我们没有把握。他们说，我们想让阿里巴巴来担保。

阿里巴巴的海外市场策略

在海外市场，阿里巴巴在2003年赚到1100万元现金以后，2004年下半年开始，全力组建海外团队。我觉得我们在海外做的投入是很大的，但是我为什么要定到4万到6万元？我们今天把这个门槛降到最低。如果你说4万元还高的话，你就不要做了，因为我们要对买家负责任。去年我们在美国投了很多宣传广告，除了中国银行就是我们了，我们是唯一的两家包下CNBC两年广告的。而且特别是前年做了一个尝试，我们想到这个伊拉克战争要爆发，很多采购部都有需求，我们才不在乎打不打仗。我们说买广告，买海外电视台的广告，结果打仗他们打了，中国成了热点，说我们的广告花了很多钱，我说钱花的不是很多。

但是相对来讲，海外的广告并不是很多，因为我们是第一家，如果我们做好了，很多企业会做，阿里巴巴在做广告，不是在跟阿里巴巴做广告。我们为了扩大阿里巴巴会员在海外的品牌度，刚刚聘请了给比尔·盖茨做了五年的公关，由他来负责整个美国地区的推广，所以这个生意也是很强大的。我们相信我们要找的合作伙伴，他的任何一个团队，必须是一流的水平。

“非典”时期推出的淘宝网

另外，我想我们这两年也做了一些事，在非典时期，我们推出了淘宝网。阿里巴巴犯了一个小小的错误，但是我觉得它不是一个，它是真正的阿里巴巴的价值观和使命感。两年前，我们遭遇了“非典”，在5月隔离的时候，没有几个人知道淘宝诞生。在进入淘宝市场的时候，我们组建了7个人。我们是怎么建的？我们把公司的高层都叫过来坐在那边，我们挑选了几个年轻人，跟他们说：“你今天不是这儿的员工了，你不能跟所有人讲这儿的事情。你们同不同意？”这七个人全部同意。我们给他们一个协议全是英文的，他们看不懂，但他们马上就签了。

大家搬到杭州，也就是我家，也就是阿里巴巴公司诞生的地方。到6月的时候，有内部员工在内网上贴帖子，说马总，我们看到了一个对手，有一家公司叫淘宝，他们的思想跟我们一样，风格一样，对客户的服务也一样。后来到6月底，我们的员工立马出来说，我们有的员工知道这个里面一些机密，但是他不告诉你。现在很多人说淘宝网跟阿里巴巴一样，我从来没有把他们当作竞争对手，你看他们一样，但是仔细看还是不一样的。就像狼和狗还是不一样的。

和eBAY的竞争之道

eBay是一个大市场，是做C2C的，然后我觉得思想一样，既然他可以做C2C，我们可以做B2B，有一天他做B2B也容易，我做C2C也容易。现在我想跟阿里巴巴所有的会员说的是，阿里巴巴现在很好，淘宝是阿里巴巴整个商机上最重要的组成部分。因为我们相信在座的人，你们都知道，现在这个市场逐渐在成熟，以后不会存在B2B和C2C。所以淘宝到今天为止，成长的速度非常之快，我们从一年两年，说想创办一个中国第一，现在我们改变主意了，我们要做全世界第一。信心我们越来越足，而且我们的士气也越来越好。

另眼看世界——我不是媒体眼中的马云

我一直认为人一辈子在创业，以前深圳有一个口号叫作二次创业，我不太同意这个，同一批领导是没有办法二次创业的，因为从第一天创业起你就一直在创业。怎么样创业？我觉得第一你要另眼看世界。其实我觉得这两年我好像不太在乎别人怎么看。你们发现没有，我从来不相信互联网分析师，这些人说起来是对的，干起来是错的。我也不太相信媒体，对不起，这里有很多媒体朋友。有多少人了解阿里巴巴，怎么了解？他们说通过媒体了解，很喜欢你，完了我最怕这个。

我记得在飞机场买过一本杂志，我说这个人怎么这么厉害，翻过来这个人是我，根本不是我，夸张。但是，不要盲目地去追求东西，第一次创业的时候，你想做什么，到底要做什么，不要受外界影响，你自己就要确定你今天就是要做这个事情。你要有决心，我记得我在做阿里巴巴的时候，有一个机会，有一个很大的公司给我的年薪是150万美金，不包括奖金和奖票。这是很大的诱惑，但是我没有答应。我家人说我是疯子，这么多钱，你不要。我就是说这个机会我不要，我就是想创办一个中国人的网站，所以有时候你要做什么你愿望很强烈的时候，你会抵挡很多诱惑。现在很多企业不要问你能做什么，因为这个世界上能做什么的人，比你多多了。

成功的人说不清自己是怎么成功的

有了这点以后你会非常独特，因为你想的时候非常深入，这两年我不跟别人探讨阿里巴巴的模式。今天我讲的未来5年是很模糊的。说心里话我真的不了解阿里巴巴的模式是什么，说实在的真的有好的模式，你不要告诉别人，是不是？你们家床底下有一个金罐，你不可能去告诉所有人。所以好的模式是摸索出来的，一个月前我在亚布力会议上，参加企业会谈，有几个人在讲如何成功的企业家，后来我分析了他们几个人，他们基本上都是失败了几次。

一般来说，成功的人，往往说不清楚自己是怎么成功的。中间很多很多的原因，理由你不知道，还有很多的运气，还有很多的风水，我觉得阿里巴巴这几年来，我们犯无数的错误但是我觉得那不是错误。在创业过程中，很多灾难你预料不到，说得出成功的人是别人。中国绝大部分企业今天还没有到这一步，他们谈的是战术，战术就是活下来，你到有一定的员工、一定的时候你再去考虑战略。

你的战略就是让你活着

你的战略就是活着，所以我想告诉大家，不要去追求成功，一个人认为自己成功的时候，他就开始走下坡路，我们不谈失败，我们不接受成功，我们公司要做102年的企业，为什么是102年？以前是80年。以前我说80年的时候，有很多人走掉了，现在做102年，1999年我们活了1年，现在我们要活100年，下个世纪我们要活2年，所以我们抱着100年。如果那时候12月30日我们还没有成功，那天破产了，我也会说我们成功了。因为我们做了102年。

有一天如果你上了什么封面，你就把自己当做上了一个娱乐杂志一样。

不要认为成功，成功是很短暂的，背后所付出的代价是很大很大的，所以有的时候，失败也可以很长，也可以很短。永远不要放弃，才有机会，所以我想告诉大家，创业、做企业，其实很简单，一个强烈的欲望就是说，我想做什么事情，我想改变什么事情，你想清楚之后，你永远坚持这一点。

有舍才有得

最怕的时候，他走了很远的路之后，他才发现他的梦想在那个地方。事业也是一样走下去，确定好做下去之后，该不该做，就是放弃很多东西，舍得只在于舍。三年前阿里巴巴做战略思想，是在投钱还是做电子商务，这是很大的决定，三年前我们赚一元钱的时候，我们就想这个。再看看游戏，我相信如果投入游戏一定会赚钱，但是游戏不能改变中国，游戏不能改变，就不是我们想做的事情。

全世界最强大的游戏产业国家依次是美国、日本和韩国，他们没有鼓励自己的国家玩游戏。中国也很快发现，不让自己的孩子去玩游戏，也不让自己的朋友去玩游戏。我觉得电子商务要5年以后才赚钱，所以这个决策我是很难做的，难就难在该不该上网？如果你想赚钱，你就进入短信，关键决策是在这个时候。我想跟大家讲，你要选择好。在2002年，我们做了很多决策，我们做了很多漂亮的决策，我们当时卖网站，很多公司要回扣，如果你讨厌回扣，很多老板会站起来。

我派员工跟人家做生意，结果我的那个员工拿了很多回扣，那么这个人就是贪污受贿。最后我绝对不给回扣，这个决定是痛苦的，但事实上这个是正确的。在这个决定之后，阿里巴巴从来不给任何一个人回扣，所以已经形成这个品牌。在市场上小企业来之不易。所以现在我看了一下，口碑形成了的时候，我们的生意就越来越好。第二个问题老板要想的是你的团队，没有优秀的团队，你没有办法成功。团队就是一句话，请告诉你的团队你的梦想，不要让你的团队为你工作，要让你的团队为你的梦想去工作，把这个梦想变成他的梦想。

你的工作是把你的手下变成不是混蛋

你今年的目标、数据和使命，你们公司的使命是不是很清楚？你们传达室的保安知不知道你的使命是什么？如果他不知道那一定有问题。你要告诉你们公司的每一个人，你们公司的使命。有人会说，我们下面都是一批垃圾，没有一个好的。现在我们公司不讲这些话了。我发现我们改变了很多，我有一个朋友说，我要是你就好了，你手下都是这么好的人，我手下都是混蛋。你的工作是把他变成不是混蛋，如果一年之后你公司里面还是有混蛋，问题在于你。

最后经过两三年，这样的人一个个都离开了公司，你回过头来看，还是最早创业的18个人，每一个人都是伤痕累累，说我们还活着。再看这些人，他们才是真正的大将。因为如果出问题，公司要出问题，我要离开，你们先离开。这个是大家的理想，不是我马云的理想，第一天创办的时候，发誓要创办全中国的第一个阿里巴巴。普通人是可以成长的，我最近分析出来，我觉得我太普通不过了。

阿里巴巴最大的财富是我们经历了许多失败

今天说了这么多原因，还是要不断的努力，阿里巴巴最大的财富不是我们取得了什么成绩，而是我们经历了这么多失败，经历了犯了这么多错误，我说阿里巴巴一定要写一本书，这里是阿里巴巴曾经的错误。这些错误，你听了会笑着说，那时候也犯过。但是有一天如果有重要项目就不要派常胜将军上去，要派失败过的人上去。失败过的人，会把握每一次机会。你不要看我今天很风光，我前面犯了很多错误，今后也会犯很多错误。所以看任何人都是这样，我记得IBM最早创始的时候，道理是一样的，善待犯错误的人是对的，但是绝不容许那些野狗破坏团队。欺诈、破坏公司利益的人，对这些人绝对不容忍。

永远不要等时机成熟再去做

在经营阿里巴巴的过程中，马云一直坚信，在变化莫测的市场中，只有具备敏锐的嗅觉，抓住那些稍纵即逝的机会，并且当机立断地做出决策，才能够先人一步，永远跑在同行的前边。正是因为这样，马云才会经常对旁人说：“我永远不会等到机会成熟了才去做一件事。”而在创建支付宝这件事情上，就完美地诠释了马云抓住机会、永远先人一步的经营策略。

2003年成立淘宝网后，经过几个月的发展，马云就发现了这个网站存在巨大的问题，那就是网站的点击量和浏览量都非常高，但是交易量却一直上不去。

其实，在淘宝网诞生之前，人们已经对网络购物这种新型的消费方式产生了浓厚的兴趣，同时人们也对它存有疑虑，毕竟这与面对面的直接购物不同，卖家害怕发了货收不到买家的货款，买家则害怕付款之后卖家不发货，如何实现网上资金流的安全支付，成为阻碍网络购物的一个重要因素。

此时，马云敏锐地意识到，只有解决了支付问题，才能够做到真正的电子商务，否则，买卖双方就会更加倾向于同城交易，这必然会导致单个群体内可选择的商品减少，网上交易也就很难有更大的进展，市场容量自然也就不可能扩大，因此，马云决定创建一个具有安全保障的电子商务环境，经过思考之后，他决定从交易环节入手，彻底解决电子商务中卖家与卖家的诚信问题。

2003年10月，马云重拳出击，花费巨资为淘宝网打造了一个独特的在线支付工具，它就是支付宝，支付宝这个全新产品的诞生，也代表着马云带领着阿里巴巴正式进军电子支付领域。

支付宝的业务流程是：买家在购买物品后，钱款会先汇入支付宝中，支付宝收到货款后，通知卖家发货，买家收到货物后，确认满意后支付宝会将货款汇入卖家账号，至此，这笔交易正式结束。

作为中立的第三方机构，支付宝起到了保障货款安全及维护买卖双方利益的作用，这也彻底解决了卖家和买家互相猜忌的问题。

支付宝推出后不久，许多公司开始纷纷效仿，人们发现，作为第三方支付工具的公司逐渐增加，包括互联网公司和一些物流公司都在尝试进入这个新的领域，马云无形中带动了一股商业风潮。

2005年2月，支付宝再出重拳，推出了“全额赔付”制度，在所有采用支付宝的电子商务网站上，如果成交协议后卖家没有向买家寄送货品或者买家收到的物品与产品不符，对于这些因使支付宝而上当受骗的用户，淘宝将为买家提供与货品价值等额的全额赔付。这种主动全额赔付以保障用户利益的做法，在国内电子商务网站尚属首例，这一次，马云又先人一步，走在了时代的前端。

支付宝的创建，不但使淘宝网如虎添翼，为阿里巴巴的B2B业务演变为真正的电子商务打通了道路，而且还为马云带来了巨大的有形和无形的财富，截至2012年12月，支付宝注册账户突破8亿，日交易额峰值超过200亿元人民币，日交易笔数峰值达到10 580万笔。范围涵盖了B2C购物、航旅机票、生活服务、理财、公益等众多方面，而这一切，完全得益于马云“抢先一步，步步领先”的经营策略。

预测未来最好的办法就是创造它

在2004年，已经意识到电子商务正在让互联网走进网商时代的马云决定召开一场网商大会，让阿里巴巴的名字变得更加响亮。同年的6月12日，1000多名中国网商纷纷来到西子湖畔，一起交流经验，分享资源。这是由中国电子商务协会和阿里巴巴公司主办的首届中国网商大会，同时也是应用电子商务的商人群体第一次大规模聚会，为中国悄然崛起的网商们提供了一个交流、互动的平台。

马云认为这次大会召开的意义非凡："只有应用电子商务的企业成功了，电子商务产业的春天才会真正来临。"

这一次会议为网商的生存和发展以及中国互联网事业指明了方向，还为同行提供了互相学习的机会。虽然网络时代日趋成熟，但这一次网商大会的盛况，还是令很多人始料未及的。雅虎的杨致远对于大会的隆重与盛大感到十分惊讶："我第一次听人说网商，没有想到企业除了在互联网上做广告外，还在上面做生意，这是在美国没有的。在中国的中小企业这里，互联网成为交易的工作，这让我想不到。"

不论当时的人们被这一次的网商大会冲击多少，马云已经笃定地认为，中小企业的商人已经成为了网商的中坚力量，他们将会成为中国商业社会中非常重要的一股力量。他们的发展态势将会在很大程度上影响中国经济的发展。

电子商务能够极大地拓展中小企业的业绩，他们的销售额，很大一部分就是在网上交易的。马云说："今天要在网上发财，概率并不是很大，但今天的网络，可以为大家省下很多成本。"

不但能省下成本，还能营造广泛的知名度。在网商大会之后，国外的许多巨头也开始关注起了中国的互联网发展，他们看到了中国电子商务的崛起与良好的发展前景，这为网商们的业务拓展与品牌打造添加了乐观的一笔。

沃尔玛、三星、安捷伦科技等国际大买家通过阿里巴巴加紧了中国采购的步伐，马云当初定下的为中小企业服务的目标基本圆满实现，网商多是一些资金少、资源少的小商家或者个人。他们虽然没有很多的资本，但也满怀创业的壮志，阿里巴巴为他们的创业无疑是添了一把火。

在第一届网商大会上，马云隆重揭晓了“2004年中国十大网商”，这十个网商是通过投票评选出来的，马云郑重其事地将他们的名字公布出来，让他们的努力被所有人都看到，也让其他网商，或者想做网商的人有了奋斗的目标。

2006年，马云再次吸引了媒体的眼球，在网商大会的基础上，他顺势推出中国网商节，同年9月9日，首届“中国网商节暨第三届中国网商大会”如期举行，首届网商节云集了数以万计的小网商，也云集了众多互联网大佬的“西湖论剑”，相比，网商节则更注重草根们的交流。

“经常有人问我，马云你怎么预测三年以后、怎么预测未来、你怎么看待未来电子商务、未来的形势，我想预测未来最好的办法就是创造它，说到做到，坚守承诺！”马云的确是坚守着自己做电子商务的承诺，阿里巴巴上的网商高达数千万家，网上外贸金额有数百亿元，而且还在不断上涨。

马云通过不断完善与发展阿里巴巴，为这些网商营造了一个良好的商业氛围，通过网商大会和网商节来为中国网商搭建交流、分享的平台时，也很好地宣传了自己和阿里巴巴这个品牌。

服务就是商务

在做出淘宝网后，马云认为想要留住客户，依然应该打“服务牌”。在马云看来，服务就是商务，好的服务就能带来好的效益。尽管阿里巴巴和淘宝网一个是B2B，一个是C2C，但是它们本质的东西是相同的，就是阿里巴巴提供的是服务，淘宝网提供的也是一种服务，服务决定网站的成败。

服务是否优质在产品的销售过程中起着尤为重要的作用，马云深知，想要为网站留住客户，就必须在服务上做到让客户十分满意才行，服务的好坏与否甚至决定了企业在其他战略的实施过程中是不是能够顺利进行下去的关键。

马云在创办了淘宝网后，做的第一件事不是四处去开拓客户，而是将阿里巴巴公司“客户第一”的价值观移植了过来。为了能够令淘宝网的客户对这个网站有好感，马云频繁地与淘宝网的会员进行沟通，他详细记下会员的意见和要求，然后召开会议讨论，看怎么样能够尽量好地满足会员的需求。

有的时候，为了一个问题，马云可以在论坛里和淘宝网的会员们聊到深夜，淘宝网的员工们都熟悉这样一个词，就是“练内功”。所谓“练内功”就是研究如何让淘宝网这个网站更吸引客户，让更多用户成为会员，而且还要让会员觉得淘宝网贴心好用，能够一目了然地在网站中找到自己需要的商品。

总之，一切的改善，宗旨就是要让会员们体验到最好的服务，只有有了好的服务，才能吸引更多的会员。马云“毫不客气”地将阿里巴巴公司很多的经验移植了过来，因为阿里巴巴在电子商务领域已经做了很多年，最清楚客户需要的是什么，所以，阿里巴巴的经验有很多是很适合淘宝网的。

当然，在吸取经验的同时，淘宝网也不断地在研究和学习，还请到了一些电子商务的专家来淘宝网进行讲学和调研，具体到一件商品应该如何分类才算科学，一个页面中的产品如何摆放等。

就是这样细微的服务，让淘宝网的经营一日千里，很快吸引了大批用户。企业经营需要的正是这样热情。含有热情的服务，让淘宝网在众多网站中能够脱颖而出。在中央电视台的一档全国性商战真人秀节目《赢在中国》中，马云曾对一位选手做过这样的点评：

“第三位选手陈跃武，我很想坦率地跟你讲，你最好别创业。听起来挺难受，但是刚才吴鹰也讲了，创业很累，创业的失败率很高很高。从你的性格上看，我觉得你比较适合做一个工程师，或者是比较适合参与一个已经创业成功的团队里面承担一定的工作，因为你的条理、你的理性，以及你的温文尔雅，创业者都是疯疯癫癫的多一点。如果你真的要创业，我建议你MBA毕业以后最好先找一份工作，到中国来干5年，5年以后还想创业，你再创业，5年以后一般会消灭掉很多创业的想法。你这个项目什么时候需要熊总、吴总和我们投资，你已经找的1000个客户每人付你300美金的时候，我们再好好谈一谈，好不好?”

来自美国的工商管理硕士、电子工程硕士陈跃武直接被马云pass掉了，虽然陈跃武也是带着周详的计划、创业的激情来到这个赛场的，但是他除了热情之外，什么经验也没有，马云认为他暂时是无法给客户提供完美的服务的，所以，马云建议他先去工作，在工作中积累经验，然后再去创立事业。

还是那句话，服务就是商务，在现在的市场上，好的服务才能赢来商机，淘宝网就是凭借优良的服务聚集了很高的人气，很多会员成了淘宝网忠实的粉丝，据说，有位淘宝网的会员给他的朋友，还有朋友的朋友，发了

1314封推荐淘宝网的邮件，用来表达自己对淘宝网一生一世（1314）的忠诚。

在错误面前，面子一文不值

面对错误，马云的态度是直面错误——迅速纠错——不犯同样的错误。他从不会为自己所犯的错误做任何辩解，而是勇敢地承认错误，寻找正确的解决方法。马云认为，做企业犯错误是不可避免的，但这些错误不是一堆垃圾，而是一笔宝贵的财富。

在和eBay易趣的那场旷日持久的战争中，淘宝网最终取得了胜利，并且获得了巨大的人气，但是在对于淘宝网以何种盈利模式获得盈利一直令马云举棋不定。于是，当淘宝网的业务量远超过eBay易趣后，马云开始尝试以合适的方式收取适当的费用。2006年5月10日，淘宝网推出竞价排名服务“招财进宝”，这是一种增值服务，卖家自愿就所售商品的关键词出价，当买家按关键词搜索商品时，使用这种增值服务的卖家商品在搜索结果中优先显示，从而更利于其商品的销售。

淘宝网推出这项服务，本意是希望更好地管理越来越多的登录商品，并让愿意付费的卖家更好地推销自己的商品。但是，有的卖家认为这与此前淘宝网两次承诺的三年不收费相冲突，是一种变相的收费行为，而且众多没有加入“招财进宝”的卖家的生意开始下降，而加入的卖家中也出现个别卖家利用“招财进宝”交易成功才交费的规则进行不正当竞争，使其他加入的卖家蒙受损失。因不满淘宝网的这种做法，许多卖家开始筹划一场无形的“暴动”。

在“招财进宝”推出后的短短20天内，就有6000名卖家在网上签名，声称要在6月1日集体罢市，并且要将店中所有商品撤下，取光支付宝账户中的资金，同时将集体跳槽到其他个人电子商务网站。而此时，死而不僵的eBay易趣也开始趁火打劫抢占淘宝的市场份额，妄图重新夺回市场。腾讯旗下的电子商务网站“拍拍网”也开始着力宣传“蚂蚁搬家”的活动，挖淘宝网的“墙脚”，抢占市场份额。

作为“招财进宝”项目的主要策划人，马云没有想到会出现这样混乱的局面。当事件发生后，为了平息众怒，他首先对“招财进宝”的价格进行了调整，与此同时，马云立即发表署名文章，就淘宝网和用户们沟通存在的问题向所有用户致歉，并表示免费三年的承诺没变，同时他还说明：目前淘宝有2800万件商品，不久甚至会有5000万件，如果按照商品上线的时间来决定商品的位置的话，那么后上线商品的交易概率将大大降低，淘宝希望通过这一服务维持正常的市场秩序，通过“看不见的手”调节优化市场环境。但是，众多用户对这些说明和举措并不买账，反对之声并没有因此而停息。

此时此刻，马云已经意识到如果不能妥善处理这场危机，将对淘宝网以后的发展造成灾难性的影响。于是，他果断做出决定：既然淘宝是大家的淘宝，那就发起投票，由大家来决定“招财进宝”的生死。

5月31日晚，淘宝网发出了一个紧急通知，宣布从6月1日至6月10日，将进行为期10天的“网民公投”，由淘宝用户来决定是否保留“招财进宝”这一项目。6月12日，投票结果公布，在二十多万的投票结果中，39%的用户赞成保留，61%的用户支持取消，随后，淘宝网发布致网民的公开信，称将于12日起取消刚满“周岁”的“招财进宝”。

在公开信后的323页跟帖中，大多数网民对淘宝“重视店主意见表示欣慰”，愿继续“淘宝”，这次“招财进宝”危机也最终画上圆满的句号。

自己的“孩子”最终被自己亲手“杀死”，像这样的压力并不是每个人都能坦然承受的，但是马云却做到了，这份胆魄也确实令人赞赏。他并没有认为自己丢了面子，因为他知道，在错误面前，面子一文不值。

或许“招财进宝”的推出是马云的一个失误，但他对于淘宝网危机处理的手段，绝对是出色的营销，他让客户看到了阿里巴巴“客户至上”的诚意和经营理念，增加了客户对马云及阿里巴巴的理解，通过这次“招财进宝”危机的化解，我们也看到了一个成熟的阿里巴巴。

第八章

竞争：主动选择优秀的竞争对手

进攻是最好的防守，用马云自己的话来解释，就是："进攻者，永远都有机会。"在商场上，你可以躲避开一个对手的进攻，但躲避不开所有对手的进攻，所以，与其四处躲避，不如主动出击。"竞争者是杀不掉的，他们一定是自己杀掉自己的。环境会杀掉它，产业的变化会杀掉它，自己狂妄会杀掉它，自己看不起自己会杀掉它，自己踩错点更会杀掉它。所以我认为最大的对手还是自己，你不要忙着去替社会清理这些事情，它自己会清理的。"马云从不畏惧竞争者和挑战者，在竞争中，他会选择先发制人，占领先机。

我们想做什么，没必要让所有人知道

马云说：“商场就像战场，但商场不是战场。战场上只有你死才能我活，商场上只需要不断地学习，很多企业一上手就是‘杀人’，杀这个，杀那个，天天忙着杀人，他成不了世界一流高手。”在现在的越来越激烈的市场竞争中，企业想要立于不败之地不在于消灭对手，而在于选择优秀的竞争对手，在一次又一次的比拼下，打败自己，挑战自己，这样才能发展得更好。

在那场互联网寒冬中，总部位于硅谷的eBay是少数几家幸存且盈利的互联网企业之一。eBay是全球首屈一指的个人、企业商品在线交易市场，公司成立之后一直致力于全球的扩张，然而，2002年在被雅虎日本狙击后，使得eBay的亚洲战略受挫，不甘心失败的eBayCEO惠特曼将目光瞄上了电子商务正在异军突起的中国市场。

当时的阿里巴巴还正处在发展阶段，易趣在网上交易尤其是C2C领域一直统帅着国内电子商务领域，意识到本土化重要性的惠特曼将目光瞄向中国市场后，打算通过与易趣的融合，解决本土化经营的障碍。2002年，eBay先是以3000万美元购买了易趣33%的股份，并且在第二年6月又以1.5亿美元购买了易趣剩下的股份。

eBay和易趣的强强联手让马云感到了威胁，幸运的是，他在这之前就已经做了充分的准备，他正在秘密地创建一个C2C网站，以确保抢在eBay之前进入C2C市场。

2003年4月14日，阿里巴巴投资部总经理孙彤宇以及其他八九名员工被请进马云的办公室。

在办公室里，马云拿出一沓写得密密麻麻的英文合同告诉这群年轻人，公司有一件秘密的任务要他们去完成，那就是快速创建一个C2C网站，如果不愿意去做，现在就可以离开办公室，如果愿意去做，就在这份合同上签字，因为涉及机密，所以不管愿意与否，都不能向外人透露，包括自己的家人。

马云说完后，所有人都直接拿起合同，直接翻到最后一页去，签上了自己的名字。

就这样，孙彤宇被任命为该项目的负责人，他带领其他人来到阿里巴巴的发源地——杭州湖畔花园公寓，秘密建设起这个C2C网站，最开始开发网站时，孙彤宇经常带领整个团队连续几周不回家，困了洗把脸，就在办公室里睡一小会儿……

2003年7月10日，经过孙彤宇团队的努力，这个秘密建设的C2C网站，也就是淘宝网横空出世。回忆起当初创建淘宝的初衷，马云说："如果说我不采取任何行动，三五年之后等到eBay进入B2B市场，它的钱比我们多，资源比我们多，全球品牌比我们强，到那个时候对阿里巴巴来说，就是一场灾难。当时的情况就有些像这样，我们拿起望远镜一看，看到有一个兄弟，长得和我一模一样，块头还要大很多，吓了一跳。可是对方却根本不知道我的存在。当时在eBay眼里，我们根本就什么都不是。我觉得，这可以让我们占一个先手，eBay的漠视对我们来说是一个最好的机会。"

一开始的时候，eBay的全球总裁惠特曼毫不掩饰自己对淘宝网的不屑，她曾预言淘宝网最多只能支撑18个月就会倒闭。而得知阿里巴巴和淘宝网的关系之后，马云遭到了很多人的质疑，因为在当时，提供类似网络市场服务的易趣已经占领了中国80%以上的市场份额，这样的强大对手已经矗立在那里，马云偏偏要选择与其竞争，这无疑是一种疯狂的行为。甚至在淘宝上线一段时间后，马云到美国去给分析师作路演时，在提到淘宝的时候，有的人直接说："eBay will win。"

面对人们的质疑和不理解，马云有着自己的看法，他注意到eBay易趣虽然做得很大，但很多地方并不完善，有很多弱点，针对这些弱点，马云觉得这一仗，自己还是有胜算的。

eBay易趣担心买卖双方甩开平台而独立交易，因此坚持收费服务，淘宝则从中国人的消费心理和习惯入手，鼓励买卖双方进行直接沟通和联系，他们并不着急去收钱，挽回成本，而是先以培育市场为主要目的，把客户的满意度放在首要位置。淘宝网面市之后，就高调地提出"三年内免费"的口号。

马云的这个做法让很多人觉得他太不理智了，和eBay易趣这样的"行业老大"抢生意已经是够冒风险的了，居然还要推出免费的政策，这样做，岂不是加快迈入破产的步伐？虽然质疑声很多，但马云知道自己这样做会为淘宝网带来什么，所以他坚持"三年内免费"，他认为自己想做的事情，没必要让所有人都知道原因，市场上的竞争是这样的激烈，只要认准了方向，坚定走下去就对了。而后的事实也证明，马云这一让所有人不理解的招数，真的为淘宝网带来了生路。

三年内不准备盈利

在当时，其他在线拍卖网站的收费方式主要是三方面：一种是商品成交以后收取2%左右的服务费，不成交不收费。第二种是在线上传的商品都涉及0.1元到8元不等的登录费。最后一种是置顶或者排在首位等各种各样的推广费用。

商业活动都是为了盈利，如果不盈利，就没办法支付员工工资，企业没办法良性发展，没有上升的空间。做企业就是要盈利，这是在硝烟弥漫的商场中，所有企业都遵守的不二法则，但是在企业家们纷纷寻找盈利空间和盈利模式时，马云却偏偏要突破这样一个主流的经营理念，他反其道而行之，大喊："淘宝网三年内不准备盈利。"

马云胸有成竹地表示："积聚了这么多的现金，我们就是要拿来打仗的。"马云就是要挑战刚刚在收费上尝到甜头的eBay易趣，虽然eBay易趣已经做得很成熟了，但马云知道，免费是一个很有杀伤力的招数，用户会因为这一招，而纷纷转到淘宝网的网站上来，毕竟，淘宝网的三年免费，对于在互联网上做买卖的生意人来说，实在是具有很大的诱惑力。

一开始认为马云喊出"淘宝的三年免费"是在自找死路的人，逐渐发现，马云的免费淘宝网已经让收费的国内最大的C2C网站eBay易趣感到了莫大的压力，截至2003年年底，淘宝一共吸收了大约30万注册会员，其中也包含了一部分易趣的会员。

这正是马云想要的效果，但马云的雄心壮志还不仅仅在于此，挫一挫eBay易趣的锐气，吸收更多的用户到淘宝网，这并不是马云最终想要的结果，和所有的企业家一样，马云最终也是希望企业能够做大做强，有很高的盈利。他之所以一开始不打算盈利，完全是"曲线救国"的方式，是为了给淘宝网未来的发展打下良好结实的基础。

马云认为如果淘宝网一旦推出收费制度，那就一定要能够为淘宝网盈利，而不是一推出盈利制度，用户们就纷纷离开淘宝网，那就算失败了。在马云认为淘宝网一旦收费就能够盈利时，很多人对淘宝网的盈利能力提出质疑。

“我们觉得真正大规模收费的时间还没有到，目前个人电子商务网站采用的收取交易费等方式未必适合中国的国情；当然，另一方面，我们有足够的底气，也有足够的信心，阿里巴巴目前的盈利能力以及现金储备，完全可以再造三个类似于淘宝网的网站，而且阿里巴巴在收费之前，也经历了三年的免费阶段。”马云对质疑者做出了这样的回答。

因为没有了盈利的压力，淘宝网的每个部门都能在心态轻松的情况下，将淘宝网打造得更加简易，更加方便客户使用，在那三年的免费阶段，淘宝网在全体工作人员的努力修建和维护中，成为了一个非常稳固、非常安全，又非常简便好用的网站。

“我们知道花钱和烧钱的区别，我们也知道费尽心机去赚小钱和将来水到渠成规模盈利之间的选择。”马云不慌不忙地告诉那些质疑淘宝网的人，自己所走的这条道路，是要水到渠成的盈利的道路。

虽然马云对淘宝网何时盈利有着明确的时间表，但是他并没有将这种盈利的压力加在员工身上，他始终对员工强调，不要过多关心盈利的事情，要将更多的心思放在如何让网站更好上面。

“对于电子商务网站来讲，所谓的客户第一，简单地说就是让自己的会员赚到钱，这并不是说会员口袋里有了5元钱，然后我们拿1元钱，而是要帮助客户把口袋里的5元钱变成500元甚至更多，这个时候会员会非常愿意给你50元钱。”

马云的另类竞争手法，让淘宝网犹如一匹黑马，在电子商务领域异军突起，展现出了强大的竞争力。这个结果是让eBay易趣始料未及的，但市场竞争就是这样，沉沉浮浮，但究竟花落谁家，还未定呢。

娱乐营销：好玩，好看，才好卖

在与马云过招之后，eBay的掌门人惠特曼感到自己的对手并不是自己想的那样不堪一击，她开始意识到马云是一个很难对付的人物，于是，在她的指示下，eBay易趣开始对淘宝进行封杀。

eBay易趣首先从广告下手，在淘宝网为自己的“上线双月纪念”举办大型新闻发布会时，“要淘宝，到易趣”的互联网广告同时出现在Goolge和百度上，在eBay易趣的页面上也出现了“淘宝贝，开店铺，生活好享受”的广告。对于eBay易趣这样的封杀招数，淘宝进行了投诉，互联网业界对于eBay易趣的这种做法也表示了不满，于是在一片控诉和谴责中eBay易趣最终被迫取消了这两个广告，eBay易趣对淘宝的首轮封杀以失败告终。

作为刚刚面世的产品，淘宝急于开展广告攻势，打造自己的品牌知名度，以便能够吸引更多的用户。针对淘宝的这一弱点，eBay易趣加强了市场推广的力度，在新浪、搜狐、网易等中国的一线门户网站投放了非常昂贵的弹出式广告，并与这些网站达成了一项协议。协议中明确规定，这些一线门户网站不能与易趣的竞争对手有任何宣传推广的合作，如果合作的网站违背协议，易趣要对其进行高额罚款，eBay易趣与门户网站签署的“排他性”协议堵住了淘宝在门户网站做宣传的通路。

当时马云的团队已经为淘宝的宣传和推广制定了一个近乎完美的网络推广计划，但是当他们到各大门户网站进行投放时，却遭到了拒绝。在无奈之下，他们转向了二级网站，然而情况却如出一辙，这就导致淘宝陷入“有劲无处使，有钱无处花”的窘境，长期这样发展下去，eBay易趣就会完全遏制淘宝的发展进程，甚至有可能将其绞杀于襁褓。

如何能够在推广中突破eBay易趣的封杀，在最短的时间内通过门户网站之外的渠道找到淘宝的目标群体，快速提高淘宝网的知名度，成了马云思考的重中之重，马云开展了线上线下一齐推广的策略。在线下，同时采用电视广告和路牌地铁广告相结合的形式，进行广告轰炸，马云还把目光投向了娱乐界，因为娱乐性营销广告更易于被受众接受，并使受众在捧腹大笑中留痕于脑海，最终作用于消费行为。

2004年初的北京国际广播电视周，那是淘宝网最早接触娱乐界，由电视周和淘宝网联手操持的经典影视道具网络拍卖会正进行得如火如荼，当时独家拍卖《手机》里的摩托罗拉手机等影视道具，有近百万网民点击参与，看到网页上流量计数器的快速飙升，马云对这个最成功的品牌推广活动喜出望外，也坚定了娱乐营销的信心。

2004年4月，马云正式宣布，淘宝网投入1000万元，与冯小刚正在筹拍的贺岁片《天下无贼》进行深度合作，除了张贴海报、广告贴片等常规宣传外，双方还就影视副产品网络合作和网络增值方面建立了合作伙伴关系。电影上映了，短短四天就创下了3000万元的惊人票房，除了“黎叔很生气，后果很严重”“21世纪什么最重要？人才”等经典台词被观众所熟知外，片中最引人注意的是以葛优为首的一群扮成旅行团的贼，他们戴着小红帽、举着小红旗，小旗上写着“淘宝”两字，圆滚滚的字体和淘宝网的logo一模一样，从而也让淘宝这个陌生的产品成为观众们讨论的热点。

电影上映完毕后，淘宝网再度借势，与《天下无贼》的东家华谊兄弟合办推出明星道具拍卖，将片中明星们所用的道具拿到自己的网站上进行拍卖。刘德华在片中所持的数码摄像机、所穿的皮裤，警察在片中用到的笔记本电脑……这些用品在被淘宝用户疯狂竞拍的同时，也再一次增加了淘宝网的曝光度。

借助热门影片进行产品和品牌推广所带来的成功，让马云尝到了甜头，他曾说："有品位、时尚的娱乐必须引导未来的趋势，如果我没有看过《天下无贼》，我们不会有这么大的改变，我看过《天下无贼》，才明白娱乐代表未来。"

有了《天下无贼》的铺垫，淘宝网随后再度发力，不仅全程参与和赞助2005年春节档最火的影片《韩城攻略》的首映典礼，而且还在淘宝网上拍卖演员道具，网站还特别设立了抽奖环节，吸引了很高的人气。

由于淘宝网当时的目标群体是追求时尚的年轻人，所以同年上映的，由周杰伦主演的电影《头文字D》淘宝网也没有放过，再次和制片方进行深度合作，开疆拓土。作为影片的最大赞助商，淘宝网冠名了影片推广的两个主要活动——"淘宝网杯漂移女郎"选拔赛和"淘宝网杯漂移王"大赛。借助着这次推广，淘宝网再次成为媒体关注的焦点。

2005年2月，为了宣传淘宝网新推出的网络交易支付工具——支付宝，马云再次联手华谊兄弟公司，采用电影《天下无贼》的原班人马，并延续《天下无贼》的故事，为支付宝拍摄了一部广告片，片中数次出现的广告词"用支付宝，天下无贼"，让"支付宝"安全的理念借此传达无遗，也让支付宝这个全新产品成为家喻户晓的产品。

几经娱乐营销之后，马云与影视娱乐行业结下了不解之缘，而在这其中，无不贯穿着马云"好玩，好看，才好卖"的娱乐营销理念。

在线上，淘宝暂时放弃门户网站，采用"农村（小网站）包围城市（大网站）"的策略，当时由于中国互联网的快速发展，以及网页制作的成本降低，一些个性化的小网站开始出现，但是由于它们太小，所以被eBay易趣放弃，但是马云发现，在这些网站投放广告的费用比较低，相对于那些门户网站和省级网站，这些小网站的广告费用和流量的比值还是比较好的，也就是用少的钱可以换得比较高的流量，于是，马云带领淘宝的团队很快谈下了一批站点的广告投放权，最终，淘宝得以在上千家个人网站上大量投放广告。

在全面占领小网站之后，一些比较大的网站开始关注淘宝，并开始尝试与淘宝合作，与此同时，马云带领淘宝团队也加快了对三大门户网站的攻坚战，经过不懈的努力，最终融化了横亘在淘宝网与门户网站之间的坚冰，当和eBay易趣的协议到期时，这些门户网站纷纷开始和淘宝网合作，最终马云完成了他“农村包围城市”的宣传策略，而eBay易趣对淘宝的第二轮广告封杀也以失败而告终。

不看对手现在做什么，只看对手将来做什么

在谈到自己的竞争策略时，马云经常说：“我从来不看对手在做什么，但是我关心对手将来会做什么。看准了对手要走的方向，想办法抢到他的前面。等对手低着头走到他的目标的时候，抬头一看，原来阿里巴巴早就在路边等着他了。”而淘宝网最终成功狙击eBay易趣，正体现了他的这种竞争策略。

在那场没有硝烟的战争中，虽然雅宝、酷必得等一些网站在eBay易趣的重压之下倒下了，但作为eBay易趣的主要竞争对手淘宝不但活了下来，而且迅速壮大起来，随着eBay易趣苦心构建的围剿淘宝计划土崩瓦解，eBay易趣的首席运营官郑锡贵意识到了危机，他说：“我们在中国要打的是一场‘持久战’，做的是100年的计划。”这与惠特曼当初夸下的“淘宝网撑不过18个月”的海口形成了鲜明对比。

2004年9月，为了实现eBay在全球技术平台的整合，eBay易趣决定将国内平台与国际平台正式对接，通过这次整合，易趣的数百万中国用户将可以直接和eBay的1亿多各国用户进行网上交易。

然而，当国内的许多易趣用户开始大规模地转移后，却出现了问题。由于整个平台从页面形式、交易程序、信用评价机制等方面都出现了水土不服的试用期，让许多习惯了国内网站业务模式的老用户一时间适应不过来，商家们尤其是中小卖家并没有因为跨入国际市场红火起来，相反，他们的生意却每况愈下，这让他们怨声载道。

更加致命的是，在整个平台实现整合后，eBay的系统性能极不稳定，给广大用户带来了很多麻烦。买家们发现他们经常是长时间不能打开易趣新系统页面，卖家们也是常常无法登录后台店铺管理系统，糟糕的体验惹来骂声一片。而更为可怕的是，eBay易趣并没有重视用户反馈的情况，这样糟糕的状况至少延续了半年多才有明显的改善，于是，eBay用户流失成为一个不可避免的问题。然而，对等待已久的淘宝而言，这是一次难得的机会，淘宝网开始吸收大量的eBay用户，胜负的天平就此开始逆转。

对于淘宝网挑战eBay易趣能够取得不俗的成绩，马云并没有骄傲自大，他给员工打气的时候，常说的就是倒立过来换一个角度看这场竞争，eBay易趣也就没那么深不可测，没那么不可战胜了，在马云看来，倒立是一种对自我的挑战。

倒立是阿里巴巴员工的“必修课”。在2005年，《福布斯》杂志上刊登了阿里巴巴员工贴墙倒立的照片，称这是阿里巴巴公司员工的“招牌动作”。的确，阿里巴巴的员工都必须在进入公司3个月内学会倒立。男性要保持倒立姿势30秒才算过关，女性保持10秒就可以过关了。如果无法做到这一点，那就算其他方面再怎么优秀，最后也只能是卷铺盖走人，离开公司。

马云自己也是倒立高手，他可以单手支撑身体，倒立几分钟都面不改色。为什么要让员工练习倒立呢？马云对此有自己的认识：第一，倒立可以锻炼身体，不用器械辅助，随时随地就可以进行，十分方便；第二，通过练习倒立，促使员工对问题进行换位思考，用另一种眼光来看待，可以培养创新思维。

淘宝网通过倒立思维，将eBay易趣一步一步逼退，当eBay易趣坚持收费时，淘宝网不走同样路线，选择了免费；eBay易趣禁止买卖双方在交易前进行联系，以免收不到交易佣金，但淘宝网偏偏允许买卖双方交易前联系，还专门研发了“淘宝旺旺”，让用户更加方便地交流……正是这些与eBay易趣大相径庭的服务，令淘宝网迅速提升了人气还有交易率。

这些成绩都是当初让人想不到的，如果马云一直按常规思维办企业的话，那也就不会有淘宝网了。

联姻铸就双赢

2005年4月12日，对于淘宝网是具有纪念意义的一天，搜狐在这一天宣布和淘宝网成为了战略联盟。双方共享各自活跃庞大的用户群体，实现了线上线下的共同合作，推动中国网上购物和网上拍卖的进步。

在这之后，形成了三大门户和三大拍卖网之间的配对结盟阵势。在新浪选择与雅虎结盟，易趣选择和网易联盟之后，不甘落后的淘宝也最终选择了搜狐作为后盾。结盟是商业竞争中常用的手法，当一家之力无法与其对手抗衡时，选择一个强大的盟友是个降低风险，又能提升自己的不错选择。

但选择盟友也要谨慎，如果选择不好，不但不能提升自己的实力，反而可能会“惹祸上身”。但马云在这方面是很有自信的，他之所以选择搜狐，正是看中了搜狐能够和淘宝网优势互补，资源共享。

搜狐作为一个国内知名的大门户网站，拥有数以千万计的注册用户和巨大的流量，内容和搜索更是有着自己独有的特色。而淘宝网在经历了几年的发展之后，成为了国内最大的个人交易网站，在同类网站中拥有极高的品牌优势和技术优势。搜狐和淘宝网结盟联手之后，淘宝网可以借助搜狐专业成熟的网络平台，找出更多的具有消费能力的用户来注册淘宝用户，而搜狐也能通过淘宝网的加入，丰富网站的内容，为用户提供更多的增值服务，打造更优良的搜狐形象。

2005年4月，马云表示：“淘宝网作为中国最大的C2C网站，目前拥有近530万注册会员和600多万件商品，淘宝网看好搜狐在门户领域的领先优势以及强劲布局。”

淘宝网执行总经理孙彤宇也表示：“‘淘你喜欢，快乐淘宝’，淘宝网一直提倡一种更安全更为人性化的购物大平台。电子商务网络群体的最基本特征是受过良好教育的青年人，他们是整个传统市场消费群中的另一类，而搜狐在中国的网站中，拥有众多这样活跃程度高的用户，这些用户是淘宝的主要目标受众。搜狐公司提供多达20种不同的网络频道，包含了新闻、体育、财经等热门话题，并集邮箱、短信、聊天、浏览、游戏和网上购物于一身，而且搜狐还拥有自有产权的第三代搜索引擎，这些都是淘宝网选择搜狐的原因。”

正是出于这种种的考虑之后，马云最终选择了与搜狐网合作，二者在互惠互利的基础上，各自发展。果然，在和搜狐结盟之后，淘宝网的前进速度十分惊人，简直可以用“一日千里”来形容。

搜狐公司CEO张朝阳对与淘宝的合作表示出了十分积极的态度，他很看好双方的这一次联盟，他欣喜地说："此次搜狐与淘宝的合作为蕴含丰富商机的C2C产业提供了一个崭新合作模式。通过与淘宝网的合作，将为搜狐庞大的用户群提供一个安全且有保障的在线交易场所，这不仅将有利于进一步巩固双方在网民中的形象及地位，更将促进电子商务的迅速发展。"

商业合作就是一种博弈，淘宝网选择搜狐是看中了其庞大的青年用户和良好的平台，而搜狐之所以选择淘宝，而不是选择eBay易趣，也是出于对淘宝网本地化的考虑，认为淘宝网更能适应中国的市场经济。可见，联盟是相互的选择，淘宝网在选择联盟的合作伙伴时，看的是和对方的契合度，以及考虑合作之后，对方能为淘宝带来什么，看一看双方是不是能够相辅相成。

潜心修炼，等有了实力再叫板

2005年，淘宝占据了57.1%的市场份额，成为中国C2C市场的老大，此时中国C2C市场从之前的一拍网与eBay易趣分庭抗争，变成淘宝加入后的"三国鼎立"。当三足鼎立的局面形成后，便是淘宝网同竞争对手展开最后的激烈角逐的最终时刻，网拍市场争夺战拉开了序幕。

马云依然使用的是本土化的战略方针，他不断迎合客户的需求，慢慢赢得了更大的市场，对淘宝网来说，偌大的国内市场还远远没有占领，淘宝网的价值也还远远没有发挥出来，只有将本土化做得更好，才能赢得更多的客户和支持。

在2006年1月23日，新浪和雅虎在中国的合资公司一拍网就登出了宣布正式停止用户注册、上传商品等网上交易的公告，从2006年1月24日到2006年2月15日，所有一拍网的用户都被全面导入了淘宝网，被淘宝网接收，到了2006年2月15日，一拍网便正式关闭。

这个消息当时也是引起了轩然大波，马云又做了一件让所有人震惊的事情，他在收购了一拍网之后，没有继续发展培养一拍网，而是将其关门大吉，这让很多人无法理解，认为马云这样做有违常理。

可是马云有自己的考虑和打算。其实早在2005年12月31日，阿里巴巴和新浪就一拍网的股份一事达成了最终协议。协议中写明，新浪网同意将其持有的一拍网33%的股份全面转让给阿里巴巴公司，阿里巴巴收购了新浪所持有的33％一拍网股份后，便对一拍网实现了100%的控股。

一拍网在被关闭前，最新营业数据为拥有1000万注册用户和400万件商品，根据易观国际《2005年第三季度C2C市场数据监测》报告显示，一拍网占国内C2C市场7.29%的份额，处于C2C国内市场的季军。

马云将一拍网收购之后，出人意料地将其关闭，马云认为自己关闭一拍网是一个明智的决定。首先，一拍网的很多用户在淘宝网上也开有店，淘宝网的声势越来越浩大，发展的前景也越来越好，一拍网的用户完全可以只留下淘宝网上这一个网店，不需要一拍网的网店了，因为没什么大的作用。其次，马云认为一拍网的员工是一拍网最有价值的部分，通过淘宝网和一拍网的整合，马云将一拍网的员工发展进淘宝网工作，让他们能够在一个更大更稳定的平台上发挥出自己的优势。

可以看出，马云是在借收购一拍网补充淘宝网的市场占有率，接下来，C2C的市场便是淘宝网和eBay易趣一争高下的时刻了。马云为了能够和eBay易趣抗衡，做了很多准备，收购一拍网，然后关闭一拍网，都是马云做的众多准备中的一项。

马云就是这样，一直在不断地潜心修炼，等到真正拥有了足够实力的时候，才开始叫板竞争对手。从不打无准备的仗，马云在这一次的电子商务战役中，一步一步靠近了胜利，《福布斯》杂志曾这样写过："如果马云有其发展之道，那么最终占领全球在线拍卖市场的不会是eBay易趣，而是淘宝网。"

的确，淘宝网作为后起之秀，居然能够在这么短的时间内就成为行业的佼佼者，成为国内最大的网上购物中心，并且每一步发展都能牵动互联网行业的目光，马云的淘宝网再一次创造了奇迹。

2006年12月，一切终于尘埃落定：eBay撤出中国，TOM收购易趣。继败退日本之后，惠特曼在中国市场的攻坚再次以失败告终，在这场蚂蚁与大象的较量中，淘宝完胜eBay易趣，创造了中国互联网的一个奇迹。

在斯坦福大学的一次演讲时，马云回忆起这段没有硝烟的战争，说："如果eBay是大海里的鲨鱼，那我们就是长江里的扬子鳄。咱们不在大海里打架，我们在长江里练练。一开始很困难，但是很有乐趣。而且我们最后活下来了。一开始eBay占据了中国C2C市场的90%，但是到了今天，我们拥有中国C2C市场90%的份额。我们很幸运，真的只是幸运。"

马云在斯坦福大学演讲全文⑨

大家好，我今天感到非常荣幸能来到这里和大家见面。几个月前，斯坦福邀请我来演讲，我没有意料到。很多人说因为所有关于雅虎、阿里巴巴和其他的新闻，这个时间点来这里演讲是非常敏感的。但是既然我做了一个承诺，我还是来了。今天如果你有任何问题要问我，我都会一一回答。

今天是我来美国的第15天，而且我打算在这里待上一年。这个计划没有人知道，甚至我的公司也不知道。大家问我为什么要来这里，要做打算收购雅虎的准备吗？不，大家都太敏感了。我来这里是因为我累了，过去16年来太累了。我在1994年开创我的事业，发现了互联网，并为之疯狂，然后放弃了我的教师工作。那时候我觉得自己就像是蒙了眼睛骑在盲虎背上似的，一路摔摔打打，但依然奋斗着、生存着。在政府机关工作了16个月之后，1999年建立了阿里巴巴。

我们还幸运地拥有着淘宝网、支付宝、阿里云和集团下其他的公司，所以，建立阿里巴巴12年后的今天，我决定休息一段时间。尤其今年的挑战实在是太艰辛了，这也是我没有意料到的。中国人说每12年是一个本命年。阿里巴巴今年在中国刚好是第12年，也遇上了许多棘手的问题，好比今年初因为供应商欺诈事件导致首席执行官辞职，还有VIE的问题，虽然我到现在仍然不知道什么是VIE，以及把淘宝分成四个公司的决策。所以，忙完所有这些事情之后我累了。我告诉自己，为什么不花个一年时间好好休息。尤其明年是我个人的本命年，肯定会比今年更辛苦。我想要花多一点时间好好准备，迎接明年更艰苦更困难的挑战。我需要好好休息才能为3到4年后的挑战做好准备。这三年如果事情出了错，大家可以批评淘宝、阿里巴巴或阿里云的首席执行官。但是三年后，如果事情出了错，那就是我的错，所以我准备在美国花上一段时间好好思考和放松。前两天，我开始再次练习起高尔夫球，好好放松。所以，来美国的目的真的不像是大家揣测的这么复杂。

我们是一家非常幸运的公司。我没有任何背景，没有富裕的父亲，也没有很有权势的叔伯们，根本没料到能够有成功的机会。我记得1999年来到硅谷寻找资金，跟很多风投、资本家接洽，也去了Menlo Park一带开会。但是没有人有兴趣投资阿里巴巴，我被一一回绝。回到了中国，一点资本都没拿到。但是，我充满了信心，我看到了美国梦。我看到硅谷的快速成长，我看到许多公司的停车场不管是白天或黑夜，周一到周日，都是停满了车。我相信那种快速的成长也会发生在中国。接着我创立阿里巴巴，12年过去了，到今天取得了很多成绩。但在那之前，没有人相信B2B能够在中国发展。当时B2B美国有名的公司包括Ariba.com、Broadvision 和Commerce One，这些公司主要的客户都是大公司的买家们。没有人觉得中国近期内会有大公司的出现，而大公司也不会有电子商务的需求，因为所有大公司都是归于政府，他们只需要配合政府的政策就可以。但我的信念是，我们必须要专注于小型公司，因为未来是私营企业的天下，所以我们必须把重点放在小型企业上。

还有，美国大公司的B2B是非常专注于买家的，美国的买家们需要许多建议来帮忙节省成本开销和时间。但是我相信中小企业们不需要这方面的帮忙，他们比我们还厉害，懂得还多。我们应该专注于帮他们赚钱，把产品外销出去。当时我们也遇到很多挑战，但是12年过去了，今天全球有58万小型企业都使用阿里巴巴来做生意。我们的生意模式跟腾讯或百度相比可能并不是十分吸引人，我们也并不靠网络游戏赚钱。但是我们晚上可以睡得安稳，因为我们知道我们赚的钱并不是从网络游戏上来的。我们的收入是靠帮助小企业们成长来的，这点我感到十分骄傲。直到今天我都没有为阿里巴巴赚了多少钱而骄傲过，我为我们影响和帮助了其他人，尤其是小企业主而骄傲！

在互联网之前，没有人可以帮助超过5000万的中小企业。但是今天，我们正在努力这么做。人们会跟我说，马云，如果你能把阿里巴巴搞好，那相当于你将好几吨羊运到了喜马拉雅山顶上。我说，是的，我们还会把他们运下来。而且我们做到了。第二个公司是淘宝。大家都跟我说，天哪，你是在跟eBay竞争啊！我说，为什么不？中国需要一个电子商务网站。创建一个中国的网络交易市场需要时间跟精力。所以，那个时候人们告诉我在中国做这个没戏。我说，如果你总是不尝试，你怎么知道没戏？所以我们就尝试了。我说，如果eBay是大海里的鲨鱼，那我们就是长江里的扬子鳄。咱们不在大海里打架，我们在长江里练练。一开始很困难，但是很有乐趣。而且我们最后活下来了。一开始eBay占据了中国C2C市场的90%。但是到了今天，我们拥有中国C2C市场90%的份额。我们很幸运，真的只是幸运。很多事情以后我们还可以再讨论。

如果你想知道其他人是怎么成功的，这是非常难的。成功有很多幸运的因素。但是如果你想学习别人是怎么失败的，你就会受益很多。我总喜欢看那些探讨人如何失败的书。因为，当你仔细去分析的时候，任何失败的公司，他们失败的原因总是不尽相同。而这才是最重要的。所以淘宝成功了，接下来我们做了支付宝，因为大家都说中国没有信用体系，银行很糟糕，物流很糟糕，你为什么还要做电子商务？今天，我不是来这里跟大家说我的生意经的，我没有准备PPT，因为我没有股票要卖给大家。但是我想正因为中国的落后的物流、信用体系和银行，我们才需要有创业精神。这就是我们需要自己创建的蓝图。所以我相信这个事情是你先做了，然后慢慢地就成了中国的标准。我记得6年前当我来美国的时候，我说我相信5年以后，中国的网民人口会超过美国。人们说，不会的。然后我说，你们的人口才3亿，中国有13亿人口，不是吗？如果让你们有4亿人口，没有人口死亡，人们还要不停地生孩子，你们需要50年的时间，我们只需要5年时间，所以这只是一个时间的问题，不是吗？我们走着瞧。今天，中国网络用户的人口超过了美国。然后人们说为什么你们的购买力这么低？我们5年后再说。今天，人均消费大概只有200元人民币每月。5年以后，这些人会消费2000元，而且我们很有耐心，我们还很年轻。我是老了，但是我们员工的平均年龄才26岁。他们还很年轻，所以让我们期待未来。

当时做支付宝的时候，大家说这是一个很傻的担保服务。张三要从李四那里买点东西，但是张三不肯把钱汇给李四，李四也不肯把货给张三。所以我们就开了一个账户，跟张三说，把钱先汇给我，如果你对货物满意，那么我付钱，如果你不满意，你退货，我退钱给李四。人们说你的这个模式怎么这么傻啊？但是我们不关心这个模式是不是傻，我们关心的是客户是不是需要这样的服务，我们是不是满足了客户的需求。如果这东西很傻的话，今天中国就有超过6亿的注册用户在用这个傻东西。傻的东西，如果你每天都改善它一点，那么它就会变得非常聪明。所以今天支付宝很好，我们还在成长。支付宝跟Paypal很像，但是从交易量来说，我们比Paypal更大。

最后，也是最重要的，是我们的阿里云计算，这个公司跟其他那些谈论云计算的公司不同，那些公司是想把他们的软件和硬件卖给你，但是我们没什么可以卖的。我们通过云技术对自己的数据进行计算，来自中小企业的数据、来自淘宝消费者的数据，以及来自支付宝的数据。我们相信未来，未来的世界将是信息处理的世界。我们将如何很好地与他人分享数据，这将是未来商业的核心。这个公司目前还不是很好，但是盈利能力很强。

整个公司都很健康。一开始人家说这个公司不可能成的，但是我们活下来了。我们很有耐心。我们总在问自己一个问题：为什么我们还要这么辛勤地工作？有一天，我问我的同事，他告诉我，“Jack，第一，我从来不知道我这辈子还能做这么多事情。第二，我从来不知道我现在做的事情对社会这么有意义。第三，我从来不知道生活是这么艰辛的。”我们没日没夜地工作，甚至是现在也是这样。我变得更瘦了，而且长相更奇怪了。我知道生活不是容易的事。我们很骄傲，我们在改变中国，而不是你挣了很多钱。

10年前，当我走在街上，有人跑过来感谢我，因为阿里巴巴帮他们得到了国外的订单、国外的生意。今天，当我走在街上，有人过来感谢我，说他和妻子在淘宝上开了个小店，以此为生，并且收入不错。这对我来说，意义重大。我们将诚信变得有价值（你的诚信是可以变成钱的）。许多年前，如果你有很好的信誉记录、交易记录，你可能还并不富有。今天，如果你在淘宝上有很好的信誉记录、交易记录，你将会非常富有，因为人们都愿意跟信誉好的店家做生意。我们教育消费者要聪明。有人来跟我说：马云，我在淘宝上买了个东西，非常非常便宜，你说这是假货吗？是的，我们淘宝上有假货，假货在现实生活中无处不在。但是我们用了非常大的努力，大量的人力物力来对付这个问题，在淘宝，有50%的工作人员每天的工作是筛查侵权、伪冒商品。但是如果有一瓶红酒，在线下的商场里买要300美金，而在淘宝上只要9美金，为什么会这样？因为渠道、广告费用。为什么消费者要为这么多其他费用买单？我们帮消费者省了，所以我们跟消费者说，如果你在淘宝上买一件15元钱的T恤，而它在商场里要卖150元钱，那不是因为淘宝卖得太便宜了，那是因为商场里卖得太贵了。我们应该帮助消费者变得更聪明。

第三点，也是非常重要的一点，我们看见在中国有很多工厂，尤其是在广东，他们其实是公司，并不仅仅是加工厂。他们仅仅是做代工，这些代工的产品之后就在淘宝上卖。他们不知道谁是他们的销售渠道，也不了解最终购买他们产品的客户。这种代工厂，在遇到有问题发生的时候（比如金融危机），会马上陷入困难。所以我们应该告诉这些生产者，你必须直接跟你的客户沟通，你应该自己去做销售，自己提供服务，这才是真正的做生意。否则，你就只是个工厂。我们正在改变这些工厂，扭转这种局面，我感到非常自豪。这与财富无关，因为如果你有100万元，你是个富有的人，但如果你有1000万元，那你可能就有麻烦了。你会担心通货膨胀，于是你开始投资，接着你就可能遇到困难。如果你有10亿元，那这就不是你个人的财富了，就是社会的财富了。你的股东、投资者，认为你应该比政府更能有效地使用这些钱。于是他们给你信任，那你要如何运用好这笔钱，对得起他们的信任呢？我觉得这是我们所面临的挑战。阿里巴巴的产品，其实并不是服务，是人，是我们的员工。

我们员工的平均年龄是26岁。我们正面临着许许多多挑战，这些是我以前没有意识到的。曾有一位政府高层来公司访问，他说马云，如果你们淘宝有3亿用户，那就已经比我管理的国家还要大了。我说是的，这个管理的难度非常大。不管我们制定出什么新的政策，都会让我们遇到各种压力。但用户有抱怨的时候，就好像是对制定政策的政府不满似的。就是这些平均年龄26岁的员工，在制定着淘宝的“游戏规则”，我们从未有过这样的经历。如果我们改变一下，比如说做搜索引擎，传统的搜索引擎，会让卖得好、最便宜的排在前面，但我想，我们会让最有信用和信誉的排在最前面。之后，会有很多的人去验证。有200个人来到我们公司，跟我说，我们会为改变游戏规则而付出代价。

我的回答是，如果这个改变是正确的，我们就要做下去。眼前的这个世界，也是我们改造出来的。我们不需要不能服务于人的项目。我们需要社会学家、经济学家，让这些人来制定我们的政策规则。所以我们还面临着许许多多的考验，但我们仍觉得骄傲，因为我相信在21世纪，如果你想做一家成功的公司，你需要学会的是如何解决社会上存在的某个问题，而不仅仅是学会如何抓住几个机会。抓住机会是非常容易的，我不是吹牛，今天，在阿里巴巴成立12年后，我觉得赚钱非常容易，但是要稳定地赚钱，并且对社会负起责任、推动社会的发展，非常难。这也是我们正在努力为之的，我相信中国因为有了互联网，在未来的3年内会有很大的发展。今年，人们说很多中国的股票因为VIE掉了很多。我相信，如果你看看其他地区的经济，比如美国目前正面临巨大考验；比如欧洲可能已经无所适从；那中国会怎么样？所有发生在美国和欧洲的情况，三四年后也会发生在中国。三四年后，中国的经济将面临巨大的挑战。如果你预感到了将会有糟糕的事情发生，那就从现在开始为之做准备，而不是到时候抱怨和哀号。作为互联网公司，我们必须承担起我们的责任。我不是政治家，我只为自己说话，为我的客户——5000万中小企业者和800万淘宝卖家说话。他们在3年后要如何生存下去？这也是我此次来到美国想要去学习的。跟奥巴马学习，他将如何增加就业，他会怎么做，从错误中整理经验，然后在3年后，用我们的方法，帮助我们自己。这就是为什么我会来这里。

第九章

战略：做战略最忌讳面面俱到，一定要重点突破

正确的战略方针对一个公司的发展至关重要，公司发展的不同阶段，要制定不同的战略，马云认为：“战略不能落实到结果和目标上，都是空话。一个正确制定战略的过程，首先要做正确的事情，再有就是正确地做事。你做正确的事，就可以事半功倍，如果你做的事情是错误的，后边做得越正确，死得越快。”

所有资源在一点突破，才有可能赢

引领电子商务潮流的马云总是走在互联网的尖端，马云的嗅觉似乎比常人更敏锐，他总是能发觉先机，在别人还未动时，他已经先动了起来。2005年1月31日，马云在瑞士滑雪胜地达沃斯发表了一个观点：“2005年，将是中国电子商务的安全支付年。”

2005年春节刚过不久，马云的这个观点很快便得到了验证。马云召开大会宣布，支付宝要全面升级，还要单独推出支付平台alipay网站，目标是要将支付宝做成国内电子商务在线支付的标准技术。

之所以要这样做，是因为马云觉得使用支付宝的用户不应当仅仅局限于阿里巴巴和淘宝网的用户，还要同时为其他的客户服务，只要是使用电子商务网站的客户，都可以用支付宝来实现他们的资金周转。

支付宝的一位高层这样说过：“马总想解决的是整个国内电子商务中的支付问题，而不是仅仅给淘宝网找一个支付的解决方案，所以，支付宝必定是要从淘宝网中脱离出来的。脱离淘宝网，支付宝才可能成为一个真正的第三方支付平台。”

华尔街投资者曾经预言：“谁在支付上掌握了主动，谁也就掌握了中国的电子商务市场。”马云这一次出击，就是要在支付上掌握主动，从而掌握中国的电子商务市场。试想，如果买卖双方都能接受支付宝，做任何交易都选择支付宝为其交易资金的工具，那么，如果买家在eBay易趣上看中一件商品，但是这位买家习惯于用支付宝支付货款，就会要求卖家用支付宝进行交易。几次这样下来，卖家就会考虑换一个能够方便使用支付宝的平台来进行交易，那对eBay易趣的威胁可是巨大的。

所以，支付宝在马云的商业战略中，从来都不是一个仅仅依附于淘宝网的衍生品而已，支付宝有着更加重要的地位，所以，马云让支付宝随后脱离了淘宝网，成为了一个独立运作的公司。

单独推出支付平台alipay网站，支付宝也将适用于阿里巴巴的B2B网上交易。看到马云动了支付交易平台的脑筋，eBay易趣自然也不甘落后。eBay易趣的首席运营官发表声明：eBay为中国公司eBay易趣投资了1亿美元用来研发更安全、更方便使用的支付产品，用来改善用户体验。

双方的火药味很浓，但马云的一番话或许可以看出这场战争中谁更胜一筹："任何标准都是市场决定的，只有客户真的认为你好，然后你越做越大，才能变成一个标准，这是一个自然而然的过程。"

支付宝先声夺人地抢占了国内大部分的市场，让后来者再也无法居上，凭借优良的服务和近乎完美的客户体验，截至2005年7月，已经有上千家购物平台加盟了支付宝，很多大的网站也公开表示支持支付宝，包括搜狐、百度、金山，等等，也包括佐丹奴等一批在淘宝网开店的传统企业。

另外还有很多中小型的个人购物网站也支持支付宝，虽然名气不大，但数量很多，加起来也有千余家。中关村在线网站还和支付宝公司合作推出了ZOL二手交易支付宝平台，支付宝在电子商务市场中越来越得人心，这是其他的网站所不能比的。

用淘宝网执行总经理孙彤宇的话来说就是："支付宝是在2003年10月提

出的，我们现在回想如果没有支付宝这种安全交易的媒介的话，那么中国的电子商务市场不会那么成熟。”

不把赚钱作为第一目标

马云一向是以不惜血本而闻名业内的，这在他打造阿里巴巴、打造淘宝网时就已经名声在外了，在支付宝上，马云也是大手笔的。不但推出了“全额赔付”，还推出了异地汇款免收手续费。

对很多人来说，异地汇款要收手续费实在让人头疼，虽然手续费也不算很贵，但毕竟要被扣钱，还是会觉得心疼。马云在2005年2月2日郑重宣布：全面升级网络交易支付工具支付宝，无论是同城交易还是异地交易，只要是通过支付宝完成的交易，都不收取任何费用。

免除手续费后，每天通过支付宝完成的交易达到了上万笔，交易的金额高达数百万。但这些交易金额通过支付宝不需要掏手续费，支付宝却需要为这笔钱给银行一笔手续费，看起来马云似乎是在做赔本的买卖，但其实，马云是在进行抢占市场的战略部署。

2005年3月2日，支付宝和中国工商银行达成战略合作伙伴协议，共同进军电子商务第三方支付平台。支付宝选择和中国工商银行形成战略合作伙伴，是因为马云看重了中国工商银行强大雄厚的实力。

在做这个决定之前，马云就做过严密的考察，他了解到仅2004年上半年，中国工商银行电子银行业务的交易额已经达到了18.8万亿元，占整个银行的总业务量的20%，而且这个数额还在不断呈现递增趋势。还有中国工商银行的电子化网点覆盖率为98%以上，全年结算业务量占中国金融业50%以上，这样一个实力雄厚的银行，一定要有一个安全、优质的电子商务平台，而支付宝则能够做到这一点，所以，也可以说，中国工商银行和支付宝的合作，是强强联合。

当时，中国工商银行的副行长就表示过："此次中国工商银行与支付宝公司在电子商务支付领域内的战略合作，在国内尚属首次，这也是工商银行与支付宝公司发挥各自优势，推动双方合作所迈出的第一步。双方的这次合作，是国内最大的商业银行和国内用户量最大、成交量最大的电子商务企业的强强合作，是一个双赢的选择，此次合作对于中国电子商务的在线交易和网上银行的普及将起到积极的推动作用。"

马云和中国工商银行的这一次合作，不仅会推动电子商务在中国的进一步发展，为广大网商们带来切身的保障，同时，还能够在eBay和雅虎等电子商务巨头想办法挤进中国市场，也在第三方支付平台上分一杯羹时，及时将门槛抬高，"拒敌门外"。

这就是马云在商场竞争中所用的战略，看似马云一开始的举动非常不精明，不但不赚钱，还不断赔钱，但这其实正是马云的高明之处，他一向都不以赚钱作为第一目标，在马云的眼中，一个只想着赚钱，脑子中没有别的想法的人，即便一开始赚到了钱，最后也还是会赔钱的。只有能够看得长远，懂得放弃眼下的小利，争取日后的大利，才能将企业带入一个更高的层面。

在面对境外电子支付巨头想要进入中国市场这一境况，马云提前做了准备，为了保住客户，抢占电子商务这一新兴的市场，最好的办法就是抱团壮大，所以，马云选择了和中国工商银行抱团，还成功地与许多商家还有其他的银行也形成了结盟合作关系，在抢占了大部分的市场份额之后，便能够占领主要的市场，即便国外那些支付巨头进入中国电子商务市场，所分的也不过是小小的一部分，已经不足为惧了。

支付宝的快速发展也得到了当时杭州市委书记的夸赞，他说：“杭州有着发达的金融服务业和高新信息产业，支付宝走出去和招商银行的深度合作无疑将促进杭州金融业的发展。杭州也是电子商务之都，类似的银企合作给杭州的其他电子商务企业树立了一个很好的标杆。”

赚想赚钱的人的钱

2005年4月20日，支付宝和VISA达成战略合作协议。这是马云的商业战略中打出的又一张强强合作的牌，不过这一次，马云的步子迈得更大，迈向了国际。

支付宝和VISA决定共同开创全球发展最快的中国电子商务在线支付市场，将VISA的品牌实力和支付宝的客户资源结合起来，只要是拥有带有VISA标志的银行卡的客户，都可以使用支付宝。

和VISA的合作，解决了海外支付的大难题，马云的这一个举措，创下了国内电子商务的又一个高峰。阿里巴巴的首席财务官蔡崇信表示：“随着阿里巴巴和淘宝网影响的日益扩大，会有越来越多的海外买家卖家登录阿里巴巴和淘宝网来淘金，但他们都习惯用信用卡往来款项，支付宝应该及时满足这批客户的需求。”

VISA选择支付宝合作的一个主要原因，就在于想要扩大在中国内地的客户群体，据当时的一些数据统计，通过银行卡进行个人支出的人数在美国占25%，在中国香港占18%，而在当时的中国大陆还不到1%的人。选择了和支付宝合作后，VISA不但能扩大受众群体，还能扩大影响力。

VISA国际组织亚太地区副总裁兼中国区总经理熊安平先生对VISA和支付

宝战略合作这件事情上是很赞成的，他表示："VISA希望通过这次合作，让VISA走进中国老百姓的日常生活。目前，VISA亚太区交易量中有7%是电子商务贡献的，使用VISA卡支付的领域不应该只局限于酒店、大商场这些高档或者大额消费的场所和商户。"

马云选择与VISA合作，就是看中了VISA想扩大消费群体的心理，在马云看来，赚想赚钱的人的钱，也是一种战略。VISA想赚钱，那支付宝就为VISA搭建一个赚钱的平台，而支付宝也能通过VISA赢得一批质量优良的国际用户，可以说二者的合作是对彼此双方都有利的。

在网上买东西，支付货款，最怕的就是支付陷阱，用户会担心自己财产的安全，支付宝可以作为一个信用中介，给用户一个安心的保障，也给VISA一个安心的保障，让双方的成交风险都降低，那用户自然会多起来。

在和VISA合作后，通过支付宝购物的用户，在原有的"身份验证""支付宝"和"网络警察"三大安全保证之外又增加了一重要保证。所有拥有VISA的持卡用户在阿里巴巴或者淘宝网上购物时，都可以获得VISA的额外保障，可以防止密码外泄、卡上金额被盗用等意外发生。

这一次合作让马云走得更远，他不但占有了国内的电子商务市场，也拥有了国际上的一大批用户，他离自己的理想更近了一步，他要做一个全世界人都用的网站，在做到这些的背后，是马云不断付出的艰辛，每一步战略的制定，都是经过缜密的思考和考察的，马云看似一次又一次不被人理解的行为背后，其实都是有着非常合理和有远见的理由的。就如他自己所说过的那样："首先要明白，做正确的事，然后再正确地去做事，这两个千万不要颠倒。"

太多的钱也许会坏事

马云曾做过雅虎在中国的广告代理，当时所表现出的经商才智，深受杨致远的赏识，因此当雅虎中国刚刚进入中国时，杨致远曾想邀请马云做雅虎中国的掌门人，却被一心想要做阿里巴巴的马云婉拒。

作为美国数一数二的网络航母，雅虎进入中国后，却是一直水土不服，表现得不尽如人意。从1999年到2005年这七年间，雅虎尝试了很多办法，但都没有什么太大的起色，而此时的淘宝刚刚击败eBay易趣，阿里巴巴所表现出的强进发展势头让杨致远看到了希望，为了雅虎的发展，他决定将资产盘给阿里巴巴，保留雅虎品牌的同时，放手让阿里巴巴全面掌握经营。

2005年8月11日，杨致远给雅虎中国全体员工发了一封电子邮件："今天上午，我们宣布与阿里巴巴结成战略合作伙伴……这是雅虎激动人心的一刻，我希望你们能够看到前方巨大的机会，成为这个成功团队中的一员。"

至此，外界盛传已久的雅虎与阿里巴巴并购终于得到了证实，2005年10月25日，阿里巴巴公司正式宣布，顺利完成对雅虎中国全部资产的收购，包括雅虎中国门户网站、雅虎的搜索技术、通信和广告业务，以及3721网络实名服务。此次收购的完成，将继续巩固并提升阿里巴巴公司目前拥有的在全球领先的B2B、C2C 领域以及电子商务支付的领导实力，并将运用全球领先的雅虎搜索技术打造超强的互联网搜索公司。

马云说："这是中国互联网史上最大的并购行动，我们同时得到雅虎的五朵金花：雅虎中国的资产，雅虎的品牌、资金、技术和海内外渠道，加上我们6年运营形成的电子商务市场平台、诚信体系和安全支付机制，我们将打造全球最为完整、功能最为强大的电子商务体系——电子商务的四大护法：市场、诚信、支付和搜索。”

但是在这次并购中，有一点令当时很多人充满质疑，那就是马云称是阿里巴巴收购了雅虎，但雅虎却投资给阿里巴巴10亿美元。雅虎获得了阿里巴巴40%的经济受益和35%的投票权，大家都在质疑这到底是谁收购了谁。

作为这场收购的核心人物，马云没有逃避，他选择接受记者采访，还专门将采访地点选择在了阿里巴巴在北京的办公地点泛利大厦，而不是雅虎中国所在地，足可以看出马云的良苦用心。

在新闻发布会上，他宣布：“雅虎成为阿里巴巴重要的战略投资者之一，从股份上看，雅虎占1席、软银占1席、阿里巴巴占2席，所以这个公司还在阿里巴巴的领导下，我继续担任CEO。”

面对大家提出的雅虎是否真的投入10亿美元的疑问时，马云没有正面回答，他只是说：“一切收购的财务细节都将会在18个月后公布，到时候自有定论。10亿美元究竟能给阿里巴巴带来什么，我感觉就像突然吃了一个巨大无比的东西在肚子里，难度是很大的，10亿美元在外人看来觉得是好事，在我看来还是一个很大的挑战，你到底怎么花？很多时候犯错误是因为你有钱才愚蠢起来，我们在接受很大的挑战。”

关于阿里巴巴和雅虎到底是谁收购了谁，那些虚虚实实的消息并不重要，重要的是马云在这一次出手中，将阿里巴巴推上了问鼎互联网行业老大的位置。雅虎10亿美元的投资，令阿里巴巴公司的价值达到了28亿美元，快要接近上市后放大的百度市值。

而且与雅虎合并后，阿里巴巴在国内的互联网行业里来说，已经是无人可敌了，阿里巴巴拥有了如此全面和强势的互联网业务，阿里巴巴几乎成了所有互联网公司的敌手，不仅如此，马云又在当年10月份宣布淘宝网将以10

亿元人民币再免费三年，打算用免费的营销策略来赢得更多的用户。通过这一次的联合，阿里巴巴在马云的带领下，意气风发地向互联网巅峰前行。

在收购雅虎中国时，马云曾对雅虎员工做了一次非常精彩的演讲，在这次演讲中，可以看到马云与众不同的智慧：“我希望把我成功的经验和大家分享，尽管我认为你们其中的绝大多数勤劳聪明的人都无法从中获益，但我坚信，一定有个别懒得去判断我讲的是否正确就效仿的人，可以获益匪浅。”

附马云给雅虎员工的演讲：爱迪生欺骗了世界！⑩

今天是我第一次和雅虎的朋友们面对面交流。我希望把我成功的经验和大家分享，尽管我认为你们其中的绝大多数勤劳聪明的人都无法从中获益，但我坚信，一定有个别懒得去判断我讲的是否正确就效仿的人，可以获益匪浅。

让我们开启今天的话题吧！

世界上很多非常聪明并且受过高等教育的人，无法成功，就是因为他们从小就受到了错误的教育，他们养成了勤劳的恶习。很多人都记得爱迪生说的那句话吧：天才就是99%的汗水加上1%的灵感。并且被这句话误导了一生。勤勤恳恳地奋斗，最终却碌碌无为。其实爱迪生是因为懒得想他成功的真正原因，所以就编了这句话来误导我们。

很多人可能认为我是在胡说八道，好，让我用100个例子来证实你们的错误吧！事实胜于雄辩。

世界上最富有的人，比尔•盖茨，他是个程序员，懒得读书，他就退学了。他又懒得记那些复杂的dos命令，于是，他就编了个图形的界面程序，叫什么来着？我忘了，懒得记这些东西。于是，全世界的电脑都长着相同的脸，而他也成了世界首富。

世界上最值钱的品牌，可口可乐。他的老板更懒，尽管中国的茶文化历史悠久，巴西的咖啡香味浓郁，但他实在太懒了。弄点糖精加上凉水，装瓶就卖。于是全世界有人的地方，大家都在喝那种像血一样的液体。

世界上最好的足球运动员，罗纳尔多，他在场上连动都懒得动，就在对方的门前站着，等球砸到他的时候，踢一脚，这就是全世界身价最高的运动员了。有的人说，他带球的速度惊人，那是废话，别人一场跑90分钟，他就跑15秒，当然要快些了。

世界上最厉害的餐饮企业，麦当劳。他的老板也是懒得出奇，懒得学习法国大餐的精美，懒得掌握中餐的复杂技巧，弄两片破面包夹块牛肉就卖，结果全世界都能看到那个M的标志。必胜客的老板，懒得把馅饼的馅装进去，直接撒在发面饼上边就卖，结果大家管那叫PIZZA，比10张馅饼还贵。

还有更聪明的懒人：

懒得爬楼，于是他们发明了电梯；

懒得走路，于是他们制造出汽车，火车和飞机；

懒得一个一个地杀人，于是他们发明了原子弹；

懒得每次去计算，于是他们发明了数学公式；

懒得出去听音乐会，于是他们发明了唱片、磁带和CD；

这样的例子太多了，我都懒得再说了。

还有那句废话也要提一下，“生命在于运动”，你见过哪个运动员长寿了？世界上最长寿的人还不是那些连肉都懒得吃的和尚。

如果没有这些懒人，我们现在生活在什么样的环境里，我都懒得想！

人是这样，动物也如此。世界上最长寿的动物叫乌龟，它们一辈子几乎不怎么动，就趴在那里，结果能活一千年。它们懒得走，但和勤劳好动的兔子赛跑，谁赢了？牛最勤劳，结果人们给它吃草，却还要挤它的奶。熊猫傻儿吧唧的，什么也不干，抱着根竹子能啃一天，人们亲昵地称它为“国宝”。

回到我们的工作中，看看你公司里每天最早来最晚走，一天像发条一样忙个不停的人，他是不是工资最低的？那个每天游手好闲，没事就发呆的家伙，是不是工资最高？据说还有不少公司的股票呢！

我以上所举的例子，只是想说明一个问题：这个世界实际上是靠懒人来支撑的。世界如此的精彩都是拜懒人所赐。现在你应该知道你不成功的主要原因了吧！

懒不是傻懒，如果你想少干，就要想出懒的方法。要懒出风格、懒出境界。像我从小就懒，连长肉都懒得长，这就是境界。

再次感谢大家！

要做新游戏规则的制定者

马云收购了雅虎中国后，便马不停蹄地开始促进雅虎中国的“变身运动”，马云看重了搜索市场这块大蛋糕，他放言道：“在中国，雅虎就是搜索，搜索就是雅虎。”马云高调表示雅虎中国要坐上中国搜索市场的“头把交椅”，他还宣称：到2006年的时候，雅虎中国要实现8个亿的收入。

这些目标并不是在夸大海口，马云是真的有这样的壮志。2006年3月17日，在南京召开的“2006全球搜索引擎战略大会”上，马云就又一次发表惊人言论，他说：“当初收购雅虎中国也是因为觉得电子商务的发展中缺少搜索，这将阻碍电子商务的发展。”马云还强调雅虎中国不能做搜索市场中的追随者，要当新的游戏规则的制定者。

“目前的搜索技术只是工程师的游戏，并没有考虑用户的真正需求，搜索也只是一种工具，并不会改变我们的生活，互联网才会改变中国。”马云认为就用户的满意度来说，不但是雅虎搜索，就连百度等其他的搜索也都是不合格的，不是真正意义上的搜索，所以，他要做出真正意义上的搜索，要成熟，能经得起用户检验的引擎。

马云认为雅虎中国的目的是要实施电子商务战略：“做搜索也可以更好地发展电子商务，在未来5年，将一直结合搜索来发展电子商务。”

第一步的战略便是推出“知识堂”的公测版，当时，新浪推出了“爱问搜索”，百度推出了“百度知道”，各大网站都纷纷转战“问答搜索”的市场，想要趁早在这个市场中站稳脚跟，马云自然也不能落后，雅虎中国推出的“知识堂”就是要让雅虎中国也能够在国内的搜索大战中赢得先机。

雅虎中国的“知识堂”做得和别的搜索有些不同，“知识堂”不是主要采用搜索关键词的方式，而是采用了“知识共享社区+搜索引擎”的模式，用户提出自己想问的问题，然后网友们针对这个问题纷纷进行回答，彼此分享答案和信息，最终形成一个知识点汇集起来的信息库，所以，用户既是信息的享用者，也是信息的提供者。

马云的这个战略是很妙的，“知识堂”的推出正是迎合了中国市场的需求，相比之前雅虎进入中国的“水土不服”，在马云的“妙手回春”下，雅虎中国开始越来越能被中国市场接受，而面对已经在搜索市场抢占了先机的新浪爱问和百度知道，马云希望雅虎的“知识堂”能够借助雅虎的全球资源，取得更多的用户支持。

但马云同时也不希望雅虎中国最终和美国雅虎一样，他说：“只有本土的，才是最好的。雅虎中国不会套用美国雅虎的东西，也不会升级为美国雅虎，美国雅虎是根据美国客户的需求做的，阿里巴巴雅虎也必须根据中国客户的需求来定制，而不是模仿。”

马云希望雅虎中国能做出一个不一样的搜索引擎，所以，他针对用户群体不断地对搜索引擎进行改革，就是要迎合用户的需求，使得雅虎中国的搜索引擎能够脱胎换骨，成为大众最喜爱使用的搜索引擎。

马云在加强搜索引擎的服务能力时，也没有忘记发展雅虎中国的网络实名服务系统。网络实名可以帮助网民更加方便、迅捷地找到自己想要找的资料，也能够帮助企业在网上对自己进行更深入的推广。马云将搜索引擎和实名服务结合在一起，大大提升了雅虎中国的品牌效应。

虽然对于互联网，马云是个技术上的门外汉，但在战略部署上，马云却是比很多“懂行”的人还要厉害很多，马云的每一次战略，都是一次突破，马云对雅虎中国大刀阔斧的改革，自然有着他的道理：“一方面固然是因为我从一开始就冲着搜索来的，其实另外还有一个原因，就是为了让雅虎中国员工知道，不是不可以变化的，一切都可以变。”雅虎中国在马云的带领下，慢慢走上了高峰。

第十章

我的价值观：客户第一、员工第二、股东第三

一项调查研究表明：世界500强企业成功的根本原因在于，他们善于给企业文化注入活力。企业文化是一家企业的骨髓，马云说："小老板就是靠文化，靠自己的价值观来管理这个公司，所以说创始人实际上是这个文化最早出来的基因。你当老板第一天就要培养一种文化，才有可能'大'，'大'了以后，文化才有作用。一个企业懂得用文化，它才会成为中型企业、大企业。"

诚信是无招胜有招的武器

优秀的企业一定会有优秀的企业文化，马云用他自己的方式，一步一步，构建出了阿里巴巴独有的企业文化。

“诚信”是阿里巴巴六大价值观中的一条，马云曾经在一个网商论坛上这样讲过：“告诉大家，永远不要去欺骗别人。我当老师的时候，我没有欺骗过学生，学生也许欺骗过我，但这种学生也不会好的。1995年，我被4家公司欺骗，我还派一个人到深圳去，教他文案怎么做，我还在这里傻傻地等。今天我回过头来看，欺骗我的4家公司全关门了，说明靠欺骗走不远。所以我想告诉大家的是，这个世界是一个拼胸怀、拼眼光、拼实力的世界。”

经过短短十几年的发展，马云所领导的阿里巴巴就一跃成为全球最大的采购批发平台，马云也成为名副其实的网商教父，马云之所以能够带领着阿里巴巴取得如此大的成功，完全得益于其十几年来苦心经营、架构完备的诚信体系。

在一次媒体采访中，马云曾向记者描述了阿里巴巴不可或缺的五个要素：诚信、电子市场、搜索引擎、支付以及软件。在马云的眼中，诚信应该排在五个要素中的第一位，它是阿里巴巴乃至网络商户们赖以生存的根本。

也正是基于此，诚信经营，始终被马云置于阿里巴巴发展的第一使命。

在阿里巴巴创建初期，马云就深刻地认识到，电子商务信息流之后发展交易一定要通过诚信的独木桥，没有诚信就实现不了，认识到这一点以后，马云在国内率先建立诚信桥。

来阿里巴巴应聘，“诚信”是必考题之一，想进入阿里巴巴就必须满足诚信这一条件，一个不讲诚信的人，马云是绝对不会录用的。在阿里巴巴，不论是高管还是普通员工，有两条原则是不能违背的：一条是永远不给客户回扣，一条是永远不说竞争对手的坏话。前一条是为了避免客户对阿里巴巴失去信任，后一条则涉及一个公司的商业道德。

2001年末，浮躁的中国互联网行业遇到“寒冬”，许多网络公司为了渡过难关，单方面撕毁了与用户之前承诺的免费协议，开始从免费服务向收费服务过渡，再加上一些浑水摸鱼的企业欺瞒客户，影响了整个虚拟市场的大环境，使刚刚起步的中国互联网遭遇到了诚信危机。马云此刻认识到，由于国内在线支付系统的不发达、邮政网络的滞后、诚信环境的缺位，使得安全支付成为电子商务发展的一大瓶颈，如果这个时候不能够开始重塑网络信用之路，电子商务信息流就会变成毫不值钱的信息。

2002年3月，为了解决客户和会员所担心的诚信问题，阿里巴巴推出了“诚信通”，并提出了“让诚信的商人先富起来”的口号，从而构建了电子商务诚信体系，解决了制约电子商务发展的障碍。

2003年淘宝网成立以后，马云再次创造出一个维护诚信体系的产品——“支付宝”，从而有效地突破了长期以来困扰中国电子商务发展的诚信、支付、物流三大瓶颈。

2006年，淘宝网和eBay易趣的战火逐渐平息，淘宝网占取了网购市场的大部分份额，在这年的全体员工大会上，马云宣布的第一大主题就是“诚信建设和知识产权保护”，对于为什么要把它放在第一位，马云是这样解释的：“对阿里巴巴而言，诚信建设是一项首要的使命，我们的网络平台是一个活跃着数以万计的企业和个人的巨大社区，不仅要以诚信为会员创造价值，同时还要承担起以诚信影响社会的责任。”

诚信是中华民族的传统美德，更是保证市场经济发展的道德基石，马云曾在一档电视栏目中对主持人说过这样一段话：“很多人都把赚钱看得很难。但我觉得：一个生意人或者一个商人或者一个企业家，最容易的事情就是赚钱。对于财富来说，我自己这么看，不是钱，而是你的诚信、你的朋友，尤其诚信特别重要。你说到做到，等你没有钱的时候，你出去跟朋友讲，因为你以前说到做到，别人就会把钱给你。因为你有诚信，很多人会跟着你去干。”这是马云宣言式的告白，也是马云一生坚守的信条。

影响一家公司的不是商业模式，是价值观

哈佛商学院教授克莱顿·克里斯滕森说：“影响一家公司能做什么，不能做什么的一个重要因素，是它的价值观。我们将组织的价值观定义为员工用于确定优先事项的标准，他们根据这些标准来判断一份订单是否有吸引力，一位客户的重要性如何，以及一个新产品的创意是令人瞩目还是马马虎虎。”

2001年初，由于受到互联网“寒冬”的影响，加之一直推行的免费服务，即对买家和卖家都是免费的，先将大家请进来，以此来建立阿里巴巴的用户基础，此时的阿里巴巴不仅快将所有的融资全部花光，而且无法盈利这

一瓶颈始终无法突破，所以在整个互联网行业中，几乎所有人都不看好阿里巴巴的运营模式，他们无一例外地认为阿里巴巴这种不能盈利的模式在将来的竞争中必死无疑，此时的马云也遭受到来自业界和媒体的愈来愈多的质疑。

同年在北京召开的一场小型的互联网讲演会上，阿里巴巴的运营模式再次被与会者质疑，有人不断追问阿里巴巴的财务状况，马云最终坚定地回答："阿里巴巴如果想赚钱，今晚就可以赚钱。我今晚宣布关闭阿里巴巴网站，全世界许多商人就会主动把钱打到我的账号上，因为他们离不开阿里巴巴！他们一定会交费！阿里巴巴可以赚钱的道路实在太多，我现在还不想赚这点小钱。"

马云说得没错，作为商人和企业家的马云当然知道赚钱意味着什么，但马云认为，没有耐心的商人不是一个成功的商人，如果他不能稳健地经营，而是盲目投资，那么他一定会一败涂地，只有耐得住寂寞，做到心静如水，才能等到最好的时机到来。

然而，在当时，马云关于质疑的种种答辩和慷慨陈词都被视作狂人疯话，几乎没有人相信他说的话，虽然冬夜漫漫，虽然前路茫茫，但马云一直按照自己的模式运营阿里巴巴，直到2002年10月阿里巴巴盈利时，对他所有的质疑声才终于停止。

回忆起那段难熬的岁月，马云说："2000年、2001年，多少人在网上骂我们不知道怎么赚钱，免费，没有盈利模式，阿里巴巴的模式肯定不行。2000年哈佛给阿里巴巴做了第一个案例。研讨会我参加了。在哈佛的案例研讨会上，把我和另外一家公司放在一起，结论是那家公司要赢，阿里巴巴要输。"由此可见，当时的马云压力是多么大。

当淘宝占据网购市场大部分份额时，有人建议马云对淘宝用户进行收费服务，马云一口回绝，他说："要开始考虑赚钱的时候，是帮别人真正赚了钱的时候。但现在，还不是淘宝收费的时机，因为市场还需要培育。"

2007年9月10日，第五届"西湖论剑"在西子湖畔杭州盛大召开，在与杨致远的对话中，马云再次强调了自己免费经营的理念："其实我觉得公司原先有人说过免费是最贵的，免费的时候要小心，就像因特网一样，别人要不断去用，要想很多的办法。中国在两年前推淘宝的时候采用免费，其实阿里巴巴免费三年，淘宝免费三年，几乎所有推出来的服务都是免费一两年，主要原因是通过免费来了解客户的需求，免费的过程是跟客户的磨合过程，你会发现在免费了以后人家会不来，那没戏了，如果免费了不来，那你的价值可能不存在了，我就是边走边体验，我们免费的过程一直在体会，我觉得今天挺好，有了10亿美金就更可以免费了。"

不过，靠"免费"起家的马云，却很反对功利性的免费。2005年，在上海阿里巴巴网商论坛上，马云就专门回答了一个用户的提问："免费是最贵的。与其花这点时间去免费，不如花一点时间真正去成长。我当时学英文，没有想到，有一天英文帮了我很大的忙，我的英文思考能力很强。做任何事情只要你喜欢，只要你认为对，就可以去做。我参加很多论坛，比如我参加财富论坛、参加达沃斯世界经济论坛。如果你脑子里有一种功利性很强的东西，肯定是很麻烦的。很多我认为对的事情不一定对你有用，但你思考、分析、消化以后肯定对你有用。"

正是由于马云这种舍弃小金子的经营理念，才使他握住了互联网的命脉，实现了"只要是商人，一定要用阿里巴巴"的目标。如果在阿里巴巴的成长道路上，马云不断捡拾那些散落在地上的小金子，那么相信过不了几年，他就会在重压之下寸步难行，也就永远到不了金矿的山顶。

点滴的完善就是最好的管理文化

美国的知名主持人查理柔丝曾问过马云一个问题："阿里巴巴的核心竞争力是什么？"

马云回答："不是科技，而是文化。科技只是工具，我们更重视价值、使命，工作是为了帮助别人，而不只是为了赚钱。在我的公司里，客户第一、员工第二、股东第三，这就是我们的信念。"

2005年12月15日，阿里巴巴的高层人事有了变动。

在员工大会上，马云亲口宣布自己的妻子张瑛退任，这个决议让在会场的人都呆住了，大家愣了片刻，还传来了一些人的哭泣声。张瑛不但是马云的妻子，更是阿里巴巴的创业元老、创业功臣，她为阿里巴巴付出了很多的心血，这些都是大家看在眼里的，所以，董事会的人都极力反对这个决定，他们劝马云再考虑考虑。

这时候，张瑛站了出来，她解释说这是自己的决定，她是主动要求退出公司的。张瑛本人坚持离开公司，大家便不好再说什么，事后，马云对这件事是这样解释的："她认为公司到这个时候，让别人看见阿里巴巴CEO的妻子在公司里，不管你做得怎么样，别人看你的眼光都会不一样。"

马云表示，这种痛苦是很能被理解的。妻子张瑛离开阿里巴巴公司，应该可以说是阿里巴巴从创业型公司向经营型公司转变的一个重要举措。

不反对张瑛离开公司，一个原因是马云对妻子的心疼，他动情地说："这几年来，张瑛几乎没有自己的生活，没有朋友圈子，天天都在公司。"

还有一个原因便是为了企业发展着想，一个企业想要良性发展，自然是需要好的企业管理文化去引导。当初张瑛在阿里巴巴工作，是阿里巴巴处于创业期阶段，需要人手，管理制度、企业文化等等还不明晰的时候。

但是，一个企业一旦发展成熟，走上轨道，势必要专业的管理人员，张瑛明白这个道理，马云也明白。所以，他们夫妇为了阿里巴巴的长远发展，做出了这个决定。让更加适合管理岗位的员工上任，是个好的决定。

“开公司要发扬长处，避开短处。不要总说别人的不是，这样会得罪所有人。因为你没看清楚，不好的东西是有原因的。你该说，这个很好，我们可以继续发扬光大。员工自然会听你的。你要先肯定好的，这个叫求大同，存小异。你要问自己能不能适应公司的文化。你不是改变，而是去完善这个文化，靠逐渐的完善来改变，点滴的完善就是最好的管理，这也是柳传志讲的，叫绕大弯。”马云如是说。

在企业的不断发展中，企业文化是需要逐渐完善的，马云一直都很看重企业文化建设，他认为一家企业赚再多的钱，没有一个积极向上的企业文化，也是不行的。所以，马云说：“我相信在中国的企业里面，都需要共同的目标、共同的使命感、共同的价值观。明确你的目标以后，你必须让每一个员工，甚至门口的保安，甚至保洁阿姨都明白你的使命感才行。否则驾马车方向都不一样，怎么弄？”

在对未来的判断上可以犯错，在原则上绝不犯错

2011年是马云创办阿里巴巴满12周年的本命年，这一年也是他和阿里巴巴的“多事之秋”。2011年2月21日，阿里巴巴B2B上市公司发布公告称，董

事会已经批准B2B公司CEO卫哲、COO李旭晖引咎辞职的请求。

马云在发的内部邮件中写道："过去的一个多月，我很痛苦、很纠结、很愤怒……但这是我们成长中的痛苦，是我们发展中必须付出的代价，很痛！但是，我们别无选择！我们不是一家不会犯错误的公司，我们可能经常在对未来的判断上犯错误，但绝对不能犯原则上的错误。

如果今天我们没有面对现实、勇于担当和刮骨疗伤的勇气，阿里将不再是阿里，坚持102年的梦想和使命就成了一句空话和笑话！这个世界不需要再多一家互联网公司，也不需要再多一家会挣钱的公司。"

这件事源于2011年1月下旬的某天，马云收到的一封邮件。其实，马云平时并没有收邮件的习惯，这是阿里巴巴的员工都知道的。但就那一次，马云随便上邮箱看了看，就发现了一些端倪。

那是在春节放假前几天，几个同事在邮件里讨论吃什么，一个女员工在邮件里随口说了句："他妈的，我还在看一个案子，可能个别员工涉及欺诈问题。"

马云顿时感到很好奇，是什么样的一个案子会让一个女孩子张嘴说粗话，马云立刻找到那个女员工聊了聊。聊过之后，马云意识到这里面有些问题，他便立刻找到卫哲询问，问过之后，马云知道了，卫哲和他的团队很早就知道阿里B2B平台上存在商家欺诈问题，卫哲也一直在用常规的方式调查、防范、处理，也取得了一定的成效。作弊的商家比例已经从1.1%降低到了0.8%。但卫哲搞不清楚阿里巴巴员工和作弊商家的关联度有多高，当马云问他的时候，他也是非常惊讶。

当天晚上，马云便将几个关键人物叫到杭州开会，马云在会议上认为这件事情闹大了，他当即决定成立一个调查小组来调查。

调查结果出来后，便有了卫哲与李旭晖辞职的一幕。对于二人的离任，马云虽然心痛，但也必须要坚持自己的原则，在这件事情之后，马云表态说，卫哲这次碰上了阿里巴巴的高压线。“这个一亮，谁都跑不掉的。当我发现公司内部的员工，对诚信问题的看法居然是可以睁一只眼闭一只眼的时候，那是大问题。”

2007年B2B公司上市以后，马云有意识地抽身于各个子公司的内部管理，他尽量减少了对公司业务的干预，他说：“这几年我花在‘人’身上的时间最多，业务我基本就不太管了。我就干这么几件事，第一，当好这个公司的使命感、价值观的守门员。第二，发现、培养优秀的领导者。第三，把职业经理人赶出去，要让领导者有职业经理人的能力，但是不能有职业经理人的习气。”

如果不是偶然在邮件中看到了那位女员工的抱怨，马云也不会知道B2B正在进行反欺诈调查。调查出了结果，马云便不会为了估计私人情感而置原则于不顾。

马云说：“做企业不能当侠客，我是公司文化和使命感最后一道关。作为大家信任的CEO，我要做的是捍卫这个公司的价值体系。如果你叫我一声‘大哥’我就可以不杀你，那以后，有多少兄弟叫我‘大哥’？我不是‘大哥’。”

回顾自己当时的取舍，马云说：“企业家的资源是稀缺的，企业家的兄弟恩情资源更稀缺，但公司出了这样的事，就一定要有人为此付出代价，为此付出代价的一定是CEO。”当然，马云也在这件事情中承担了责任，用马云自己的话来说就是：“我承担的就是卫哲的离开，这是我在阿里巴巴11年来最大的痛，因为是兄弟，失去的是亲情。”

“这就好比，跟人打架的时候，卸了一条手臂，痛，但不会痛过你把一条好好的手臂砍了，那是更痛。”马云对“斩”卫哲是如此形容的。

"文化绝不是强大的口号，文化不是出刊物、出杂志、做DVD，文化是行为的考核，文化是一场场考核出来的。"在一次演讲中，马云再次提到了企业文化，他强调，任何人都不要去碰阿里巴巴的价值观，不要去触碰阿里巴巴的价值观底线，因为那也是马云的底线。

附马云演讲片段[11]：

一个企业最重要、最有价值的东西是什么?大家知道美国的发展，美国是一个基督教文化非常强的国家，是在基督教文化和基督教法律上建立的政治体制，美国再开放，我想让美国人请一个佛教徒或者伊斯兰教的人当总统肯定是不愿意的，美国总统就职时，总是一手按住胸口，一手放在圣经上。你让他们请一个信外教的人当总统，他们不会，他们颠覆不了。文化的力量是非常强大的，我们中国新文化运动建立了新文化，我们中国人讲儒家哲学、佛家哲学。我们整个社会有自己的价值体系。公司也是可以有自己的价值体系的，所以我在我的阿里巴巴花了大量的时间来建立这个文化体系，进行一个领导力的建设，而不是制度体系的建设。制度是没有办法让一个企业非常完善的，而文化的力量是强大的，文化就是制度所不能管到的地方，它能发挥作用。所以我深深地感觉到文化的力量。

只有根据文化，你才能去完善你的制度。制度是什么？制度越少越好，制度越多，文化越淡薄。中国不缺制度，很多倒下去的国有企业，规章制度多到承担责任制定的部门自己也搞不清楚。但是没有很好的企业文化，制度再多，得不到执行，最后还是空的。我们很多企业包括国企都是要按制度办事，要制度办事还要你干吗啊？弄头猪在那边坐着也行啊。我们公司有件事，一个员工怀孕了，然后可以去办公室领用那个防辐射的衣服，她去领的时候就被问道："有怀孕证明吗？"她回来的时候就很郁闷，这件事情被我知道了，我就问那个发放衣服的人为什么要有怀孕证明，她回答，“制度上写了呀！”我说，“我就不相信女孩没怀孕喜欢穿着那件衣服到处走！”当很多莫名其妙的制度被制定得太多了以后，你就不会去思考。

一说起制度、体制问题，那么该怎么办呢？文化是怎么建立的？文化绝不是强大的口号，文化不是出刊物、出杂志、做DVD，文化是行为的考核，文化是一场场考核出来的。阿里巴巴的文化很简单，所有的员工进来都要学到六条价值观，第一条是“客户第一”，是谁给我们钱？不是股东买股票给我们钱，是客户买我们东西给我们钱。是谁在创造价值？是员工，第三个才是股东给我们的信任。所以我们的宗旨永远是客户第一、员工第二、股东第三。

我们公司的第二条是“团队合作”，我们都是平凡人，我是反对精英的，如果你认为你是精英，那么请你离开，我相信是平凡的人一起做一件非凡的事，团队合作对我来说非常重要。还有一条是“拥抱变化”，要用积极乐观的态度去应对各种各样的变化，我们有些员工说我一年换了六个老板，项目换了七八个，我说这是你的荣幸，谁有这种经历可以一年换六个老板呢。

第四条是“诚信”，我觉得诚信是最关键的，做企业要诚信。还有一条是“激情”和“敬业”，敬业是什么？“执子之手，与子偕老”，我最讨厌这种员工，天天待在公司里天天骂公司不好，那你干吗还待在这里呢？娶了个老婆天天说老婆不好，赶紧离婚！没出息的人天天怪别人，有时候你抱怨多了大家都觉得烦。企业的文化就是企业的宗教一样的概念，文化是一定要考核的，不考核就都是虚的，文化是使命，是价值观。一家企业、一个组织一定要有使命。我们阿里巴巴招聘员工的时候，我喜欢那些有梦想的人。什么是梦想？梦想不是为社会主义奋斗终生，梦想就是我要买车我要买房我要娶老婆生儿子，我觉得这样的梦想最实在。这就是平平凡凡、实实在在的人。有些人说你这种梦想怎么那么低俗，我想说，所有好的东西都是低俗的，呵呵，这就是实实在在的。组织是要有使命的，迪士尼的使命就是让世界快乐起来，他们招的员工都是开开心心的乐观主义者。怎么往前走，就是使命驱动，阿里巴巴的使命很简单：让天下没有难做的生意。我们做的一切的事情，很重要的一点都是围绕帮助中小企业让天下没有难做的生意，客户要的不是服务，是体验，体验是什么？体验就是感受。每个企业都可以找到自己的使命，根据这个使命你才有未来行动的准则和方向。然后就是价值观，我们公司的人都知道，50%的业绩考核是价值观考核，每个季度考核，考得你晕头转向，一定得考核，你的奖金、工资、待遇全和这个挂钩，价值观是考核出来的，它会变成一种本能。企业如宗教，企业的价值观如同宗教信条，信则进（加入企业），进则必须信，不信则换（换工作）。跻身企业，你就必须以积极的心态去适应企业文化，转变自己的价值观。公司不欠任何人，任何人也不欠公司。今天的企业家比10年前更加能承担责任，能力更强，我自己觉得我比10年前努力多了，我边上的人比10年前能干多了，你不能老是看不好的。我们的文化培养要求积极乐观地面对未来。如果企业是个旅程，那使命就是目的地，价值观是红绿灯、斑马线。我为什么喜欢小公司，在小公司我看到的是理想、是梦想、是希望，在大企业看到的是KPI、competition、bonus、market，你说还会开心吗？不会开心，纯粹为KPI而干，谁都没劲。做战略做的应该是“战”，而不是“略”。

淘宝和阿里巴巴集团的使命是创造新的商业文明，人类社会给了我们这个机会，我们现在拥有了互联网，拥有了几亿的消费，拥有了无数的80后、90后，社会给了我们这个机会可以让商业社会更加文明更加开放，更加懂得承担责任，这个几代人轮得到一次呢？我们希望商业社会更加透明，而互联网发展就是开发、发展和全球化。阿里巴巴假如有政策违背了使命感，违背了我们公司的六大价值观，我们立刻毫无理由修改。所以我又要说，文化是考核出来的。

说到领导力，领导力首先不是权力，而是责任心，责任心多大舞台就有多大。领导和员工的岗位是不同的，作为员工你首先是为自己干，世界上没有无私的人，这是很简单的人的一些很基本的东西，别人也不应该用焦裕禄的标准去规定他。我们有时候会说到一些榜样的力量，我觉得如果要模仿或者学习，也没有必要学习离自己太远的，如比尔·盖茨之类，你身边的人就是你学习的榜样，只是你愿不愿意降低姿态去学习。但是成为一名管理者就不一样了，你是经理，别人的成功才是你的成功，向你报告的七个人，他们的涨工资、他们的买房子、他们的快乐、他们家庭的快乐都是跟你有关系的。你愿不愿意承担这样的责任，如果你愿意，你就可以慢慢走上“管理”这条线，成为一名管理者。当官的话，责任心需要更大。所以在阿里巴巴，要提拔一个人做经理，首先要检测的是他愿不愿意为底下人承担责任。

做一个好领导，还需要检测三个指标，眼光、胸怀和超越伯乐。我尤其强调胸怀的重要性。十个能干的人，九个是古怪的。因为能干的人这儿能干那儿有问题，那儿能干这儿有问题，基本都是这样的。所以作为一个领导，需要有能够包容他们的胸怀，心中能够容纳千军万马。我一直说我们公司是一个动物园，各种脾气的，各色人种到这里来，我都能容忍。甚至公司内部有竞争，这种竞争是善意的，只要没有帮派，我都是可以容忍的。如果你想去消灭谁的话，你一定会倒霉。有人说，你说得轻松，淘宝把那些零售商全给消灭掉，把渠道给灭了。我是这么觉得的，丛林规则里面，狮子吃羊不是因为它恨羊，这是一个竞争规律，一代一定胜过一代。北京的黄包车拉得很好，突然来了汽车，大家团结起来把汽车砸了，没有用，你别去阻碍时代的发展，这是时代变更。做任何事不是因为我恨你，而是我做正确的事情。你作为领导者，要去包容。还有超越伯乐，发掘优秀人才，培养优秀人才，并且给他足够的支持和信任。最大的资源不是给他钱、给他人，而是给他信任。我们永远应该以公益的心态、商业的手法去做事，而不是以商业的心态、公益的手法做事，做正确的事，完善这个社会。这是我们这一代人的职责。利用今天这么多员工，这么多资源，那么多社会对我们的信任，去完善社会。今天我说了那么多，我不想告诉大家我讲的都是对的，这只是我的看法，我们是这么在做的。

第十一章

人生：不能被昨天绑架

“马云”只是一件袈裟，披上它就变成了“马云”。“马云”是一个符号，一个有人爱也有人恨而且恨之入骨的人。做这样一个人心理承受能力要很好。我希望的是，马云不要被“马云”绑架了，那样会累死自己。

有钱了也要像没钱时一样花钱

财富是很多人毕生的追求，他们认为拥有财富就拥有成功，其实不然。在马云看来：“对一个创业者而言，赚钱仅仅是结果，不是目的。世界上最愚蠢的人，就是自以为聪明的人；而最想自己发财的人，往往也不会发了财。”所以，一个人如果想要赚钱，那首先要把财富看轻，只有当金钱不是人生的所有目的时，财富才会青睐你。

有一份针对企业界人士的调查结果显示，浙商是当今中国最会赚钱的商人。浙商嗅觉敏锐，能捕捉到各种商机；他们聪明机灵，能够在商海沉浮中应对自如。在互联网行业中，丁磊、钱中华、陈天桥都是浙江人，马云也是浙江人，他也有着浙商务实、敏锐的特性，这对他的创业帮助很大。

在阿里巴巴创业初期，马云和创业团队凑的那50万元根本不经花，现负责阿里巴巴集团公关、政府事务、市场活动，任集团资深副总裁的金建杭说：“那50万本打算是坚持10个月的，可离10个月还早呢，钱就花没了。”

在马云筹钱、公司缺钱的那段日子，为了压缩公司的运营成本，本来就要求节俭的马云对公司的成员开支更是“抠门”。那时候彭蕾是公司的出纳、采购员，负责公司的一切花销。被马云称为“组织部长”的她，当时更像个“打杂的”。

“那个时候没有什么分工，哪个工作缺人，你又能做一点，就去做。其实我就是管钱的，买盒饭，打印纸没了买纸，就管这个。因为那个时候没有公司。公司是1999年9月10日正式成立的，之前我是做客户服务、出纳。”这是彭蕾当了阿里巴巴的副总裁后，回忆当年创业艰辛时说的话。

买办公用品时，彭蕾还要货比三家，尽量买到物美价廉的东西，争取每一分钱都花在刀刃上。办公用品都如此节省，出行工具就更别提了，公司没钱购车，员工出门能走路就走路，能坐公交就不打车。如果必须打车，那也尽量打最便宜的出租车，尽量不坐桑塔纳，坐夏利，因为桑塔纳比夏利贵1元钱。金建杭说：“我们打车，一看是桑塔纳，本来手都举起来了，就跟人家出租车司机聊上几句打发过去，直到看见夏利才坐上去。”

后来，这种节俭的传统就一直在阿里巴巴公司延续了下来，曾经共同创业的同事，现如今都成了公司高管，他们出差坐飞机很少买头等舱；打车也尽量选便宜的。在阿里巴巴的办公室门口复印机上放着一个储蓄罐，旁边墙上白纸黑字写了很长的复印机使用规定，在这份规定中明确写道：个人因私事复印每张5分，自觉投币。

在阿里巴巴找到投资人后，公司也保持了这种良好的风气。金建杭说：“因为公司成本控制得越好，给客户提供的价值就越大，这个习惯大家还是保持得不错，无论有钱没钱，没钱这么过，有钱也这么过。”

风险投资者也应当是一个策略投资者

1999年，靠着和团队凑起来的50万，马云正式创建了阿里巴巴，然而，这50万元相对于需要巨大资金投入的互联网行业来说，简直就是杯水车薪。尽管马云处处节省，但是随着阿里巴巴的不断发展，在支撑了几个月之后，公司还是陷入到弹尽粮绝的境地，当时马云甚至困窘到需要借钱来给团队成员发工资的地步。

与马云的困窘相比，当时整个互联网行业却在飞速的发展，互联网经济深受国际资本的青睐，而此时的中国互联网也正在享受着来自风险投资的盛宴。以著名的老虎基金、高盛和软银为代表的风险投资商纷纷进入中国市场，与阿里巴巴同一时期的三大门户网站和一些电子商务、娱乐网站全都获得了大量的风险资金，而处在起步阶段的阿里巴巴，自然也引来了无数投资商的关注。

但是，尽管当时资金匮乏，马云却出人意料地拒绝了三十余家风险投资公司的合作意向，只因为这些投资者全部来自国内。在马云的心中，有着他的小算盘，他深知这些国内投资者无一例外地是想要通过注入资金，获得阿里巴巴的股份，然后在短时间内实现套现获利，而这必然会给阿里巴巴带来巨大的隐患。马云希望能找到海外的策略投资者，在获得投资的同时，还能得到比资金更重要的附加价值，如进一步的风险投资和其他的海外资源。

在寻找投资者的过程中，马云切实体会到筛选投资者的重要性，他说：“找投资者的时候比找老婆还难，一定要小心，不光要找漂亮的，关键是她要跟你同甘共苦，在最困难的时候她说‘我跟你一起奋斗’，这是最重要的。”马云这种宁缺毋滥的做法让很多人暗暗替他捏了一把汗，害怕阿里巴巴因为资金短缺而倒闭，但是后来事实证明马云的坚持是对的。

当时马云已经成立了阿里巴巴香港中国控股有限公司，由蔡崇信负责国际市场的业务拓展、推广以及公司的财务运作。1999年8月的一天，蔡崇信正在酒店里与一家投资商谈判，在中途休息的时候，他在大厅里遇见了一位老朋友，这位老朋友当时任职高盛公司，职务是香港区投资经理，在闲聊中，他告诉蔡崇信，由于全球互联网经济的热潮，高盛也开始关注互联网行业，有意向中国进行一次尝试性的投资。听到这个消息之后，蔡崇信立刻意识到，这对阿里巴巴来说是一个千载难逢的好机会。经过这位朋友的引荐，高盛公司在了解了阿里巴巴的基本情况后，决定派人到中国对其进行考察。

经过考察，高盛认为阿里巴巴的发展前景还是不错的，经过谈判后，高盛给阿里巴巴开出了500万美元的投资基金，这笔钱数在当时马云所接触的投资商中并不是最多的，但马云几经思考之后最终还是决定接受高盛的投资。马云认为，高盛是美国有名的投资公司，它的投资对将来阿里巴巴拓展海外市场具有长远的战略意义，而且由于高盛的规模大，看事情比较长远，他们应该对阿里巴巴有长远的信心，一定会长期地坚持下去，而不是短期谋利行为。

1999年10月，在高盛的牵头下，富达投资、InvestAB等多家一流的基金公司参与，联合向阿里巴巴注入500万美元的风险投资。至此，阿里巴巴获得了其历史上的第一笔“天使基金”。

很多商人为了拉投资，本着有奶就是娘的念头，打破了自己的底线，而这正是马云所不能接受的。直到今天，马云对投资者的要求依然没有放松。

他希望风险投资者是作为一个策略投资者进入阿里巴巴。马云说："不光是资本在挑选目标企业，我们也有自己的取舍。对那些不能与公司战略兼容的资金，我们一般不接受。而和聪明人在一起，你不用说什么废话，他就能听懂你的业务模式。"

别人的钱要很小心

在完成以高盛为首的投资集团的第一轮私募后，阿里巴巴终于缓解了资金短缺的燃眉之急，1999年10月的一天，马云的一位朋友，著名的国际投资机构摩根士丹利公司的分析师古塔给马云发来一封电子邮件，说有一个人想和他见面，建议他去看看。

由于已经有了500万美元的风险投资，并且马云当时正忙着扩充团队人员，寻找新的办公地点，无暇顾及其他的事情，所以在收到邮件后，马云并没有太在意。谁知没过几天，古塔又打电话催促马云，并一再强调，这个人对阿里巴巴未来的发展极其重要，机会不容错过！最终，马云被古塔说得动了心，于是他决定去北京见一见这个神秘人物。

几天后，马云和古塔在北京碰面，古塔这时才告诉马云，这个神秘的人物就是在投资界赫赫有名的风险投资商孙正义。在此之前，孙正义已经投资了新浪、网易、当当网，获得了可观的回报。此时的孙正义，正在北京富华大厦召开一个投资人与经理人的见面会，为他的互联网投资大业做新一轮的布局。

当天，马云和古塔一起来到富华大厦，参加了那次见面会，由于前来面谈融资事宜的企业太多，时间有限，所以孙正义只给了每个人20分钟时间用来阐述公司业务模式和目标，为了获得投资，几乎每个演讲的经理人都进行了一番慷慨陈词的讲话，轮到马云后，他仅仅讲了6分钟，孙正义就突然打断他，对他说："我决定投资你的公司，你要多少钱？"

面对孙正义的快言快语，马云一下愣住了，因为他根本没打算让孙正义投资，愣了几秒后，马云说："我不要钱。"马云的话也让孙正义愣住了，他问马云既然不缺钱，那为什么要来找自己。马云回答说："不是我要来找你，是别人叫我来见你的。"

马云与孙正义的第一次见面就发生了这样戏剧性的一幕，但是也正因为如此，马云给孙正义留下了极为深刻的印象。随后，孙正义派出软银中国的负责人薛村禾到杭州对阿里巴巴进行考察，这批人行动"诡异"，在马云的公司东瞅瞅西瞧瞧，然后一言不发地走了。没过多久，孙正义就打电话邀请马云到东京，想亲自和马云谈谈投资的事宜。

孙正义和软银的实力背景让马云怦然心动，尽管这次去日本谈判可能会引起高盛股东的不满，但从阿里巴巴长远发展的角度来看，马云觉得与孙正义的合作还是很有意义和价值的。

2000年1月，马云和蔡崇信抵达日本软银集团总部，与孙正义正式展开了谈判。

在谈判中，马云提出了三个条件，一是阿里巴巴不接受联合投资，只接受软银一家的投资；二是软银作为股东，在公司的运营和运作上要以阿里巴巴的长远发展为中心，不能过分追求短期的收益回报；三是由孙正义担任阿里巴巴的董事。

孙正义很快答应了马云的三个条件，只不过将第三个条件的董事改为顾问，因为他从来不做自己所投资公司的董事，对于这个改动，马云同意了。

最终，马云和孙正义达成协议，软银投入3000万美元，占30%的股份，帮助阿里巴巴拓展全球业务，同时在日本和韩国建立合资企业。协议签署后，孙正义对马云说："记住，今天是历史上最重要的一天，你们是我见过的最漂亮的团队。"

回到杭州后，马云在董事会上宣布了软银投资阿里巴巴的计划，大家经过一番激烈讨论后，认为软银要占30%的股份太多了，这样会造成股东结构不平衡，为阿里巴巴日后的发展埋下隐患。

马云冷静思考之后，也为在日本的决定感到后悔了，"我要那么多钱干什么呢？这真是太愚蠢了。"想清楚利弊关系后，马云立刻给孙正义的助手打电话，告诉对方自己不需要这么多钱，只要2000万美元就够了。孙正义的助手听完马云的话，差点跳起来，他还从来没有见过嫌钱多的人。

"这简直是一件不可思议的事情，我们投资的钱，你竟然嫌多，你这是在赌博，这是无法谈下去的。"

面对孙正义助手的质疑，马云如实答道："是的，我在赌博，但我只赌自己有把握的事。尽管我以前控制的团队不超过60人，掌握的钱最多只有2000万美元，但2000万美元我管得了，过多的钱就失去了价值，对企业是不利的，所以我不得不反悔……"

与孙正义的助手争执不下，马云只得给孙正义发了一封电子邮件，他说："……希望能与孙正义先生牵手共同闯荡互联网……如果没有缘分合作，那么还会是很好的朋友。"发出这封电邮没几分钟后，孙正义就给马云回复了："谢谢您给了我一个商业机会，我们一定会使阿里巴巴名扬世界的。"

最终，以孙正义为阿里巴巴投资2000万美元为这件事情画上了句号。随后，马云凭借两次融到的2500万美元的风险资金，开始了在全球范围内的扩张！

一直被模仿，从未被超越

在孙正义投资的公司中，有很多由于外部环境的变化以及内部的动荡而改变当初的战略规划，只有极少数的公司还坚持着他们原来的战略规划，马云所带领的阿里巴巴正是这样的公司。

对于马云的这种坚持的精神，孙正义是十分欣赏的，因为这也是孙正义所恪守的准则，他知道马云看似傻傻的坚守，背后所蕴藏的却是无穷尽的能量，这些能量一点点积聚起来，一旦厚积薄发，不可估量，因此他很愿意和马云一起创造未来。所以，在2004年，孙正义再次为阿里巴巴投资，而在这一年，马云也完成了互联网史上非常巨大的一次融资——8200万美元。

2003年的时候，B2B、B2C、C2C之间的界限正在逐渐模糊，此前C2C的霸主eBay在美国收购了一家B2B公司，并在随后进军中国市场，投资3000万美元收购易趣33%股权，与此同时，易趣网上出现了非个人对个人的大宗交易，其实质与企业对企业的B2B已毫无区别。

eBay的一系列举动被马云看做是eBay将要染指B2B市场的信号，而B2B是阿里巴巴的领地，这必然会对阿里巴巴造成威胁，要消除这种威胁，阿里巴巴唯有对C2C有所动作，以攻为防，攻守兼备，从而占据有利的位置。

从那时起，马云就在心中做出了进军C2C的决定。而在2002年，孙正义和雅虎合资创办的雅虎日本进军日本的C2C市场，并与同样进军日本市场的eBay展开了多次厮杀，最终击败对手，夺取了日本C2C市场的70%份额。获胜后的孙正义把目光转向中国的阿里巴巴，孙正义希望和马云联手，在中国市场再次成功阻击eBay，而他的扩张计划与马云的进军C2C的念头刚好不谋而合。

2003年2月，马云带领部分公司高管来到日本，与孙正义就第二轮融资展开了谈判。虽然双方是已经合作了三年的伙伴，但是谈判依然进行得很激烈也很艰苦，双方争论的焦点主要集中在阿里巴巴员工能否持股这个问题上，双方谈了很久仍然僵持不下，一时间场内气氛显得非常僵。

这时，马云和孙正义不约而同地起身去洗手间，在洗手间里，马云沉默了一会儿，对孙正义说："我觉得8200万是一个合适的数字，你怎么看？"听了马云的话，孙正义想了想，答应说："好，就这么定了。"于是，这场谈判就在两个人上洗手间的途中结束了。

随后，由软银牵头，富达创业投资部、GGV、TDF等多家风险投资公司联合向阿里巴巴注入8200万美元的风险资金。孙正义对这一次的追加投资表现得十分高兴，他说："这一次的投资与软银公司一贯坚持的寻找能占领市场领先地位的企业投资策略是一样的。"看得出来，孙正义对马云和阿里巴巴的前景是十分看好的。

之前，马云不肯接受孙正义3000万美元的投资，可几年后，却接受了8200万美元的投资，马云认为这是符合公司长久持续地迅猛发展的要求的。

经过三轮融资，马云的坚持终于迎来了曙光，他所创建的电子商务模式是正确的。一时之间，各种效仿、抄袭阿里巴巴的网站在网络上出现，但阿里巴巴却保持着"一直被模仿，从未被超越"的纪录。

马云之所以总是能够保持冷静，是因为他总是很清醒，他知道钱是工具，不是目的，就好像他在《赢在中国》的节目中，对选手说的那样："永远不要让资本说话，让资本赚钱。让资本说话的企业家不会有出息，最重要的是你让资本赚钱，让股东赚钱。如果有一天你拿到很多钱，你坚持今天的原则，做你认为可以赚钱的，我相信有一天资本一定会听你的。"

附《赢在中国》第二赛季晋级篇第一场，李书文与马云的对话[12]。

参赛选手：李书文，男，1970年出生，硕士，现当代文学、MBA专业。

参赛项目：办公家居整合运营。中润公司在创业之初即确立要做中国办公家具行业第一整合运营品牌的目标。

马云："这两年你觉得最失败的事情是什么，从创业到现在为止？"

李书文："最失败的是资金非常紧张的时候，我们到处求爷爷告奶奶。社会上有大量风险投资，但他们看不到传统产业，看不到这么庞大的市场。当时我们是100元钱、500元钱这样去筹资，拿着麻袋去收钱，拉着卡车去找钱，零零碎碎的，亲戚朋友的钱全借过来。我们最失败的就是资金链没解决，这也是我参加《赢在中国》的一个目的。"

马云："你去年（2006年）实现了80%的增长。在传统行业80%的增长已经很不错了，但在熊总（熊晓鸽）看来80%是不行的。你觉得继续保持这样超常规的发展，最缺的资源是什么，是1000万还是什么？"

李书文："对中润（李书文的公司）来讲不缺思想，不缺创意，我们一缺人才，二缺资金。我参加《赢在中国》大赛，除了希望找到资金，也希望找到更多的人才能加盟中润。"

马云："在你的创业队伍中，你最欣赏哪一个？"

李书文："最欣赏的是我的财务总监。"

马云："为什么让你那么欣赏他？"

李书文："我拿着刀逼他，他也不会多给我一分钱。"

熊晓鸽："是不是你太太？"

李书文："不是。中润集团三四个企业没有我任何家属的影子，连开车的都不会有。"

史玉柱："你的客户主要是团队消费，这无法避免会有一些客户提出个人要求，要你给回扣，你怎么解决？”

李书文：“这样的事情中润不做，政府招标不做，任何要回扣的不做，侮辱我们员工的不做。如果马总买了一批一百多万的家具，而你太太看上了我们一张很漂亮的椅子，我可以把我的产品送给你太太，但绝不能贿赂。”

马云：“你给我太太漂亮的椅子，这不算贿赂算什么？”

李书文：“贿赂一定是没有第三人参与的，我拿钱贿赂你的时候肯定只有我们两个人，我把一张椅子送到你办公区，这是光明正大的。”

马云：“你虽然不给回扣，但是给客户回送适当的礼品？”

李书文：“这是中国人的人之常情。”

马云：“如果真的有员工给客户回扣，你怎么处理？”

李书文：“他拿自己的钱送回扣，我可能管不到，但公司的钱他一分拿不走。”

马云：“我非常欣赏你的心态、你的智慧、你的勇气，一看就像宁高宁的助手。就项目来讲，也许你是最不需要钱的人，你已经很成功了。你是1970年出生，所以我的建议是在40岁以前你能够像4号选手（董冰）一样学会专注，这个世界不是因为你能做什么，而是你该做什么。如果你把所有的精力和资金都放到你刚才的办公家具项目的话，我相信会做得很好。李嘉诚讲过，他的多元化经营一定等有一到两个永远赚钱时，才进行第三个。长江实业是他的旗舰，有了长江实业他才有今天。你一定要有自己的旗舰项目，在40岁之前有自己的旗舰项目。这是我的建议。”

“你刚才讲到风险投资如果给你投钱，你会让资本说话。我的建议是，永远不要让资本说话，让资本赚钱。让资本说话的企业家不会有出息，最重要的是你让资本赚钱，让股东赚钱。如果有一天你拿到很多钱，你坚持今天的原则，做你认为可以赚钱的，我相信有一天资本一定会听你的。”

成功不成功跟读书多少没关系

“我创业永远挑自己最开心的事情做，挑最容易的事情做，挑大家都喜欢干的事情干。最重要的事情，最难做的事情，留给别人。”

“我不是说假话，我书读得真不太多。我跟书院邀请我的人说我书读得真不太多，成功不成功跟读书多少没关系，但是跟你成功以后很有关系。我看到很多人成功跟读书没有关系，都很成功。但是成功人士他不读书他一定往下滑，而且会滑得很惨，我们看了太多这样的案例。我觉得读书要会读，我不算会读书的人，但是我争取做一个会读书的人。因为有时候我在公司里碰上很多人特能读书，属于智商很高，情商极低，成功与否跟情商有关系。我把人当书看，我碰上任何一个人，不管他是怎么样的一个人，我都很欣赏他。我总是想，这哥们挺逗的，还有这样的想法。而且绝大部分的书，我看了前面几页我基本上能猜出后面几页，后面故事基本上我能猜出来，所以我大部分看了会扔掉，当然金庸的书我是永远猜不出来，我觉得特别好玩儿。

“人生你是很能看（清楚），我自己觉得我们公司至少24 000名员工是24 000本书，各种各样的，他们每个人的人生阅历，他们每个人碰上一个事情，碰上一个问题怎么处理都是大大出乎我的意料。在座每一位年轻人，看书固然重要，但是看人，和人相处更为重要。我记得当年淘宝跟易贝竞争，有几个朋友给我一本书，说马云，这本书必须得看，你看了这本书，你才可以打败易贝。易贝出了一本书《完美市场》，指易贝当年怎么打败了雅虎，我把这本书扔到了垃圾桶里，我说希望有一天易贝看我们怎么打败他的书，因为你看了以后你基本上会按照这个路径走，你会太了解他，了解别人怎么打的，最后你越走越悬乎。

“看书有一种乐趣，看了以后觉得挺快乐的，哈哈一笑，或者号啕大哭一场。但是我看书让我背诵几段，还要讲几段，我是做不到的。我这个人脑袋小，我要懂得小脑袋合理运用的方法，就是东西得忘得快。读书多像电脑一样，电脑不是程序装得越多，应用装得越多电脑越灵活。程序装得越多，电脑跑得越慢。我脑袋小，沈国军转一圈我已经四圈半转回来，只能跟人家比谁快。

“另外，看书真是看啥补啥，有人说马云你给我一批书单，我看你看什么书，我好好看看。我说第一，我真不怎么看书；第二，我喜欢你未必喜欢，我就喜欢看小人书。有人说马云你怎么喜欢看金庸的小说，我真喜欢看金庸的小说，喜欢，没有对错。我们隔壁老沈多勤奋，天天看那么深奥的书，你找两本看你一定瞎了。每个人只挑自己感兴趣的书。我创业永远挑自己最开心的事情做，挑最容易的事情做，挑大家都喜欢干的事情干，最重要的事情，最难做的事情，留给别人。这是实话，这是创业的一个秘诀，做自己喜欢的事情，人生多累，你有一个老板已经够累了，没有老板就希望做自己开心的事，又挑一个隔壁老沈看的书，你更累。人生苦短，读书是给你带来快乐，不是给你带来压力，读书更不是比谁看得书多就行，未必。我们公司也好，外面看了很多年轻人博览群书，我很钦佩，像活字典一样。你问他王安石变法哪一年？1069年，多少乘以多少，弄一个计算机就可以了。

“我反正已经这么大了，这个年龄了，书也读不多了，所以我给大家的建议，不读书也挺好的，喜欢读书，也很好，千万不要觉得书读得不够多，觉得挺难受、挺丢脸，没什么丢脸的。人可以少读书，多干事。有人事干得很多，事干得很多当然时间有限，把自己的人生当一部书，翻过了就忘了。”

这是马云发表的一次演讲，讲了读书与成功的关系，马云认为并不一定读书越多，越能成功，这之间并没有什么必然的关系。一个人如果只知道埋头读书，不走出去看看外面的世界，接受社会的洗礼，那也不会与成功接轨的。

所以，马云在《赢在中国》第一赛季晋级篇第八场，对一位参赛选手做出了如下的评价：

（参赛选手：张奕多，男，1975年出生，硕士，工商管理学专业。

参赛项目：结合网络游戏的技术模式与远程教育的教学宗旨，开发一个游戏平台，把知识有机地融合于游戏之中，通过游戏来学习知识。）

马云：“你在盛大工作过多长时间？”

张奕多：“半年。”

马云：“当时为什么想要加入盛大？”

张奕多：“我回国的时候，读完了MBA，那是2003年，我已经28岁了，我想我的经验不够丰富，需要去一些大公司里去锻炼一下。那时候我就听说了陈天桥的故事，那时陈天桥还不是特别知名，但是已经有了这样的故事，我觉得他这个人非常值得钦佩，我当时就跟盛大联系，回国以后加入盛大公司，我想从中学到一些东西。”

马云：“为什么半年你就决定离开盛大？”

张奕多：“我离开的原因很简单，因为我学的是MBA，在盛大应付这些没有问题，但是如果让我去并购，收购一家网络游戏公司，去研究这款网络游戏究竟受不受欢迎，客户究竟怎么看待这个网络游戏，在网络游戏这个领域我比不上1980年以后出生的人。我应该做最擅长的，就出来做商战模拟领域。”

马云：“你离开盛大1个月，就创建这家公司？”

张奕多："对。"

马云："你们公司跟政府有很好的关系，这跟你公司的发展有什么必然联系？"

张奕多："我觉得作为一个企业，你应该处理各方面的关系，要跟各方面的人打交道，作为一个CEO，70%的精力就是跟人打交道。"

马云："为什么要强调政府关系？"

张奕多："我们公司有北京天使投资给投资，对推广我们产品有很大帮助。"

马云："会不会让我联想说，你获6项大奖，你跟政府关系很好，是怎么拿来的？我会乱想的。"

张奕多："这应该说没有必然的联系。只是当初我做这个项目的时候，它是一个教育项目，中国政府提倡科教兴国，提倡创新与创业，他们愿意支持这样的项目。"

马云："我觉得，你整个计划讲得不错，这个计划也做得很成功。你做事比较稳重，也很理性。但是我觉得这个计划竞争会很激烈，也很难做到。另外一个建议，创业者往往是开拓者，你在MBA学了很多知识，未必可以让你去创业。创业者最大的快乐就在于创业过程中去学习、去提升。很多时候是创业者因为自己搞不清楚而去创业，当你搞清楚以后就不去创业了，所以创业者书读得不多没关系，就怕不在社会上读书。"

能力的大小和读书的多少没有直接的关系，在社会上，很多人的能力都是通过实践锻炼出来的。人的能力不是天生的，不管智商多高，都需要后天的锤炼才能得以应用。同样聪明的人，为什么有的人就能事业有成，家庭幸福；而有的人却是一无所有，抱怨不断呢？这其中的区别就是在于能力的大小，但能力并不是上学读书能够学来的，需要经过社会的考验。所以，马云教育那位创业者，读书少不怕，但社会这本书如果不去用心读的话，那在社会上就无法站住脚。

成功是个人价值的实现，更是时代价值的实现

成功并不一定是赚很多的钱、买很大的房子，在马云看来，成功就是实现个人价值，实现自己的梦想，他认为：“人永远有后退的通道，我们来这个世界，一定要搞清楚。有人问我恐惧什么，我真没什么恐惧的。我觉得人生是个经历，不管你多牛，你一辈子就36 000天的旅程，到这个世界不是做事业的，不是来成就宏图大业的，你是来生活的。在生活中你见了那么多同学、那么多朋友、那么多同事，有父母、有太太、有孩子，这些是人生中很多的经历，那些痛苦的经历也是经历，看清楚了就这么回事，如果离开世界的时候，我没有后悔。如果社会和世界给了你很多机会可以做很多事情，enjoy it。”

马云时时刻刻在提醒自己，自己不是一个商人，而是一个企业家，商人以赚取利润为第一要务，但是企业家有着更为重要的使命。

“我不想做商人，我只想做一个企业，做一个企业家，因为在我看来，生意人，商人和企业家是有区别的，生意人以钱为本，一切为了赚钱，商人有所为，有所不为，企业家是影响社会，创造财富，通过为社会创造价值，来影响这个社会的，赚钱是一个企业家的基本技能，而不是所有技能。”这是马云在参加中央电视台的《新闻会客厅》节目时，曾发自肺腑的一段话。

在人们将财富与成功画上等号时，马云心中的财富价值观却是“取之于

民，用之于民”。马云的这个态度给很多商人做了表率。2006年，阿里巴巴公司在新年之际，策划了一个活动。“新年献爱心，阿里出钱你出名”的暖风行动，是由阿里巴巴出钱的一项慈善捐赠活动，虽然这场活动仅一周时间，可也足以看出马云的社会责任感。

马云在参加一次节目时，有观众向他提问：“马老师您好，我想问一个问题，据我所知，马老师最开始的时候是一名老师，在那个时候您看到您身上哪样的东西，让您决定想去创业，在那个时候你眼中的成功是什么状态？我觉得应该不是像现在这样成功，那个时候你心目中的成功的状态是什么样子？”

“我29岁那一年被学校的学生评为‘十大杰出青年教师’，我想我所有教学生的东西都是书本上学来的，那时决定当一个很好的老师。一开始我特别讨厌当老师，因为我大学考得不好，所以考进了杭州师范学院。我今天认为它是全世界最好的大学，不用笑，它确实是最好的。北大、清华、哈佛的人，都向杭州师范大学的学生报告，叫老板。所以我教6年书之后爱上这个学校，爱上教书，我单纯地想到社会上花10年时间办一个企业再到学校教书会更受欢迎，是单纯的想法，我想假如马云能成功，中国80%的年轻人都能成功。当时很纯粹的想法，不是想挣更多钱，我跟所有人犯的错误一样，榜样是比尔·盖茨、李嘉诚。时间长了我发现，他们不是我的榜样，我没法学习比尔·盖茨，没法学习李嘉诚，他们太大，没法学了。”

马云虽然顶着成功企业家的巨大光环，但他从不会被光环的耀眼光芒蒙蔽眼睛，他清醒地看着这个世界，他知道个人地位的提升、个人财富的累积，都不算真正意义上的成功，一个人，只有实现了时代的价值，那才能算得上成功。

学会放弃的时候，你才开始进步

2013年，马云郑重宣布自己要退休了。

马云在退休前说："真正的伟大是平凡的，我们要永远明白自己从哪里来、到哪里去。我就是一小混混。"

1995年，在美国出差的马云第一次接触到互联网，兴奋不已的他回国后立刻辞职，从零开始创业。2013年，在阿里巴巴和淘宝创造了举世瞩目的成就之后，这位叱咤商界的风云人物却正式卸任阿里巴巴集团董事会CEO一职。

对于马云的急流勇退，人们在惋惜的同时也感到不理解，在马云退休后的一次访谈中，他曾这样解释说："我很高兴，自己能比比尔·盖茨更早退休，终于有一件事情我超过他了。说真心话，我是觉得自己对互联网来说有点老了。我见过很多苍老的领导者，七八十岁了还在开大会，我问过自己要不要成为这样的人。我和朋友开玩笑说，如果有一天我和员工说话的时候垂头瞌睡，他们肯定不好意思说我，但我还死守着位置对大家都不好。你爱自己的孩子，就要让他独立起来。爱自己的公司，就让比你更懂这家公司的人去驾驭。今天我对这家公司还是正能量，但我总在变老，我不想明天变成负能量。"

2013年5月10日，马云与李连杰一起为太极馆开幕，在两年前，马云就和李连杰一起成立了"太极禅国际发展公司"，马云对太极的迷恋很深，他不但打太极锻炼身体，还在舞台上表演过太极功夫，并且马云对太极的精髓有所参悟，他常常从太极这项运动中获得哲学上的思考，比如阴阳两界、收放进退，等等。

退休这件事，就是马云从太极中得到的“放”的思考：“有时候人会太在乎自己，太想得到一些东西。人要成功一定要有永不放弃的精神，但你学会放弃的时候，你才开始进步。”

按照马云的说法，为了辞去阿里巴巴的CEO，他思考了9年，计划了6年，实行了3年，他2013年基本没有在公司待多长时间，都是让团队处理事情，锻炼他们的能力，“互联网是4×100米接力赛，你再厉害，也只能跑一棒，应该把机会让给年轻人”。

在卸任之前，马云做了管理架构的调整，业务架构的调整。他将一切安排到最合理，然后潇洒转身。2013年5月10日晚上，杭州黄龙体育中心，马云在淘宝十周年的晚会上，与员工们说了再见。

当天下着雨，体育中心聚集了阿里集团来自全球的2.4万名员工，还有许多阿里巴巴集团的合作伙伴和媒体人，大家在雨中期待马云的出场，他们来到这里都是为了送别马云。

马云出场后，演唱了《朋友》这首歌曲，员工们欢呼：“谢谢你，马总！”

马云在演唱结束后，做了自己身为阿里巴巴CEO的最后一次演讲，在演讲中，常怀感恩心态的马云感谢了同事和合作伙伴，他说：“在座所有的阿里人，淘宝、小微金融的人，我特别为大家骄傲，今生跟大家做同事，下辈子我们还是同事！因为是你们，让这个时代看到了希望，在座的，你们就像中国所有的80后、90后那样，你们在建立一种新的信任，这种信任就让世界更开放、更透明、更懂得分享、更承担责任，我为你们感到骄傲。”

退休后的马云希望社会把他忘记，因为年轻人可能会认为他无所不能，这样就会误导年轻人，他希望做回到平凡的自己。马云认为互联网时代是个瞬息万变的时代，年轻人才能拥抱这种变化，带领阿里集团继续前行。而他自己要去享受生活了，他要将机会留给年轻人，年轻人才是这个世界未来的主人。

附马云演讲原文《明天起生活将是我的工作》⑬：

大家晚上好！谢谢各位，谢谢大家从全国各地，我知道也有从美国、英国和印度来的同事，感谢大家来到杭州，感谢大家参加淘宝的十周年！

今天是一个非常特别的日子，当然对我来讲，我期待这一天很多年了，最近一直在想，在这个会上，跟所有的同事、朋友、网商，所有的合作伙伴，我应该说些什么？大家很奇怪，就像姑娘盼着结婚，新娘子到了结婚这一天，除了会傻笑，真的不知道该干什么。

我们是非常幸运的人，我其实在想十年前的今天，是“非典”在中国最危险的时候，所有人都没有信心，大家不看好未来，阿里人十几个年轻人一起，我们相信十年以后的中国会更好，十年以后，电子商务会在中国受更多人的关注，很多人会用。

但我真没想到，十年以后，我们变成了今天这个样子。这十年无数的人为此付出了巨大的代价，为了一个理想，为了一个坚持，走了十年。我一直在想，即使把今年阿里巴巴集团99%的东西拿掉，我们还是值得的，今生无悔，更何况我们今天有了那么多的朋友、那么多相信的人、那么多坚持的人。

其实自己在想是什么东西让我们有了今天，是什么让马云有了今天，我是没有理由成功的，阿里也没有理由成功，淘宝更没有理由成功，但我们今天居然走了这么多年，依旧对未来充满理想。其实我想是一种信任，在所有人不相信这个世界、所有人不相信未来、所有人不相信别人的时候，我们选择了相信，我们选择了信任，我们选择十年以后的中国会更好，我们选择相信我的同事会做得比我更好，我相信中国的年轻人会做得比我们更好。

二十年以前也好，十年以前也好，我从没想过，我自己都不一定相信自己，我特别感谢我的同事信任了我，当CEO很难，但是当CEO的员工更难。我从没想过在中国，大家都认为这是一个缺乏信任的时代，它居然会让你给一个你都没有听见过的名字的人，付钱给他，买一个你可能从来没见过的东西，经过上千上百公里，通过一个你不认识的人，到了你手上，今天的中国，拥有信任，拥有相信，每天2400万笔淘宝的交易，意味着在中国有2400万个信任在流转着。

在座所有的阿里人，淘宝、小微金融的人，我特别为大家骄傲，今生跟大家做同事，下辈子我们还是同事！因为是你们，让这个时代看到了希望，在座的，你们就像中国所有的80后、90后那样，你们在建立一种新的信任，这种信任就让世界更开放、更透明、更懂得分享、更承担责任，我为你们感到骄傲。

今天的世界，是一个变化的世界，30年以前，我们谁都没想到今天会这样，谁都没想到中国会成为制造业大国，谁都没想到电脑会深入人心，谁都没想到互联网在中国会发展得那么好，谁都没有想到淘宝会起来，谁都没想到雅虎会有今天。这是一个变化的世界，我们谁都没想到，我们今天可以聚在这里，继续畅想未来。

我们大家都认为电脑够快，互联网还要快，我们很多人还没搞清楚什么是PC互联网，移动互联来了；我们在没搞清楚移动互联的时候，大数据时代又来了。变化的时代，是年轻人的时代，今天还有不少年轻人觉得无数的像谷歌、百度、腾讯、阿里这样的公司拿掉了所有的机会。

十年以前当我们看到无数伟大的公司，我们也曾经迷惘过，我们还有机会吗？但是十年坚持、执著，我们走到了今天，假如不是一个变化的时代，在座所有的年轻人轮不到你们，工业时代是论资排辈，永远需要有一个rich father，但是今天我们没有，我们拥有的就是坚持和理想。很多人讨厌变化，但是正因为我们把握住了所有的变化，我们才看到了未来，未来30年，这个世界，这个中国，将会有更多的变化，这种变化对每一个人是一个机会，抓住这次机会。我们很多人埋怨昨天，30年以前的问题，中国发展到今天，谁都没有经验，世界发展到今天，谁都没有经验，我们没有办法改变昨天，但是30年以后的今天，是我们今天这帮人决定的，改变自己，从点滴做起。坚持十年，这是每一个人的梦想。

我感谢这个变化的时代，我感谢无数人的抱怨，因为在别人抱怨的时候，才是你的机会，只有变换的时代，才是每一个人看清自己有什么要什么该放弃什么的时候。

参与阿里巴巴的建设14年，我以我是一个商人为荣，今天人类已经进入了商业社会，但是很遗憾，这个世界的商人没有得到他们应该得到的尊重，这个时代已经不是唯利是图的时代，我想我们跟任何一个职业，任何一个艺术家、教育家、政治家一样，我们在尽自己最大的努力，去完善这个社会。14年的从商，让我懂得了人生，让我懂得了什么是艰苦，什么是坚持，什么是责任，什么是别人成功了，才是自己的成功。我们最期待的是员工的微笑。

从今天晚上12点以后，我将不是CEO。（掌声）从明天开始，商业就是我的票友，我为自己从商14年深感骄傲！

看到你们，看到中国的年轻人，我不希望有一天我们这些人再来一个致我们逝去的中年。这世界谁也没把握你能红5年，谁也没有可能说你会不败，你会不老，你会不糊涂。解决你不败、不老、不糊涂的唯一办法，就是相信年轻人！因为相信他们，就是相信未来。所以我再也不会回到阿里巴巴做CEO。

要我回也不会回来，因为回来也没有用，你们会做得更好！

做公司，到这个规模，小小的自尊，我很骄傲，但是对社会的贡献，我们这个公司才刚刚开始，所有的阿里人，我们都很兴奋、很勤奋、很努力，但我们很平凡，认真生活，快乐工作。我们今天得到的远远超过了我们的付出，这个社会在这个世纪希望这家公司走远走久，那就是去解决社会的问题，今天社会上有那么多问题，这些问题就是在座的机会。如果没有问题，就不需要在座的各位。

阿里人坚持为小企业服务，因为小企业是中国梦想最多的地方。这里，14年前，我们提出了“让天下没有难做的生意，帮助小企业成长”。今天这个使命落到了你们身上，我还想再为小企业讲，人们说电子商务、互联网制造了不公平，但是我认为，互联网制造了真正的公平。请问，全国各省、各市、各地区，有哪个地方为小企业、初创企业提供税收优惠，互联网给了小企业这个机会。有些企业三五年内享受了五六个亿用户，他们呼唤跟小企业共同追求平等，小企业需要的就是500元钱的税收优惠，请所有阿里人支持他们，他们一定会成为中国将来最大的纳税者。

感谢各位，我将会从事一些自己感兴趣的事，教育、环保，刚才那首歌*Heal the world*唱得好，这世界很多事，我们做不了，这世界奥巴马就一个，但是太多的人把自己当奥巴马看。这世界每个人做好自己那份工作，做好自己感兴趣的那份工作，已经很了不起，我们一起努力，除了工作以外，完善中国的环境，让水清澈，让天空湛蓝，让粮食安全，我拜托大家！（马云单膝下跪）

我特别荣幸介绍阿里未来的团队，他们和我一起工作了很多年，他们比我更了解自己。陆兆禧在阿里巴巴内部工作了13年，经历了很多岗位，经历了很多磨难，应该讲13年眼泪和欢笑是一样地多，接马云这个位置是非常难的，我能走到今天，是大家的信任，因为信任，所以简单！

我相信，我也恳请所有的人像支持我一样，支持新的团队，支持陆兆禧，像信任我一样信任新团队、信任陆兆禧，谢谢大家。明天开始，我将有我自己新的生活，我是幸运的，在我48岁，我就可以离开我的工作，48岁之前工作是我的生活，明天开始，生活将是我的工作，欢迎陆兆禧。

附 录

马云简历

中 文 名：马云

外 文 名：Jack

国　　籍：中国

民　　族：汉族

出 生 地：浙江省杭州市

出生时间：1964年

毕业院校：杭州师范学院、长江商学院

担任职务：阿里巴巴集团主要创始人之一

阿里巴巴集团主席

阿里巴巴公司主席和非执行董事

软银集团董事

中国雅虎董事局主席

亚太经济合作组织下工商咨询委员会会员

杭州师范大学阿里巴巴商学院院长

华谊兄弟传媒集团董事

北京华夏管理学院特聘教授

菜鸟网络科技有限公司董事长

成就荣誉：2000年10月，被“世界经济论坛”评为2001年全球100位“未来领袖”之一；

2001年，美国亚洲商业协会评选他为2001年度“商业领袖”；

2002年5月，获选成为日本最大财经杂志《日经》的封面人物；

2004年12月，荣获十大年度经济人物奖；

2008年3月，获选巴隆金融周刊2008年度全球30位最佳运行长；

2008年7月，获得日本第十届企业家大奖。该奖项过去只颁发给日本国内的企业家；

2008年9月，获得美国《商业周刊》评出的25位互联网行业最具影响力的人物；

2009年，个人净资产达80亿元，位列胡润富豪榜77位；

2009年11月，获选《时代》2009年百大最具影响力人物；

2009年11月，获选《商业周刊》2009中国最具影响力40人；

2009年12月，获选 CCTV中国经济年度人物中国经济十年商业领袖十人之一；

2012年，《财富》中国最具影响力的50位商界领袖排行榜，马云排名第八；

2012年，CCTV中国经济年度人物候选人；

2013年，新财富中国富豪榜排名17

……

阿里巴巴发展史

1998年12月：

马云和其他17位创建者在杭州发布了首个网上贸易市场，名为“阿里巴巴在线”。

1999年3月：

马云带领团队回杭州创业，阿里巴巴网站推出。

1999年7月：

阿里巴巴中国控股有限公司在香港成立。

1999年9月：

阿里巴巴（中国）网络技术有限公司在杭州成立。

1999年10月：

阿里巴巴引入500万美元风险投资基金。

2001年1月：

日本互联网投资公司“软银”对阿里巴巴注入2000万美元的投资资金。

2001年12月：

开始盈利，注册会员突破100万家，成为了全球首家超过百万会员的商务网站。

2002年10月：

全面进军日本市场。

2002年12月：

全面实现盈利。

2003年7月：

马云在北京宣布投资1亿资金发展淘宝网，开始打破国内C2C的市场格局。

2003年10月：

阿里巴巴创建独立的网上交易安全支付产品——支付宝。

2003年12月：

推出全面免费的国内在线C2C网站——淘宝网。

2004年2月：

获国内互联网界史上额度最大的国际资本投资。

2004年4月：

淘宝网与中国最新锐的互联网娱乐综合门户网站21CN.com结盟签约。

2004年7月：

淘宝网在全球排名至18名。

2004年7月：

阿里巴巴宣布再次投资3.5亿元人民币。

2004年年底：

推出独立的支付宝公司。

2005年1月：

淘宝网正式进军香港电子商务市场，开通“香港街”。

2005年4月：

淘宝网和搜狐宣布成为战略联盟。淘宝网2005年第一季度的交易金额超过10亿元，居于国内个人电子商务网站第一位。

2005年7月：

支付宝开展“你敢用，我敢赔”的支付联盟计划，成为网站购物支付的首选工具，推动了中国网购的进一步迈进。

2005年8月：

阿里巴巴获得雅虎中国10亿美元投资。

2005年年底：

阿里巴巴被选为“2005CCTV中国年度雇主调查”最佳雇主。

2006年6月：

美国权威财经杂志《Business2.0》公布其“全球50最具影响力商界人士排行榜”，马云成为中国大陆唯一的企业家入选。

2006年7月：

在开曼群岛注册成立日本投资控股有限公司。

2007年1月：

阿里巴巴集团在上海宣布阿里巴巴（中国）软件有限公司正式成立。

2007年6月：

“e贷通”贷款发放仪式在杭州举行。

2007年7月：

淘宝网2007年上半年总成交额突破157亿元人民币，比2006年同期相比，成交额增长了近200%。

2007年8月：

支付宝全面拓展海外业务。

2007年10月：

中国工商银行与阿里巴巴联合推出的网商融资新产品“易融通”正式宣布上线。

2007年11月：

阿里巴巴网络有限公司在香港联合交易所主板成功上市。

2008年3月：

阿里巴巴成为恒生综合指数及恒生流通指数成分股。

马云在中欧校园的问答录[14]

主持人：今天我们看到马云和大家非常坦诚地进行交流，我想先问两个问题，马云刚刚谈到很多企业文化和它的重要性，我觉得都是非常认同的。谈到考核，谈到阿里巴巴员工管理的绩效百分之五十是考核他企业文化有没有执行，怎么去考核？因为文化这种东西有点虚的，这是一种心智模式的程序，是一种本能。请问怎样去考核？

马云：我觉得虚的东西要实做，实的东西要虚做，也只有这样才可能把事情做好。什么叫实的东西要虚做，销售业绩是实的，价值观这种东西是虚的，一定要实做。我考核我的团队，我们有一套很复杂的，做了将近9年的考核体系。考核的时候，主管坐在旁边，HR也在，然后按照标准一条一条地过。

主持人：为什么HR也要在旁边呢？

马云：对我来讲，HR是公司的战略部门，在我们公司，招人不是HR主要的职责，留人是HR的职责，HR必须在倾听、观察每一个员工以后，来进行这套体系的修改。这是一个效率的问题，我们必须为社会去创造财富，比如淘宝，我们不光是为自己解决就业，我们创造了很多小企业家，为很多人创造了就业机会，也增加了我们公司自己的幸福感。所以考核也是同样的道理，HR也必须去考核员工的效率问题。

主持人：我们都知道，中国人都有点爱面子，我考核的时候，比如明明知道客户第一，客户这一关呢你做得并不怎么样，但中国人说话都比较婉转，当着主管的面，我就说你做得还不错，或者说还有一点提高的空间。

马云：如果我是你老板，我听到你这么说的话，我要把你换掉。丑话当先，才是爱之心。在review过程中，我们总喜欢先表扬15分钟，然后批评两分钟，看到脸色不对，赶紧再安慰15分钟。最后员工出去的时候都不知道自己是被表扬了还是批评了，到最后如果我把他开除了，他会想不是都在表扬我做得挺好的吗？为什么最后却开除我了。我们这套体系是公平的，老板在，HR也在，如果批评你，你有什么不服可以当场说出来，你不讲是你的错，你就应该当场说，我们都会记录在案，下次还可以再谈。我们现在是50个人配备一个HR的比例。

主持人：你这个配的HR比例是非常大的。

马云：是，非常大，可能是中国最大的。公司要投资在员工身上，这个投资不仅仅是现金、股票，也可以是一种氛围，以利于人的成长。

主持人：那你的HR需要一种什么特质？他需要站在一种中立的立场上去做一些评判，是吗？

马云：我们公司有HR体系和组织部体系。组织部是从我党发展过程中学到的体系，组织部对各公司的资深总监以上的高管，都是集团直接关注他们的提升、晋级、奖金、评审。组织部的核心思想是围绕我们的价值观和使命，HR代表价值观和文化，他需要对员工的成长做出评价。

主持人：阿里巴巴在成长的过程中，也引进了很多人才，有很多人才都有跨国公司的工作背景，这些员工你怎样给他们灌输你的价值观。尤其是你现有的员工和你的老臣发生了矛盾，该怎么处理？

马云：对于我们公司总监以上的人，我第一句话说的都是：你不是来证明自己的。你能来到这里来，坐在这个位置上，就已经证明自己了。第二个，对我来讲，没有新人和老人之分，对明天来讲，谁都是新人。你以前做得再好再辉煌，到这里就是新人，没有新人旧人，没有老外中国人，只有是不是按照价值观使命感做事之分。能力越强的人越难管，高管进来，流失了百分之三四十是很正常的。假如我们公司一个新人都没有生存下来，那是我的问题，如果是新人自己没有生存下来，那是你的问题。文化不是来融合你的，而是你进去以后丰富、适应这些文化。我的原则是，你不可以不快乐地工作着，如果这样，那请你离开。

主持人：从领导力的角度上来讲，你一直是一个有着天马行空的想法，有着理想主义色彩的企业家，这种激情从阿里巴巴创始以来直到现在依然存在，这么多年来，你是如何保持这种创业激情的？

马云：我有时候也想过，我为什么一直都这么有激情，我觉得是我的同事、我的团队给我的，社会给了我许多资源，让我可以干点事情，所以我觉得如果不做我对不起我的员工，对不起这个社会，因此我乐此不疲地工作着。人没有激情很可怕，长江后浪推前浪，年轻人永远会出来，因此要永葆激情。阿里巴巴B2B赚钱可能永远都没有腾讯多，但我们开始创立的时候定位就是为中小企业服务，以前从来没有一家企业会想到这个定位，而到现在为止我们做到了，我们的员工感到荣幸，因为我们可以帮到别人。我觉得人要看清楚自己有什么、要什么、愿意放弃什么。有些人创业这么多年，会说我想陪陪家人、陪陪父母，我为他们感到高兴和骄傲。而有些人觉得我可以为社会干点事情，多做些让自己开心的事情，同样的，所以我觉得只要你对你做的事情有幸福感就行，这是一种心态。

主持人：你有没有想过，如果有一天你去做你自己想做的事情，离开阿里巴巴，你希望阿里巴巴仍然是继承你一开始的这种价值观一直走下去吗?

马云：所有人都认为商人唯利是图，其实我们可以像艺术家、建筑师一样对社会有贡献，我觉得我们这一代的商人，或者我们下一代，80后、90后，一定会在社会上赢得尊重。至于怎么做，他们一定会比我们做得更好，一代一定胜过一代的。所以我们这一代的人已经很荣幸地说可以做很多事情，所以接下去是否按照马云的思想并不重要，如果那时候几十万名员工认为这是我们的年代，我们有我们自己的想法，那我觉得没有必要一定要按照他们爷爷们的说法来做。

主持人：我想问最后一个问题，作为阿里巴巴的创始人，也被人称作为IT产业的教父，你创造了阿里巴巴的六大价值观：客户第一、团队合作、拥抱变化、诚信、敬业、激情，我想问这是怎样逐步梳理出来的，又怎样成为一系列庞大的检测标准的?

马云：在2002年，我有个朋友叫杰克，在GE工作了很多年。前几天我碰上他，我跟他说：杰克，很多人说中国不适合谈论价值观，we prove it（我们证明了）。很多人说互联网不适合谈论价值观，we prove it（我们证明了）。人一定离不开价值观和文化的管理，我们公司就是走这条路的。杰克听了很激动，他问那我们到哪里去找这些价值观来，我说一定会有，我们18个阿里巴巴的创始人当初为此开了一年的会，坐在一起讨论，为什么我们之间会那么团结那么激情，大家把这些原因写下来。一开始我们写了二十几条，然后合并同类项变成了9条，最后整理下来形成了最终的六大价值观，再加上我们领导力的三条“眼光、胸怀、超越伯乐”，形成了属于我们的“九阳真经”，就是这样一步一步完善下来的。

主持人：谢谢。我们现在开始提问时间。一个人请清晰地提一个问题，谢谢配合。

提问者一：马云和他的主要团队碰到问题分歧的时候，决定的方式是怎样的？谁说了算？阿里巴巴是文化说了算，还是制度起决定作用？

马云：我们公司已经开始执行运营层、指挥层和决策层，决策和指挥权、运营权是完全不一样的，决策是不能带有情感的，我做决策的时候不会带有情感，但运营层应该是有情感的，因为你们和员工是相处在一起的，到后来我们是使命感、价值观说了算。我希望文化诞生的是领导人，制度培养的是职业经理人，我两个都需要，但只有文化诞生的领导人，才是我最喜欢的。制度很需要，但只有诞生于文化上的制度，才是以人为本的制度。我希望即使是制度，也是企业文化。

提问者二：前段时间《南方周末》刊登了一篇文章，叫《实业之死》，是说国内尤其是创业板开了以后，越来越多的人都去创业了，做融资、私募，赚到了很多的钱。看来靠资本赚钱似乎很容易，所以很多人放弃了，不愿意做他们原先的产业了，投身PE了，全民PE了。想就这个话题听听您的看法。

马云：我鼓励大家创业，人是要一种体验的，但做创业很累，要有这个准备，你只能把创业过程的痛苦当做快乐。但今天有个现象是我不太喜欢的，就是赚钱赚到了似乎就是成功了，有人说我站着说话不腰疼，但我确实做企业的时候没有想到过要赚大钱，我觉得做一个企业是要对社会有所贡献。最近有一条新闻是说我买了华谊的股票，和做PE的道理一样，我为什么投资华谊，就是我觉得经济的高速成长，假如没有文化的支撑，那就是暴发户，文化就是价值体系。文化和商业之间不结合，文化没用。所以呢我觉得中国需要文化产业的发展，投资华谊是投资，假如你投资一家公司不能退出了，那是捐款，呵呵。请问大家创业板是什么？创业板就是让投资者有退出机制，然后大家才会不断地去投、去推，如果说创业板你进去不能套现了，不能拿钱了，这个创业板就是死的。你做PE也要有这个想法，你这样去思考的话，你就会做得很坦然、很舒服。

提问者三：当企业文化和其他一些东西产生矛盾的时候，比如说阶段性的一个很好的发展机会，要你放弃一些企业文化，可以交换一些很大的利益。在阿里巴巴发展过程中，你有没有碰到过这样的一种抉择，你是怎么做的？

马云：如果在现实中碰到的话，我会毫不犹豫地按照文化、按照价值观来做决定。我举一个例子，我们公司制定“九阳真经”中很重要的一点就是——不允许给客户回扣。如果我们因为坚持不给客户回扣，公司就会关门的话，那我宁愿关门好了。员工如有违反一旦发现，我立刻开除，毫不留情面。这个决定做出来之后，一直在坚持。

提问者四：我在硅谷待了19年，现在决定回来创业。人家说硅谷的文化是有创新有能够最大化帮助你成功的这样一个环境，而国内呢，你可以有很多创新，但你要担心很多，无论是你的商业模式，还是你在寻找落脚点的时候。所以在中国目前的环境下，尤其是客户壁垒比较严重的情况下，对一些中小企业的创业会不会有很大的影响，马云先生是怎么想的？

马云：到中国来，忘掉美国，踏踏实实地深入中国这个市场，我觉得你会找到属于你自己的机会。互联网的三座大山我是这样看的，人类的创新永不停止。微软在很多产业占到第一位，大家以为没机会的时候，Yahoo、eBay产生了，雅虎已经这么牛了，后来又出现了Google这么强大的公司。当Google已经无所不能，我们又看到FaceBook的崛起，FaceBook之后又有Twitter。互联网的希望在于创新。我们都是刚刚开始，腾讯、百度、阿里巴巴有机会，其他创业者同样有机会。所以机会永远不是培育出来的，只有你深入进去，我相信中国会给从硅谷回来的人机会。

提问者五：中国现在互联网有两匹马跑得最好，阿里巴巴和腾讯。关于腾讯，最近腾讯和360的纷争沸沸扬扬，请问你怎么看待这一事件？

马云：很多时候我们以为我们都了解了真相，其实我们并不知道，有时候连身处其中的人都搞不清楚。所以有时候看到一些对我们公司的评论，我真是哭笑不得。对于腾讯，我很尊重这家公司，在中国这样独特的情况下，判断一家公司好与不好我觉得要这样去看。第一，社会尊不尊重你，它对社会有没有什么贡献，对手是不是忌讳它，敬重很重要。对于阿里巴巴，我早就看清楚了一点就是不能有帝国思想，不能独断专行，而应该是分享思想。互联网不是消灭谁，而是完善谁。十年以后小公司他们当中一定会诞生比腾讯更腾讯、比阿里巴巴更阿里巴巴、比百度更百度的互联网公司，只有这样中国的互联网才有希望，这是互联网的精神，互联网的精神就是更加开放、更加透明、更加分享、更加承担责任、更加全球化。

提问者六：我想提一个问题，是关于企业的个人信誉长久性的问题。我刚刚非常赞同你对文化和制度的分析，制度的确不容易健全，比较僵化，但是它有一个好处是超越个人性。文化是虚的东西，在虚往实做的时候，弹性空间比较大。大家都知道，没有马云肯定不会有阿里巴巴，所以我非常想知道，如果马云不在了，阿里巴巴还能走多远？

马云：阿里巴巴一定不能再找一个一模一样的马云，这对阿里巴巴来说是个灾难，我觉得我现在有时候对公司是个伤害。所以我们今天说，不是马云在做决定，而是价值观、使命感让公司在做决定。我只是说尽我最大的努力捍卫价值观、使命感，并且找到下一个领导人来捍卫这个价值观和使命感。一代胜过一代很正常，下一个接班人的风格肯定不一样，但正是这个不同让我看到了淘宝的乐趣，看到了支付宝的乐趣，看到了阿里人的乐趣，看到了B2B的乐趣。因为个性不同，用欣赏的眼光去看就好。西方讲究制度体系，中国讲究的是太极的韵味。我们不能西方否定东方，也不能东方否定西方，只有互相结合的东西才是最好的，我最喜欢的是中庸之道。今天有马云这样的人，下一个肯定有一个和马云不一样的人，他可能会走不一样的路线，不一样的风格，但是我不管他怎么走，只要坚持我们的价值观、使命感就好。

提问者七：去年年底你在哥伦比亚大学做了一场演讲，其中说到和政府之间的关系，你说到你对政府很尊敬，但是和政府的生意你是不沾的。在中国，实际上互联网和政府是有非常大的关联性的，政府干预是非常强烈的，那你能不能对互联网中的中小企业提一些建议？

马云：第一，企业倒闭不要先怪政府，很多人对做企业有时候搞不清楚，管了几百个人就以为可以管理政府，太把自己当回事儿。我觉得我们来到这个社会，就是做点积极正面的贡献，企业的主要职责是创造财富，政府的主要职责是分配财富，创造财富比分配财富容易多了。很多人对政府不满意，天天爆料，我觉得你拿得出证据吗？我说我尊重政府，是因为我自己做不了。我说我管两万人都管得头疼，你说一个小小的县城，政府都要管好几十万人的吃喝拉撒，大家都不容易。这社会不需要抱怨，而是要去完善。我尊重政府但不沾政府的生意，是因为我不喜欢那些企业，动不动就从政府里去掏钱，要纳税人花钱。第二个我觉得我们应该积极地去思考，完善社会。做企业有很多意义，完善社会，做该做的事情。我在美国的时候，人家经常跟我说到中国的新闻管制，这个不行那个不行，我说我们中国的互联网管制只有10%，还有90%仍然是好的。如果中国的互联网真的是那么差的话，怎么会有五六亿的用户。我们要做的是怎么去发挥它好的一面。对互联网中的中小企业，我觉得你要清楚知道你要什么，可以放弃什么，你的产品对别人有什么独特的价值，即使这些你都做对了你也不一定会成功。但是如果你没有做，你就一定不会成功。过多的民族主义、地区主义都不对。

注释

① 2004年，马云回到母校杭州师范学院演讲《文化是企业的DNA》。

② 2009年，马云在《中国青年创业行动》节目中演讲《作为一个创业者，首先要给自己一个梦想》。

③ 2005年6月，马云参加中央电视台经济频道《对话》栏目。

④ 2002年6月11日，马云在宁波演讲。

⑤ 2005年，马云致阿里巴巴员工信件全文。

⑥ 2008年，马云在北大光华管理学院进行的一次演讲。

⑦ 2011年9月5日，马云在杭州师范大学演讲。

⑧ 2009年，马云深圳演讲全文《最怕见的人就是客户，客户是父母股东的娘舅》。

⑨ 2011年10月，马云在斯坦福大学演讲全文。

⑩ 2005年，马云给雅虎员工的演讲：爱迪生欺骗了世界！

⑪ 2010年12月4日，马云在中欧校园演讲《企业文化和领导力》。

⑫ 2006年，《赢在中国》第二赛季晋级篇第一场，李书文与马云的对话。

⑬ 2013年5月10日晚上，杭州黄龙体育中心，马云在淘宝十周年的晚会上演讲《明天起生活将是我的工作》。

⑭ 2010年12月4日，马云在中欧校园的问答录。